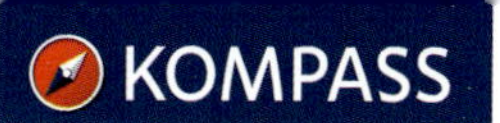

RADFERNWEGE

für Tourenradler und E-Bike-Entdecker

ALPEN

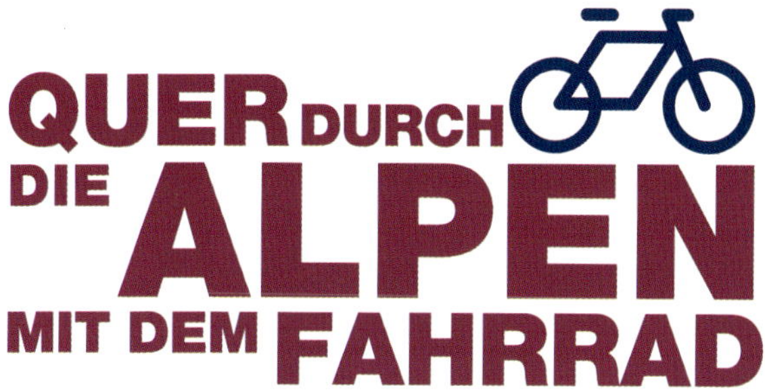

INHALT

TOURENÜBERSICHT

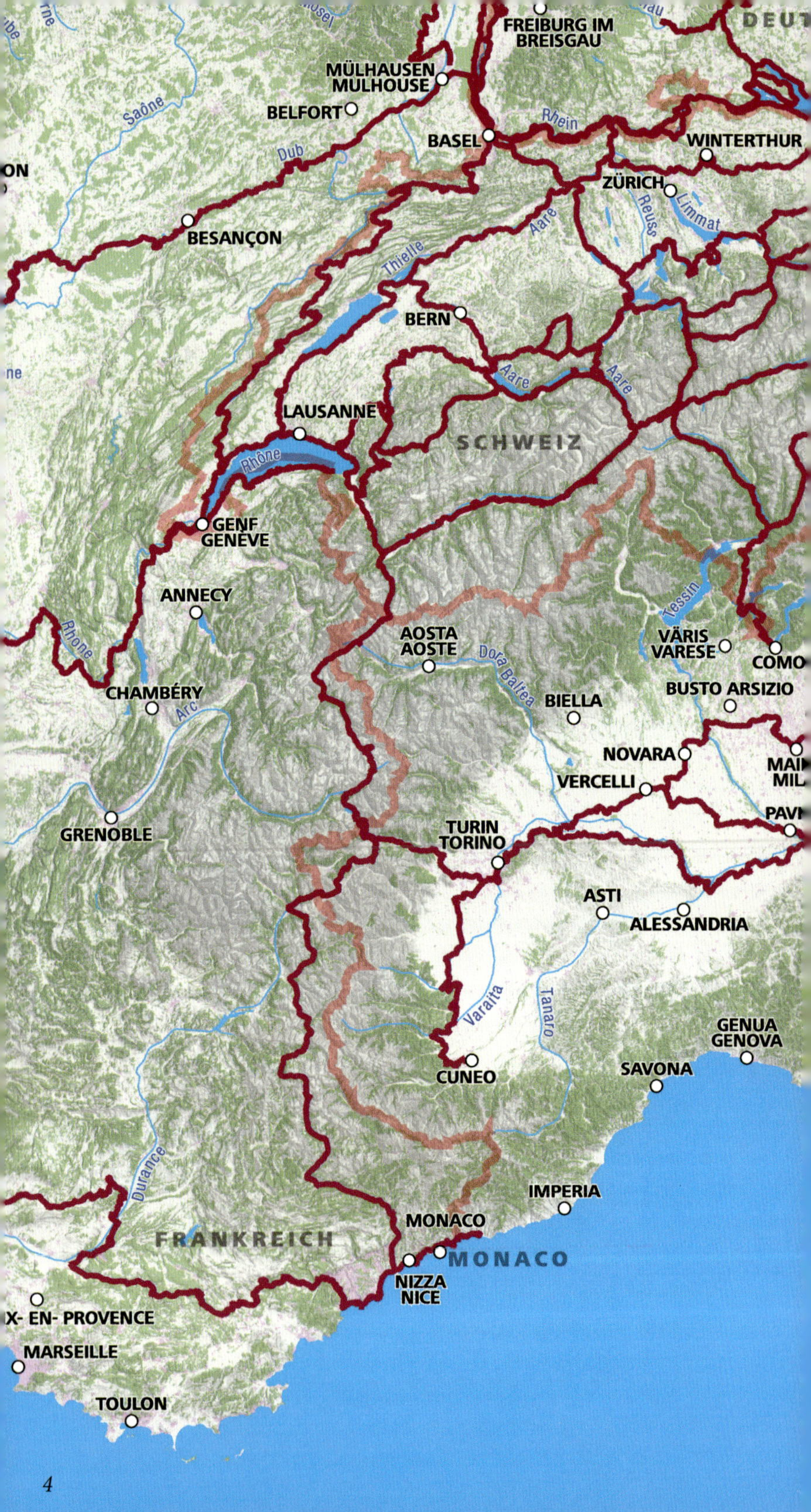
FREIBURG IM BREISGAU
DEUT
MÜLHAUSEN MULHOUSE
BELFORT
Saône
Rhein
BASEL
WINTERTHUR
Dub
ZÜRICH
Limmat
Reuss
BESANÇON
Aare
Thielle
BERN
Aare
Aare
LAUSANNE
SCHWEIZ
Rhône
GENF GENÈVE
ANNECY
Rhone
Tessin
AOSTA AOSTE
Dora Baltea
VÄRIS VARESE
COMO
CHAMBÉRY
Arc
BIELLA
BUSTO ARSIZIO
NOVARA
VERCELLI
GRENOBLE
TURIN TORINO
ASTI
ALESSANDRIA
Varaita
Tanaro
GENUA GENOVA
CUNEO
SAVONA
Durance
IMPERIA
MONACO
FRANKREICH
MONACO
NIZZA NICE
MARSEILLE
TOULON

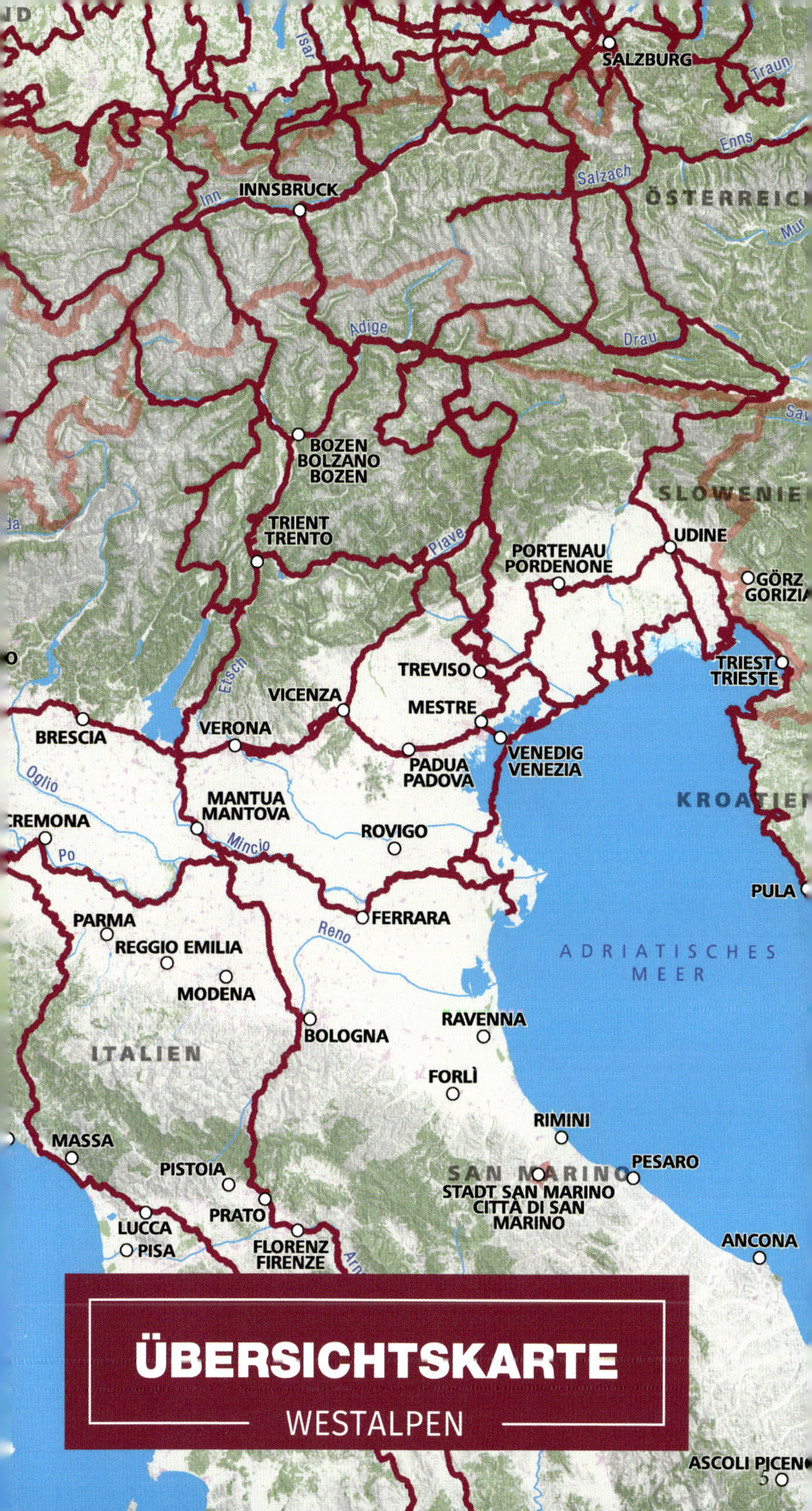
SALZBURG
Isar
Traun
Enns
Salzach
Inn
INNSBRUCK
ÖSTERREICH
Mur
Adige
Drau
Save
BOZEN
BOLZANO
BOZEN
SLOWENIEN
TRIENT
TRENTO
Piave
UDINE
PORTENAU
PORDENONE
GÖRZ
GORIZIA
Etsch
TREVISO
TRIEST
TRIESTE
VICENZA
MESTRE
BRESCIA
VERONA
VENEDIG
VENEZIA
PADUA
PADOVA
Oglio
MANTUA
MANTOVA
KROATIEN
CREMONA
ROVIGO
Mincio
Po
PULA
PARMA
FERRARA
Reno
REGGIO EMILIA
ADRIATISCHES
MEER
MODENA
BOLOGNA
RAVENNA
ITALIEN
FORLÌ
RIMINI
MASSA
SAN MARINO
PESARO
PISTOIA
STADT SAN MARINO
CITTÀ DI SAN
MARINO
PRATO
LUCCA
PISA
FLORENZ
FIRENZE
Arno
ANCONA
ÜBERSICHTSKARTE
WESTALPEN
ASCOLI PICENO

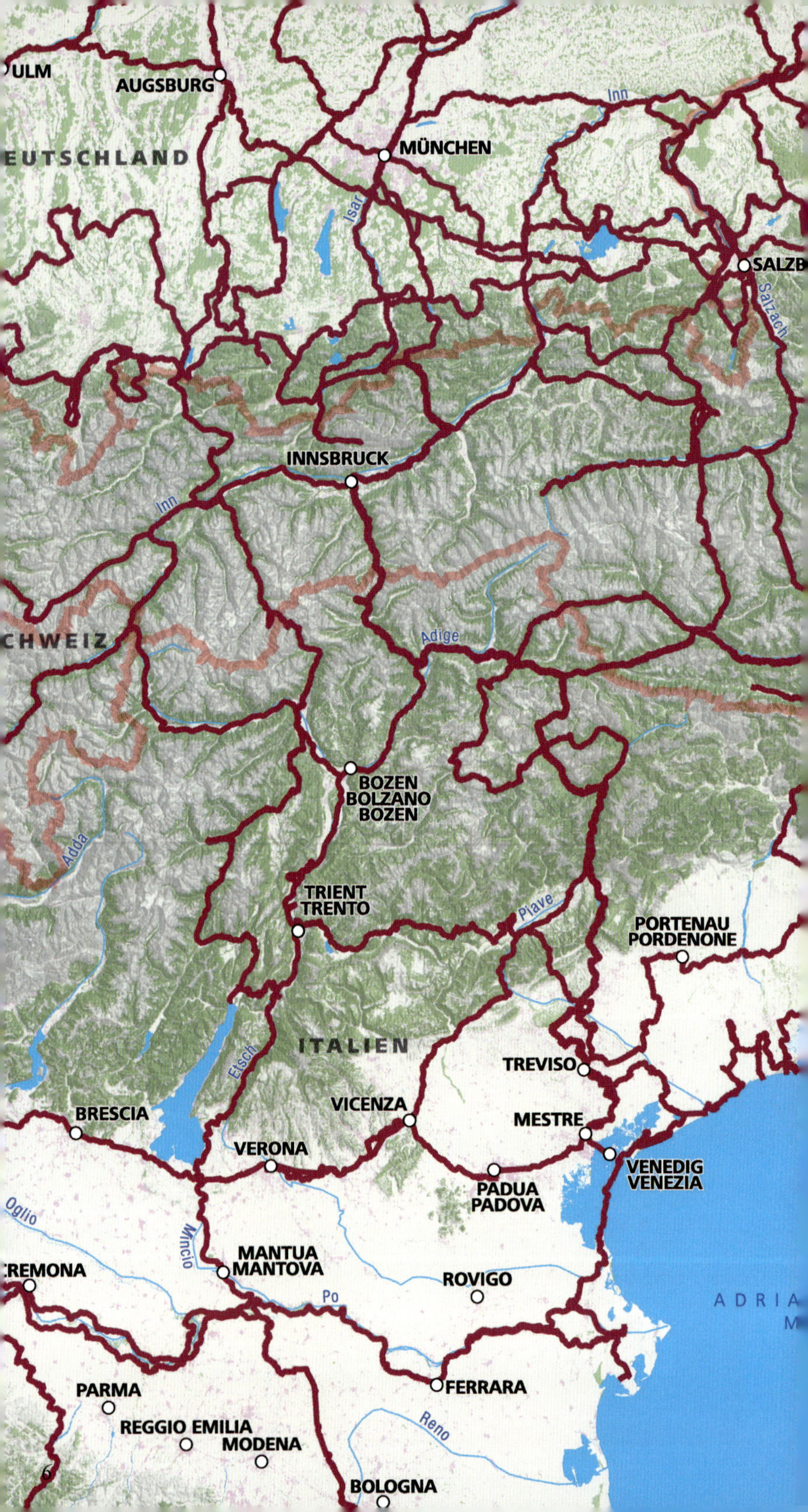

ULM
AUGSBURG
EUTSCHLAND
MÜNCHEN
Inn
Isar
SALZB
Salzach
INNSBRUCK
Inn
CHWEIZ
Adige
BOZEN
BOLZANO
BOZEN
Adda
TRIENT
TRENTO
Piave
PORTENAU
PORDENONE
ITALIEN
Etsch
TREVISO
BRESCIA
VICENZA
MESTRE
VERONA
VENEDIG
VENEZIA
PADUA
PADOVA
Oglio
Mincio
MANTUA
MANTOVA
CREMONA
ROVIGO
Po
ADRIA
FERRARA
PARMA
Reno
REGGIO EMILIA
MODENA
BOLOGNA

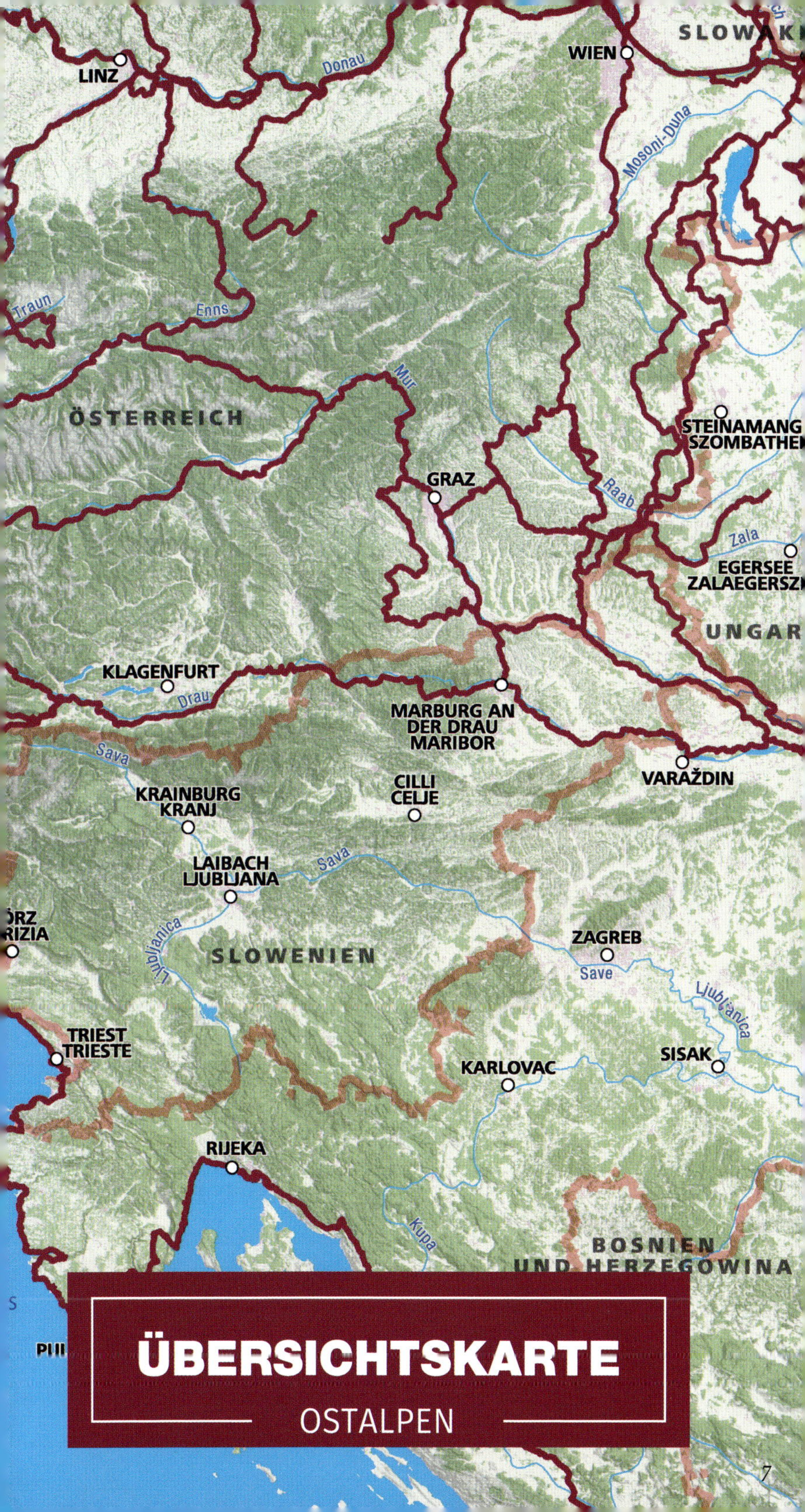
LINZ
WIEN
SLOWAKEI
Donau
Mosoni-Duna
Traun
Enns
Mur
ÖSTERREICH
STEINAMANG
SZOMBATHE
GRAZ
Raab
Zala
EGERSEE
ZALAEGERSZ
UNGAR
KLAGENFURT
Drau
MARBURG AN
DER DRAU
MARIBOR
Sava
VARAŽDIN
CILLI
CELJE
KRAINBURG
KRANJ
LAIBACH
LJUBLJANA
Sava
ÖRZ
RIZIA
Ljubljanica
SLOWENIEN
ZAGREB
Save
Ljubljanica
TRIEST
TRIESTE
SISAK
KARLOVAC
RIJEKA
Kupa
BOSNIEN
UND HERZEGOWINA
ÜBERSICHTSKARTE
OSTALPEN

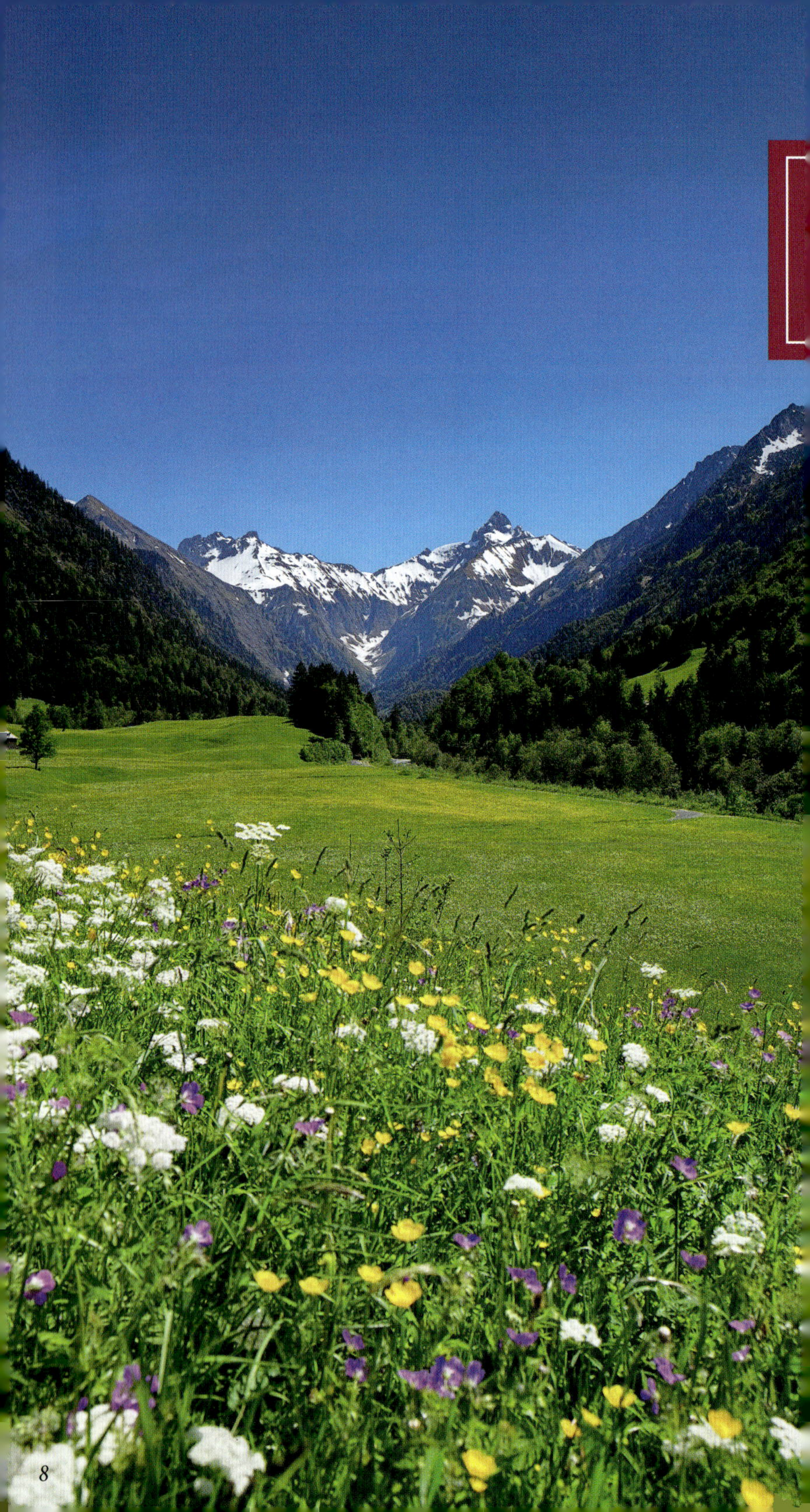

Die Alpen

Fläche: 200.000 km²
Länder: Österreich, Italien, Frankreich, Schweiz, Deutschland, Slowenien, Lichtenstein, Monaco
Ausdehnung: vom Ligurischen Meer bis zum Pannonischen Becken, 2000 Kilometer lang und 250 Kilometer breit

Die Alpen tauchen aus dem Ligurischen Meer vor der französischen Küste und ziehen mit beeindruckenden Gipfeln bis vor die Tore Wiens, wo sie unter die pannonische Tiefebene eintauchen.

Auf deiner Reise bilden sie eine vielseitige Landschaft, die für jeden Fahrradanspruch etwas zu bieten hat. Da wäre die Vielzahl von Flüssen und Seen im Alpenvorland, die gemütliche und erfrischende Strecken bieten. Es geht aber auch anspruchsvoll mit Alpenpässen wie: Stilfser Joch, Passo di Gavia, Col du Galibier, Col d'Izoard, Timmelsjoch oder der Großglockner Hochalpenstraße. Egal ob Tourenrad, Rennrad, Mountainbike oder Gravelbike: Die Alpen sind die richtige Spielwiese für jede Radform. Ob mit oder ohne elektrischer Unterstützung, du entscheidest wie fordernd deine Tour wird. Nach oben sind bei den Fernwege der Alpen keine Grenzen gesetzt. So werden die Alpen auch von dem dichten Netz der EuroVelo Fernwege, die durch ganz Europa führen, durchzogen. Von Cadiz in Spanien bis nach Griechenland ist zum Beispiel so eine Tour.

Einen Radfernweg zu befahren, das bedeutet auch Land und Leute kennenzulernen. Das Tempo und die Stopps legst du fest. Der Gebirgszug verbindet die verschiedenen Länder, Kulturen und Sprachen. Mit seinen mächtigen Felswänden trennt er aber auch. Und so sind die Alpen nicht zuletzt eine Wetterscheide mit den unterschiedlichsten klimatischen Bedingungen und Phänomenen. Eine Schlechtwetterfront aus Nordost bedeutet Regen und niedrige Temperaturen auf der Alpennordseite. Auf der Südseite schiebt dich der Föhn von hinten an und die Sonne lacht dir ins Gesicht.

In diesem Buch vorgestellt werden bekannte und gut beschilderte Radfernwege genauso wie Geheimtipps, die noch Abenteuergeist benötigen. Einige Routen wurden extra für den KOMPASS Verlag erstellt.

Das Terrain auf dem du dich bewegst könnte nicht unterschiedlicher sein. Es reicht von aufgelassenen Bahntrassen, die perfekt für Radfahrer hergerichtet wurden, bis zu Schiebestrecken auf ausgesetzten Gipfelpassagen. Wer in den Alpen mit dem Rad unterwegs sein will, wird unweigerlich mit dem Begriff „Transalp" in Berührung kommen. Der Traum die Alpen, in welche Richtung auch immer, mit dem Fahrrad zu überqueren ist die Motivation, die ungeahnte Leistungen hervorbringt. Strecken wie der Alpe-Adria-Radweg sind so zu enormer Beliebtheit aufgestiegen. Die Infrastruktur mit Beschilderung, Bahntransport, Übernachtungsmöglichkeiten und Bikeshops ist auf solchen Wegen perfekt ausgebaut.

Es geht aber auch anders. Mit dem Begriff „Bikepacking" verbindet man absoluten Minimalismus. Alles was man zum Fahren und Schlafen braucht wird in kleinen Packtaschen direkt am Fahrrad befestigt. Und so geht es dann auf der Straße genauso wie „Offroad" zum ersehnten Ziel. Das ist nicht selten der Gardasee oder das Meer nach einer erfolgreichen Alpenüberquerung. Am jeweiligen Ziel angekommen ist es dann ganz egal wie weit die Strecke war, wie viele Pässe und Höhenmeter zurückgelegt wurden und wie viele Pannen es gab. Das Glücksgefühl einer erfolgreichen Radreise sieht man den Bikern ins Gesicht geschrieben.

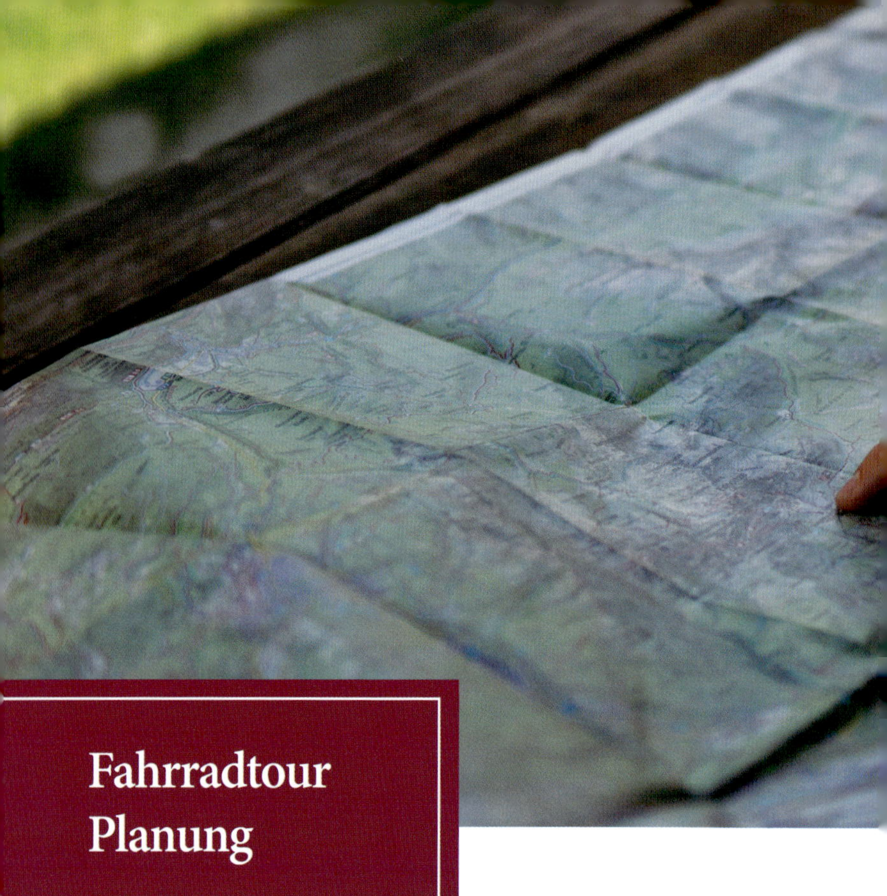

Fahrradtour Planung

Vor einer Radreise sind einige Fragen zu klären: Wann ist die beste Reisezeit für den gewählten Radweg? Wie viele Kilometer pro Tag kann man planen? Soll im Zelt oder im Hotel übernachtet werden? Reist man lieber individuell oder mit einem Reiseveranstalter?

April bis September ist die beste Reisezeit, wobei die warmen Jahre zunehmend auch noch den Oktober für eine Radreise zulassen. Im Voralpenland und in den Mittelgebirgen startet man besser erst im Mai, für Frühling und Herbst sind Weinbauregionen mit ihrem milden Klima, wie die Bodenseeregion oder der Süden der Alpen, gut geeignet. Wenn man in der Hauptreisezeit zwischen Juli und August unterwegs ist, gilt es zu bedenken, dass es zu Engpässen bei den Übernachtungsunterkünften kommen kann, weshalb sich Reservierungen empfehlen.

Wie viele Kilometer man an einem Tag schafft ist unter anderem durch die eigene Kondition, das Fahrrad, das Gepäck, die zu überwindenden Höhenmeter und auch das Wetter beeinflusst. Starker Gegenwind kann die Durchschnittsgeschwindigkeit halbieren. Mit dem E-Bike kann die Distanz schnell um 20–30 % oder sogar mehr gesteigert werden. Probefahrten können helfen, die persönliche Durchschnittsgeschwindigkeit und eine realistische reine Fahrzeit zu ermitteln. Folgende Auflistung dient der groben Orientierung:

<30 km = einfach (Anfänger und Etappen mit Kindern)
30–40 km = gemütlich (häufige Pausen und größere Gruppen)
40–50 km = durchschnittlich (ab 50 km sind Sportliche gut dabei)
50–80 km = erhöhte Kondition (bereits nach einigem Training machbar)
80–120 km = gute Kondition (mit viel Gepäck benötigt man für 120 km den ganzen Tag)

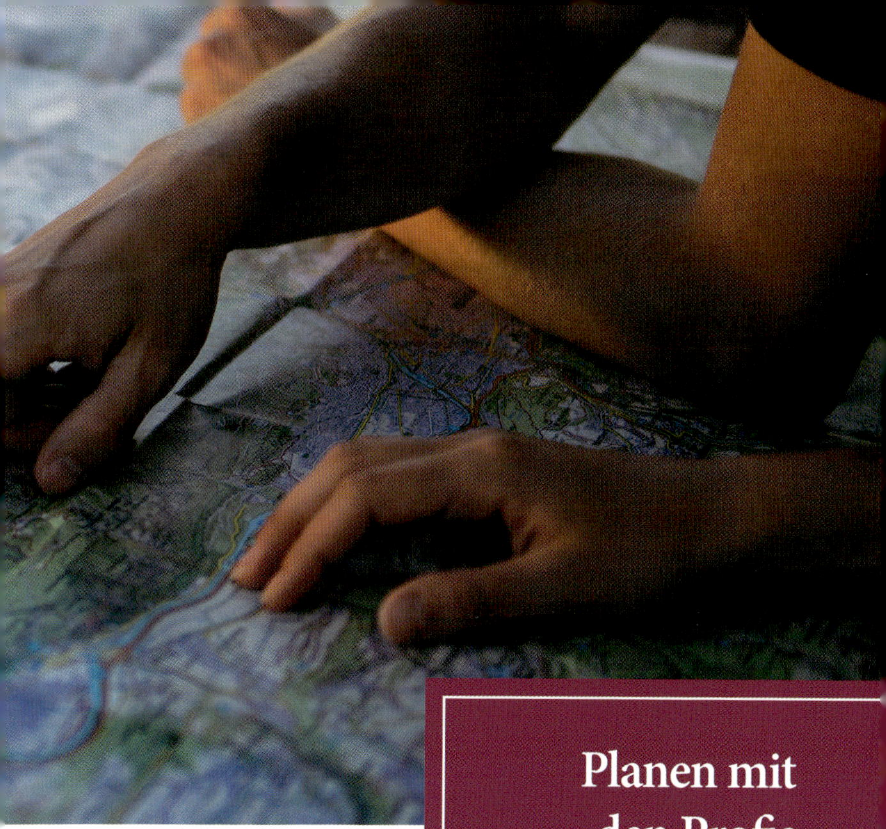

Planen mit den Profis

Eine Radreise sollte gut geplant werden und das beginnt natürlich mit der Wahl der Strecke. Für bestehende Radfernwege gibt es meistens eine gute Beschilderung vor Ort und Fahrradführer wie zum Beispiel die Radreiseführer von KOMPASS. Gerade die Planung sollte mit einer guten Karte passieren. So lassen sich Highlights und Abstecher dazu planen und Gefahrenstellen einfach umfahren. Dank Sportuhren, Fahrradcomputern und dem Smartphone kann man auch recht einfach die Strecke mittels GPX-Track vorplanen und danach fahren. Eine Karte sollte zur Sicherheit dennoch immer dabei sein, falls der Akku ausgeht. Außerdem solltest du immer reagieren können, falls ein Wetterumbruch kommt oder man das angepeilte Tagesziel doch nicht schafft. Eine Übersicht über alle KOMPASS Fahrradführer und Karten bekommst du hier:

KOMPASS, dein Begleiter

Mit einem Klick direkt zum KOMPASS-Verlagsprogramm, in dem alle Karten und Führer vorgestellt werden.

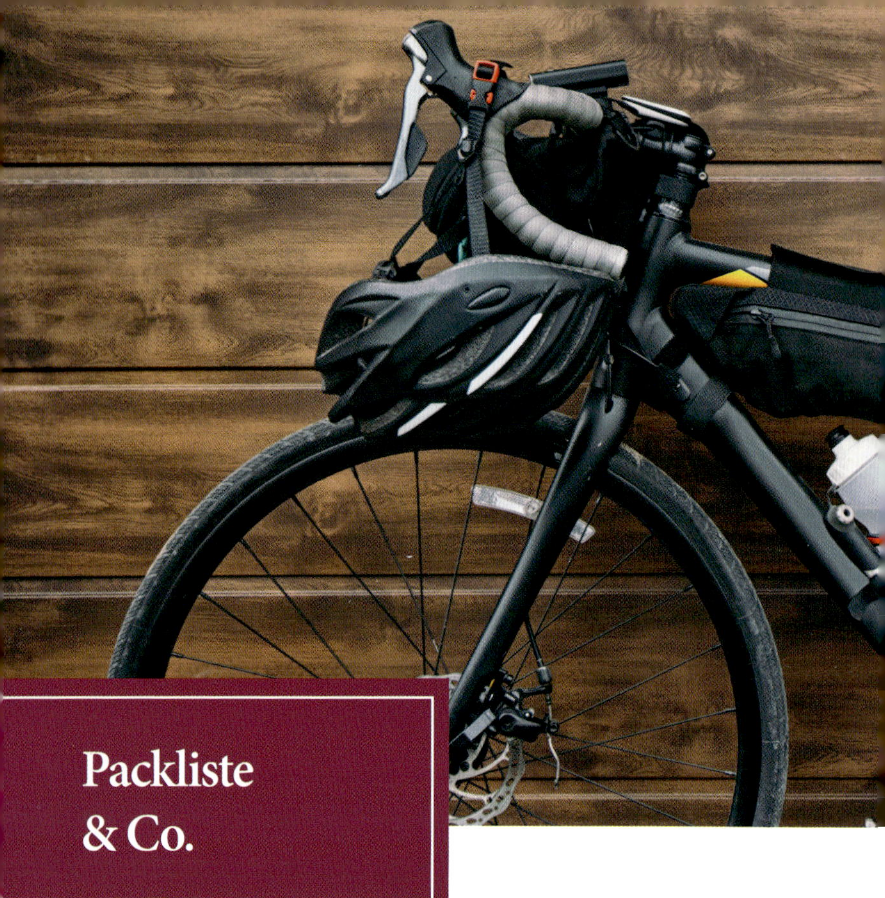

Packliste & Co.

Was steht noch auf der Checkliste? Welches Fahrrad eignet sich für die jeweilige Strecke am besten? Welche Kleidung und welche Packtaschen nimmt man mit?

Reiseräder bieten einen hohen Komfort für Radreisen auf großteils asphaltierten Strecken. Sie zeichnen sich durch ihre Stabilität und Langlebigkeit aus, lassen sich nicht nur hinten, sondern auch vorne mit Gepäckträgern ausstatten und fahren sich auch mit voll beladenen Packtaschen gut. Breitere Reifen mit gutem Profil sind auf Radwegen mit höherem Anteil an unbefestigten Wegen zu empfehlen. Beim Bikepacking mit einem Gravelbike ist man im Unterschied dazu mit leichtem Gepäck unterwegs. Um Wendigkeit und Tempo zu behalten, wird die Ausrüstung ans Fahrrad geschnallt, statt sie in Seiten- oder Lenkertaschen unterzubringen. Ein Gravelbike ist ein komfortables Rennrad, das auch abseits befestigter Wege, zum Beispiel auf Schotter (engl. gravel), gut fährt.

Neben dem richtigen Fahrrad ist die passende Kleidung entscheidend. Wie immer beim Outdoorsport gilt das Zwiebelprinzip, also Schichten zu tragen, um für alle Wetter- und Temperaturlagen gerüstet zu sein. Als unterste Schicht trägt man feuchtigkeitsregulierende Materialien wie Merinowolle oder Kunstfasergewebe, die zweite ist die wärmende Isolationsschicht und die äußerste Schicht soll Wind und Regen abhalten und trotzdem atmungsaktiv sein. Das Gepäck wird in wasserdichten Packtaschen verstaut, auch für einen Flaschenhalter mit Trinkflasche sollte am Fahrrad Platz sein. Ein Anhänger ist eine Möglichkeit bei größerer Gepäckmenge. Zu bedenken gilt aber, dass man damit bei Engstellen und engen Kurven Probleme haben könnte und das zusätzliche Gewicht inklusive höherem Rollwiderstand stemmen muss. Am Lenker empfiehlt sich ein Kartenhalter bzw. eine Handyhalterung neben einer eventuellen Lenkertasche.

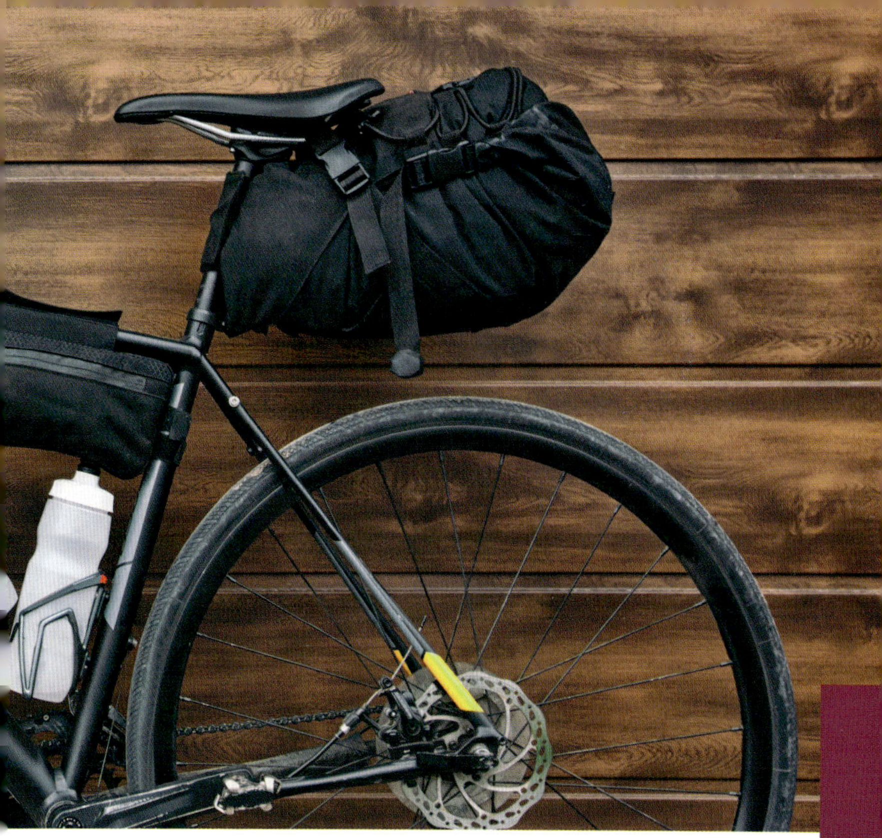

PACKLISTE

Kartenmaterial, Radtourenführer

Handy, GPS-Fahrradcomputer

E-Bike-Ladegerät

Fahrradbeleuchtung

Fahrradhelm

Radkleidung, Radhandschuhe

Regenkleidung

Sport-, Sonnenbrille

Fahrradschloss

Getränkeflasche/Schlauch-Trinksystem

Erste-Hilfe-Set

Ausweise, Papiere, Telefonnummern

Werkzeug für Standardreparaturen
inkl. Flickzeug, Ersatzschlauch &
Reifenheber, Luftpumpe

wasserdichte Schutzhüllen
für Handy und Wertsachen

Sonnen- und Insektenschutz

Proviant und ggfs. Badezeug

Gepolsterte Radhose

Schlafzeug, Radschuhe, Wechselschuhe
oder Sandalen

Reiseapotheke

Kulturbeutel, Ohrstöpsel, Taschentücher

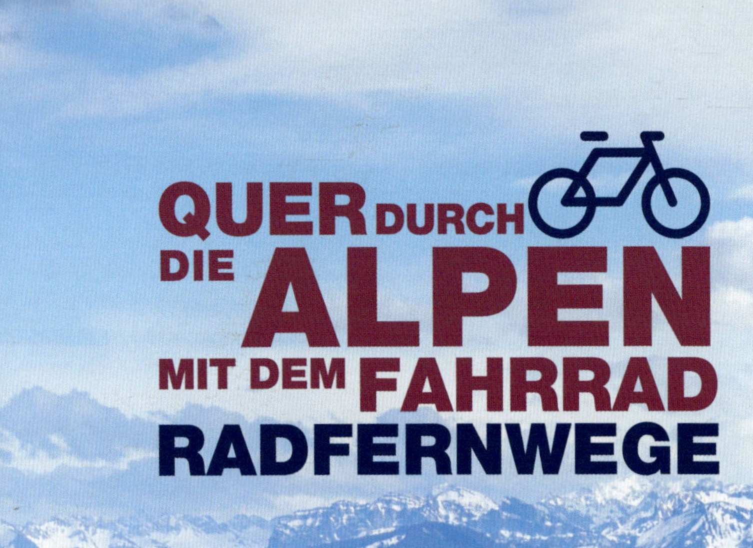
QUER DURCH
DIE ALPEN
MIT DEM FAHRRAD
RADFERNWEGE

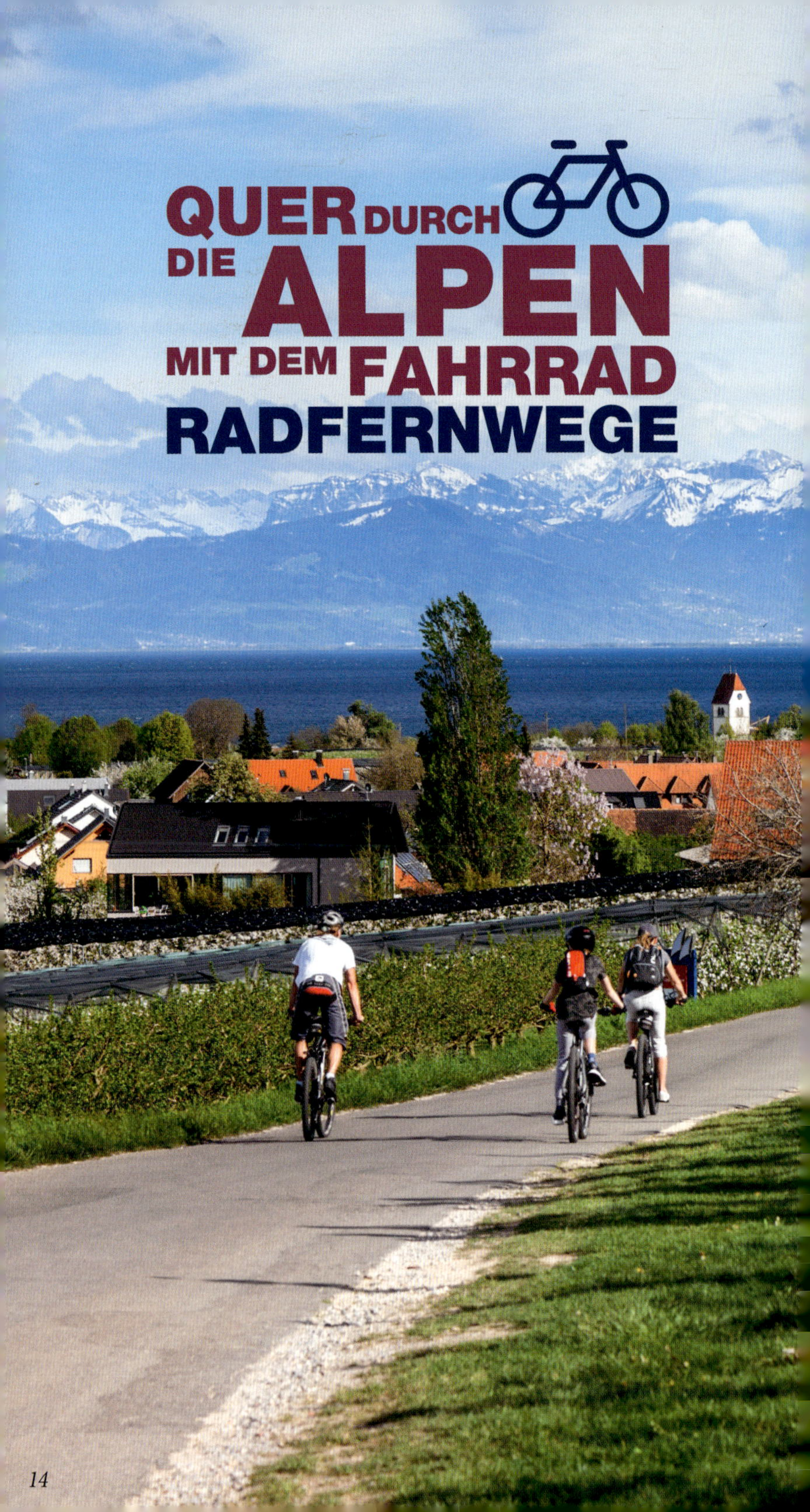

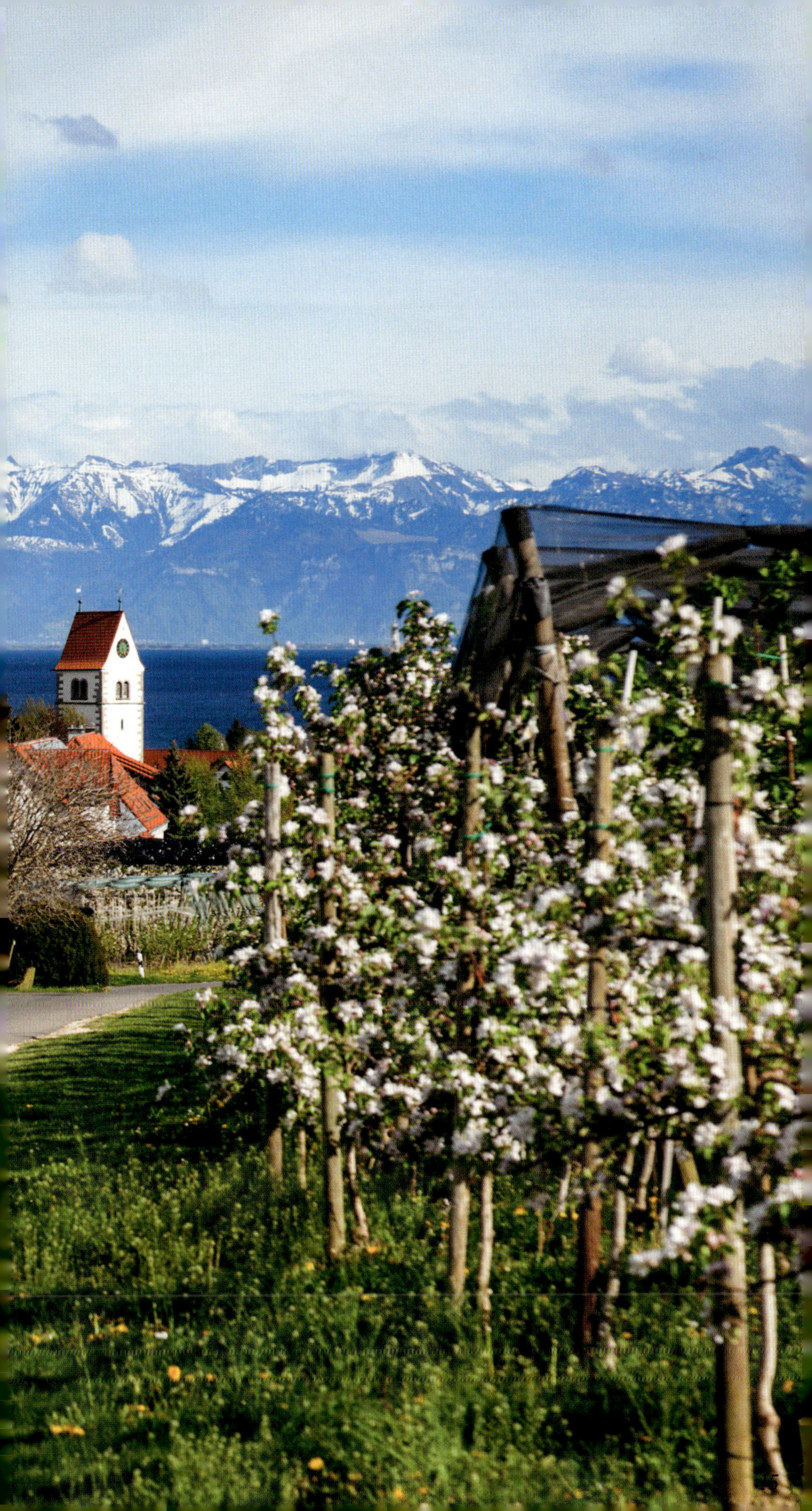

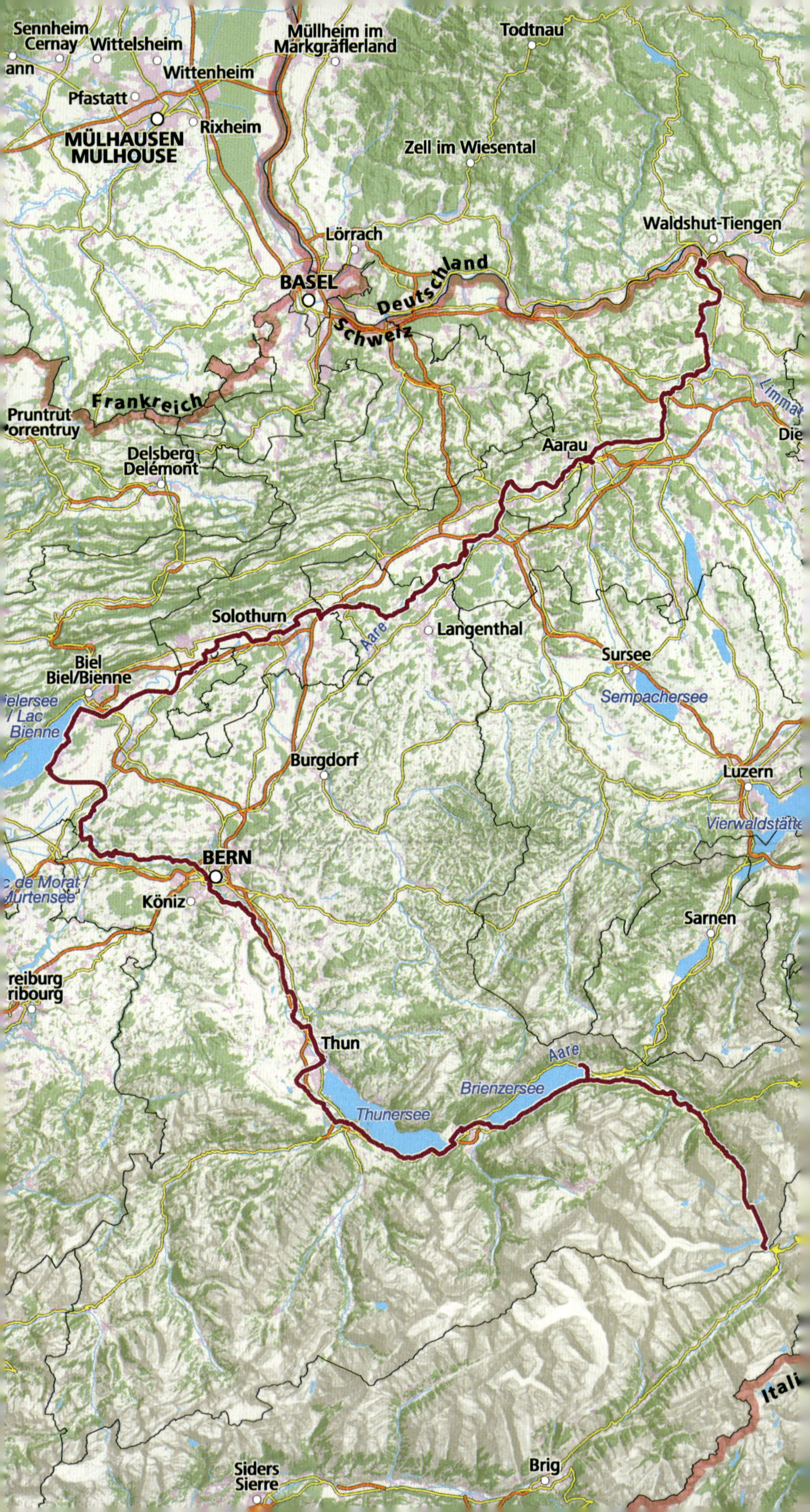
Sennheim
Cernay
Wittelsheim
Müllheim im Markgräflerland
Todtnau
Wittenheim
Pfastatt
Rixheim
MÜLHAUSEN MULHOUSE
Zell im Wiesental
Waldshut-Tiengen
Lörrach
BASEL
Deutschland
Schweiz
Frankreich
Limmat
Pruntrut
Aarau
Delsberg Delémont
Solothurn
Aare
Langenthal
Sursee
Biel
Biel/Bienne
Sempachersee
Burgdorf
Luzern
BERN
Köniz
Sarnen
Thun
Aare
Brienzersee
Thunersee
Siders
Sierre
Brig

Aare-Route

Distanz: 315 km
Start/Ziel: Oberwald (Gletsch)/Koblenz
Gelände: mit deutlicher Steigung
Besonders geeignet für: MTB

№ 01

Die Aare entspringt in den beiden Aargletschern in den östlichen Berner Alpen am Finsteraarhorn – westlich des Grimselpasses. Mit 288 km ist die Aare der längste Fluss der Schweiz. Die Aare-Route startet südlich des Grimselpasses in Oberwald (Gletsch) auf 1.757 m mit einem Paukenschlag: Über viele steile Serpentinen geht es hinauf zum Totensee (2.160) und zur Passhöhe auf 2.163 m. Die Berglandschaft mit ihren weiß leuchtenden Gletschern ist spektakulär! Die Höhenmeter sind nun weitestgehend geschafft, nun rollt man entspannt entlang der jungen Aare nach Innertkirchen. Hier sollte man zu Fuß die Aareschlucht besuchen. Entlang des Südufers des Brienzer- und Thunersees folgen das hübsche Spiez und das malerische Thun, über Bern mit seiner historischen Altstadt und den Laubengängen erreicht die Route den Bielersee und die Stadt Biel/Bienne. Durch das Schweizer Mittelland geht es in die Barockstadt Solothurn zum Unterlauf der Aare. Über Olten und Aarau ist es dann nicht mehr weit nach Koblenz, wo die Aare in den Rhein mündet.

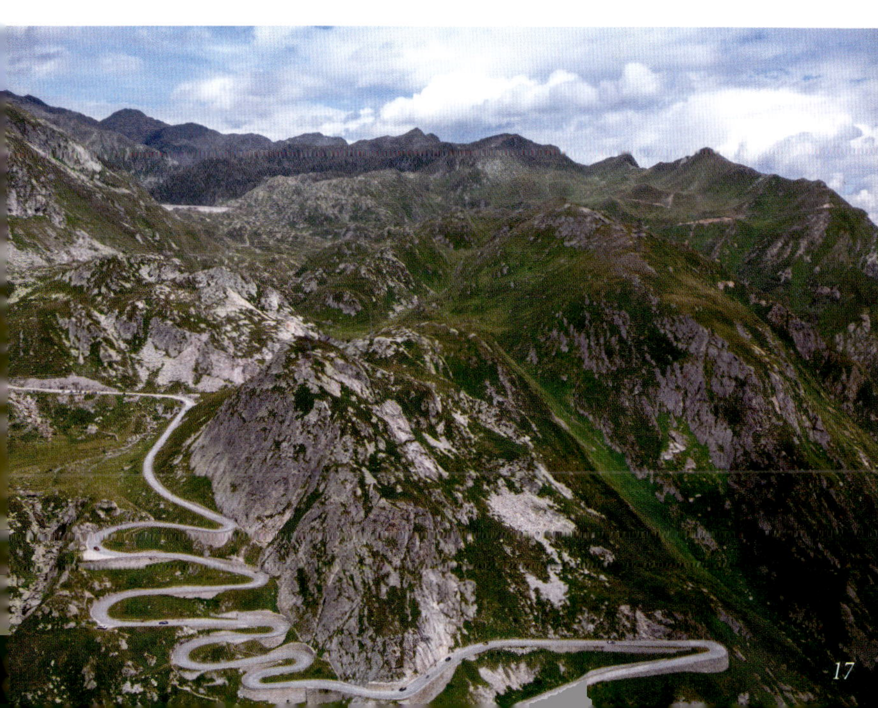

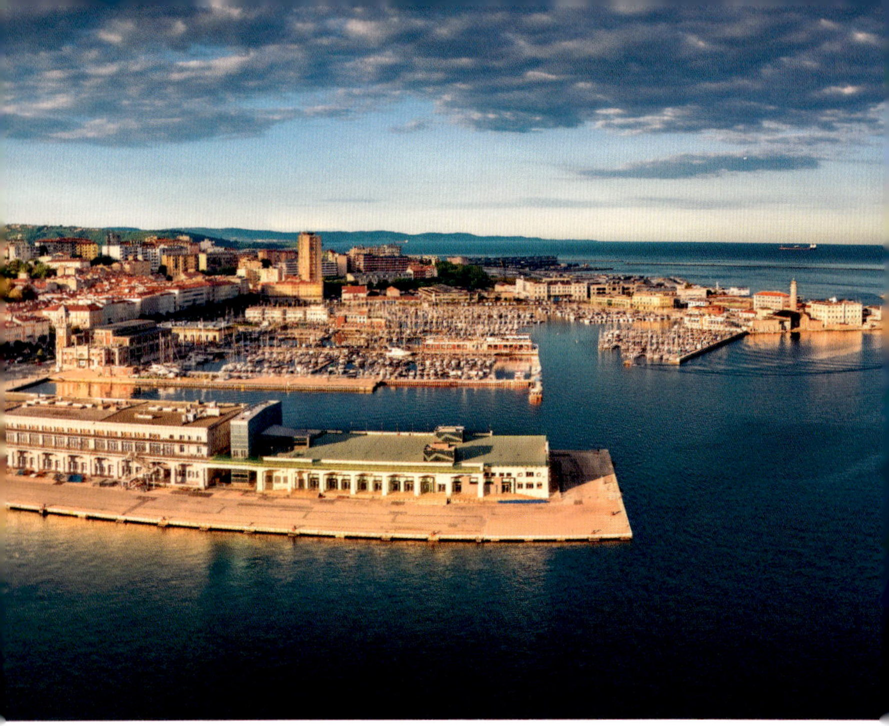

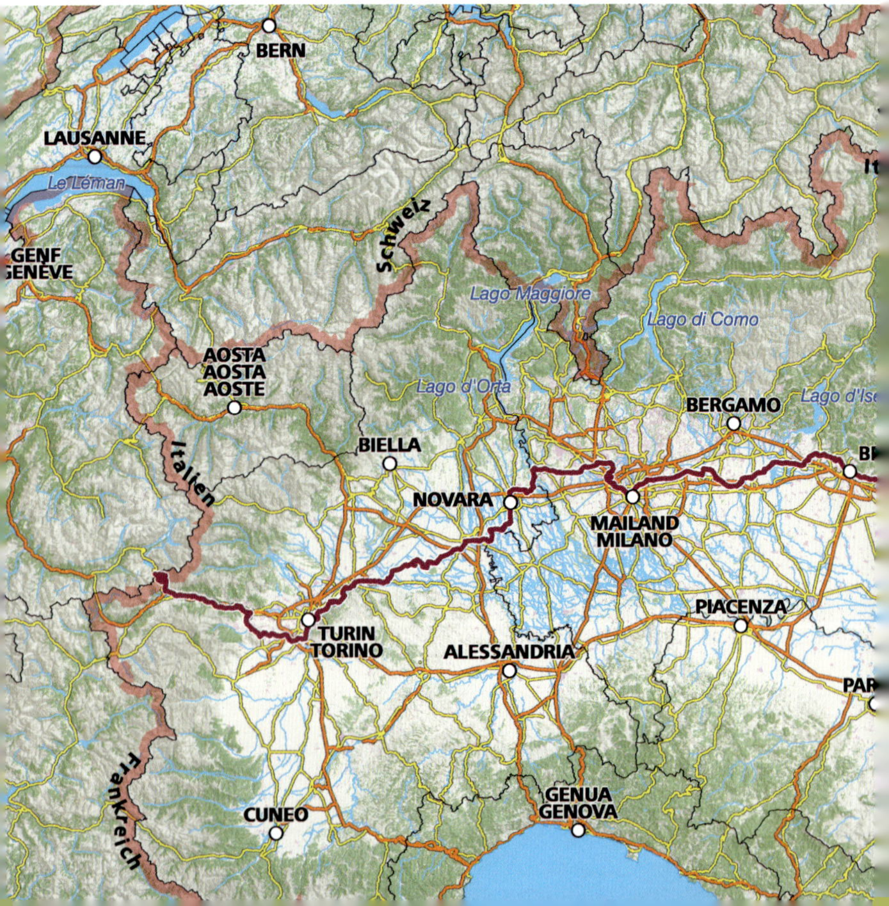

BERN
LAUSANNE
Le Léman
GENF
GENÈVE
Schweiz
Lago Maggiore
Lago di Como
AOSTA
AOSTA
AOSTE
Lago d'Orta
BERGAMO
BIELLA
Italien
NOVARA
MAILAND
MILANO
PIACENZA
TURIN
TORINO
ALESSANDRIA
GENUA
GENOVA
CUNEO
Frankreich

Alta Italia da Attraversare

Distanz: 900 km
Start/Ziel: Colle du Mont Cenis (Piemont)/Triest
Gelände: über weite Strecken flach, Radweg und Nebenstraßen
Besonders geeignet für: MTB

№ 02

Einmal quer durch Oberitalien geht es entlang der Bicitalia 20 vom 2.081 m hohen französischen Col du Mont Cenis (Colle del Moncenisio) nach Triest unweit der slowenischen Grenze. Die Gesamtsteigung liegt bei knapp 3.000 Höhenmeter. An der Route, die durch die Regionen Piemont, Lombardei, Venetien und Friaul-Julisch Venetien führt, liegen alle berühmten Städte Oberitaliens: Turin, Novara, Mailand, Vicenza, Padua, Venedig und Udine.

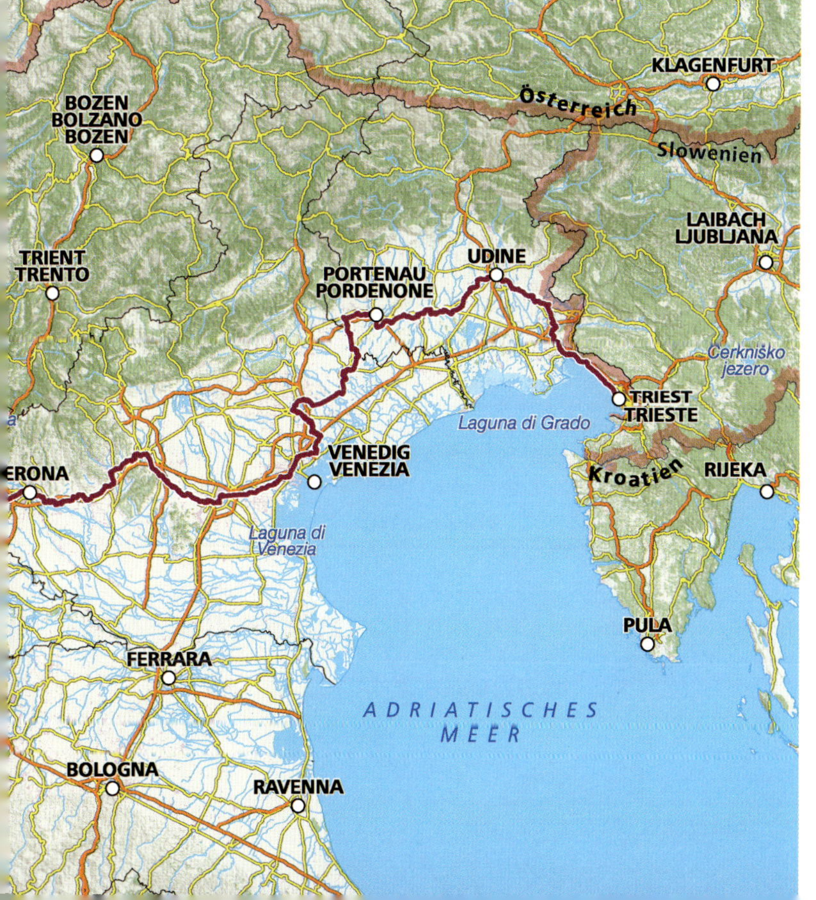

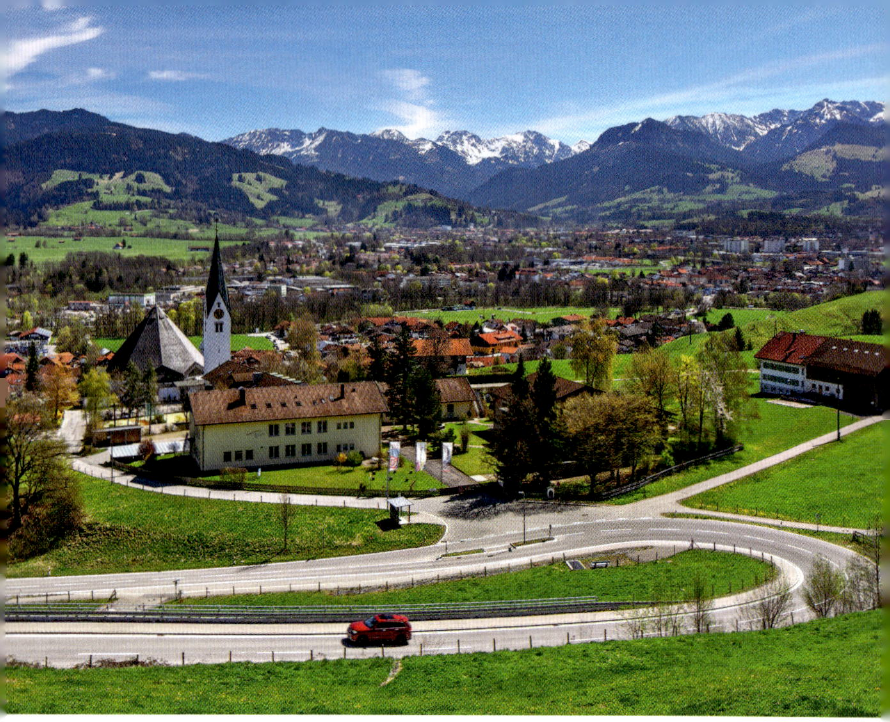

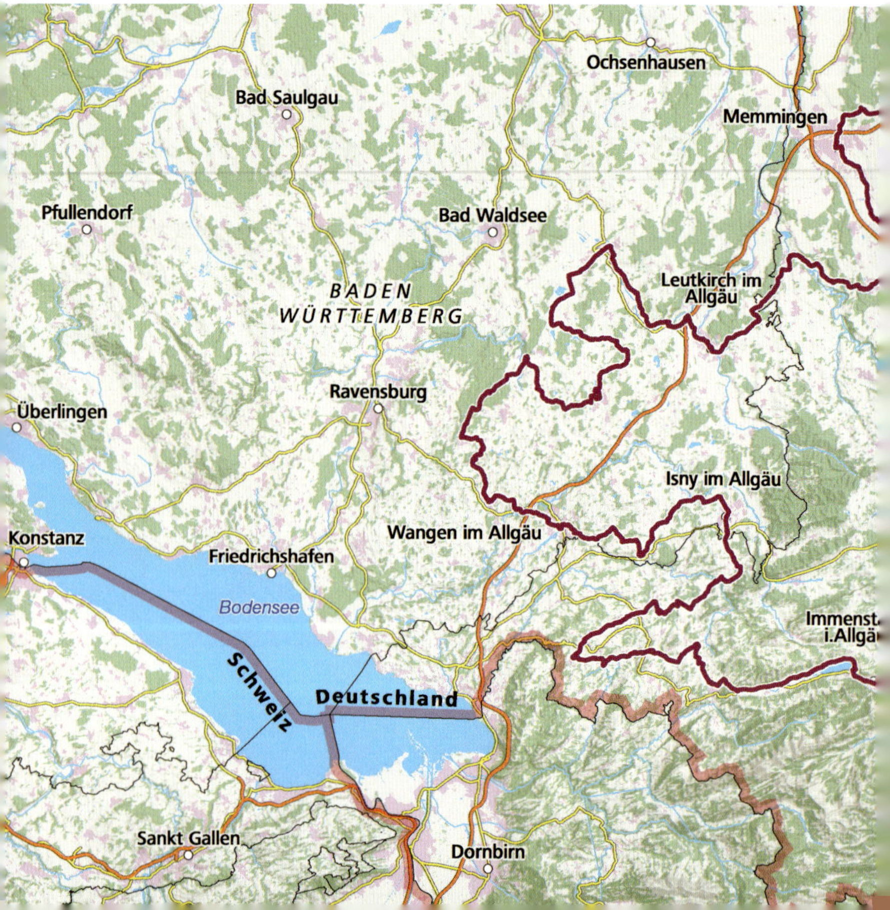

Ochsenhausen
Bad Saulgau
Memmingen
Pfullendorf
Bad Waldsee
Leutkirch im Allgäu
BADEN WÜRTTEMBERG
Ravensburg
Überlingen
Isny im Allgäu
Konstanz
Wangen im Allgäu
Friedrichshafen
Bodensee
Schweiz
Deutschland
Sankt Gallen
Dornbirn

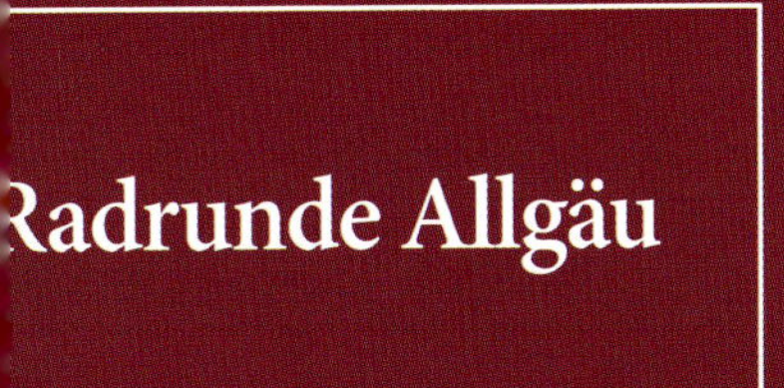

Radrunde Allgäu

Distanz: 450 km
Start/Ziel: Füssen/Füssen
Gelände: mit deutlicher Steigung
Besonders geeignet für: E-Bike

№ 03

Den Abwechslungsreichtum des Allgäus führt uns die Radrunde Allgäu vor Augen, die in die schönsten Ecken Süddeutschlands führt und einen Abstecher nach Tirol beinhaltet. Acht Erlebniswelten stehen für den Facettenreichtum der Region: die Glückswege auf den Spuren von Sebastian Kneipp, die Heimatstätten wie Leutkirch, die Naturschatzkammern wie das Moor um Bad Wurzach und Kißlegg, die Wasserreiche, welche von Gletschern geschaffen wurden, Alpgärten mit ihren steinernen Zeugen, die Gipfelwelten, die Panoramalogen mit Blick in alle Himmelsrichtungen und der Schlosspark mit den Märchenschlössern König Ludwigs II.

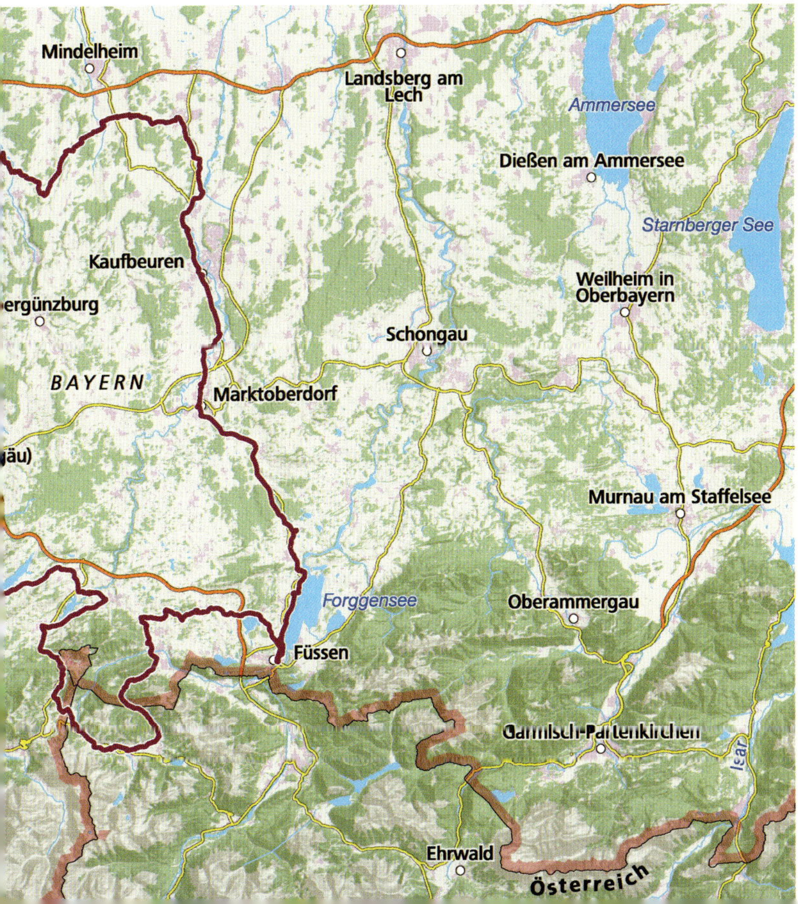

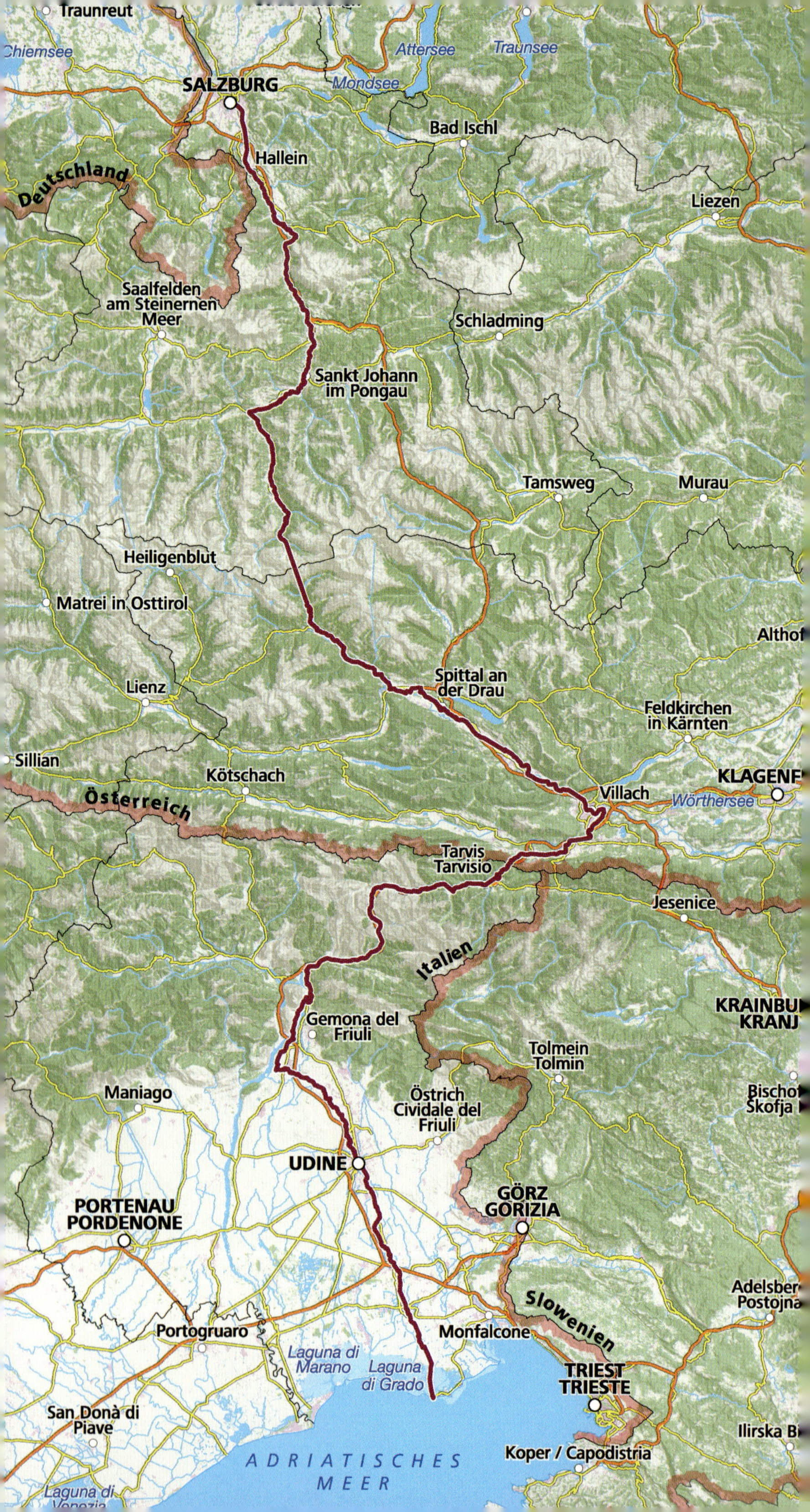
Traunreut
Chiemsee
Attersee
Traunsee
SALZBURG
Mondsee
Bad Ischl
Hallein
Deutschland
Liezen
Saalfelden am Steinernen Meer
Schladming
Sankt Johann im Pongau
Tamsweg
Murau
Heiligenblut
Matrei in Osttirol
Althof
Spittal an der Drau
Lienz
Feldkirchen in Kärnten
Sillian
Kötschach
Villach
KLAGENF
Wörthersee
Österreich
Tarvis Tarvisio
Jesenice
Italien
KRAINBU KRANJ
Gemona del Friuli
Tolmein Tolmin
Maniago
Östrich Cividale del Friuli
Bischo Škofja
UDINE
GÖRZ GORIZIA
PORTENAU PORDENONE
Adelsber Postojna
Slowenien
Portogruaro
Monfalcone
Laguna di Marano
Laguna di Grado
TRIEST TRIESTE
San Donà di Piave
Ilirska B
ADRIATISCHES MEER
Koper / Capodistria
Laguna di Venezia

Alpe-Adria-Radweg

Distanz: 410 km
Start/Ziel: Salzburg/Grado
Gelände: wellig bis flach, zwischendurch mit deutlicher Steigung
Besonders geeignet für: MTB

№ 04

In acht Etappen geht es auf einem der beliebtesten Alpenquerungen von Salzburg durch den Nationalpark Hohe Tauern ins sonnige Kärnten und von dort über die Grenze nach Friaul-Julisch Venetien zur Adria. Unterwegs beeindruckend sind der neue 130 m lange Klammstein-Radtunnel im Gasteinertal und die Viadukte der ehemaligen Pontafel-/Pontebbana-Bahnstrecke entlang des Flusses Fella. Im Salzburger Land verläuft die Route entlang der Salzach und der Gasteiner Ache, in Kärnten leiten die Flüsse Möll, Drau und Gail zur Grenze. In Friaul-Julisch Venetien folgt der Radweg der aufgelassenen Trasse der alten K+K-Bahn – über die bezaubernden Städte Tarvis und Udine geht es nach Grado. Das hübsche Fischerstädtchen bietet zum Abschluss einen historischen Hafen und Altstadtgassen mit unzähligen Trattorien, die mit italienischen Köstlichkeiten verwöhnen.

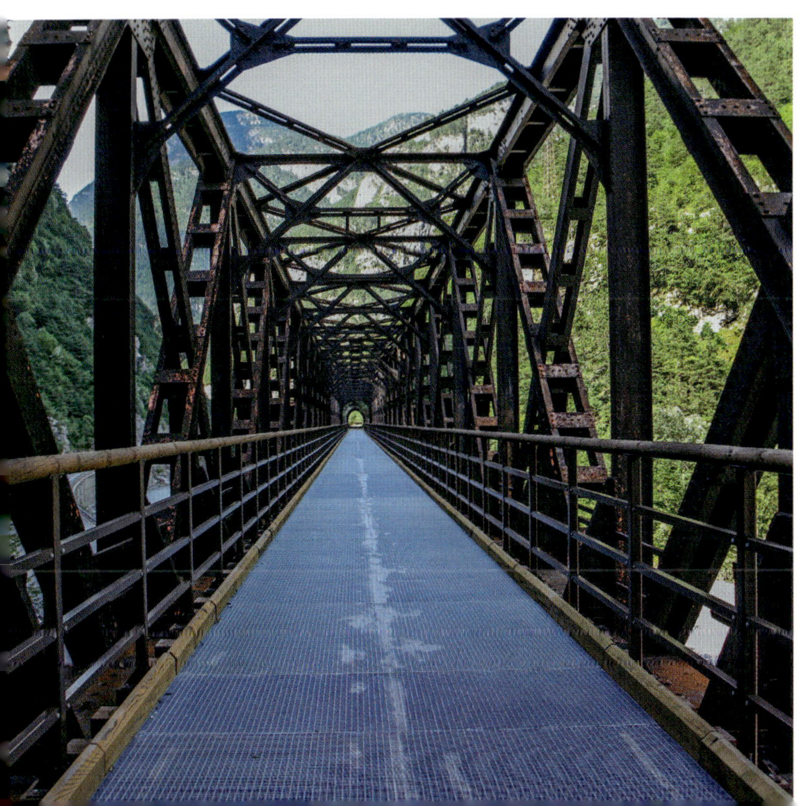

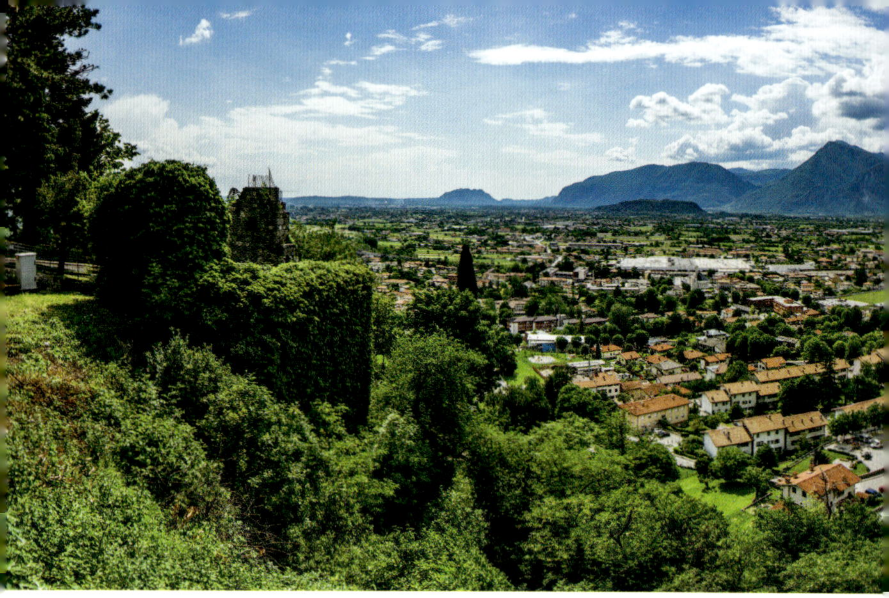

Die Berge und das Meer

Der Alpe-Adria-Radweg verbindet zwei Sehnsuchtsorte mit unterschiedlichem Charme und großer Anziehungskraft – die majestätischen Alpen und die herzöffnenden Weiten der Adria. Dabei beeindrucken nicht nur die durchquerten Landschaften, sondern auch die kulinarischen Verlockungen zweier genussreicher Länder: Österreich und Italien präsentieren sich auf etwa 415 Kilometern von ihren besten Seiten und versprechen unvergessliche Eindrücke.

Man muss schon sehr viel von der Welt gesehen haben, um von der Naturkulisse nicht beeindruckt zu sein, die Radfahrer

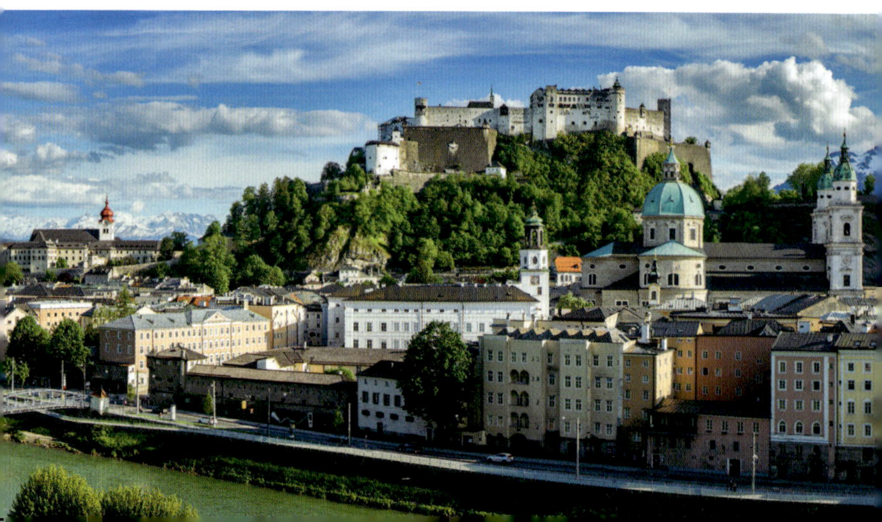

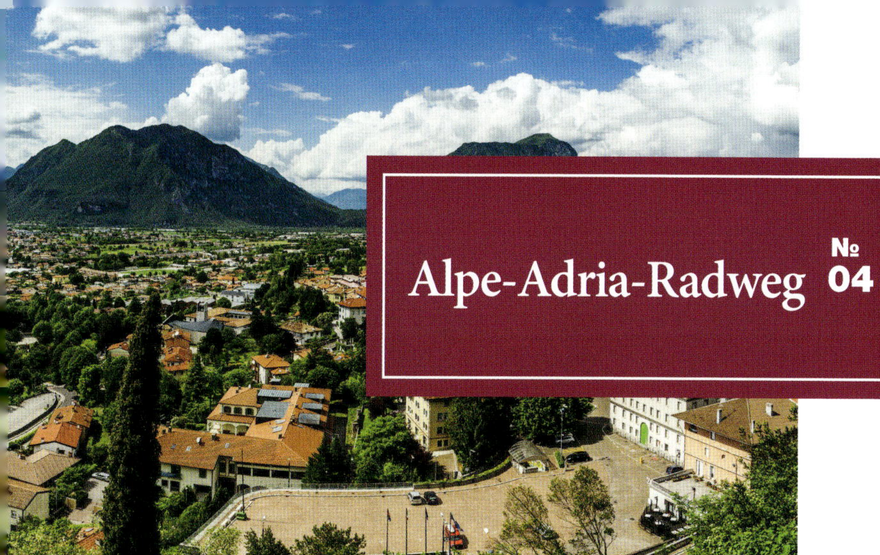

Alpe-Adria-Radweg №04

auf dem Alpe-Adria-Radweg begleitet. Im österreichischen Abschnitt sind dies vor allem die imposanten Berge, viel Grün und Wasser, wohin das Auge fällt: Es stürzt scheinbar endlos überall von den Bergen, um sich in den Flüssen zu sammeln und in Richtung Meer zu strömen. Nichts wie hinterher! Nicht nur die Natur beeindruckt auf dem Alpe-Adria-Radweg, der Radweg verbindet auch zwei Länder mit langer Geschichte, die unglaublich reich an Kultur sind. Städte und Orte wie Salzburg, Bad Gastein, Villach, Udine und Grado laden nicht nur dazu ein, ihr geschichtsträchtiges Erbe zu entdecken, sondern auch ihr modernes Gesicht kennenzulernen. Spannende Gegensätze und teils überraschende Verbindungen ergeben sich daraus.Es soll ja durchaus Menschen geben, die ihre Urlaubsdestinationen nach dem kulinarischen Angebot einer Region auswählen. Wem die Gaumenfreuden im Urlaub ein Anliegen sind, der hat sich mit dem Alpe-Adria-Radweg für die perfekte Tour entschieden: Die österreichische Küche wartet mit Salzburger Nockerl, Reindling, Fisch- und Wildgerichten auf, während die Genüsse der italienischen Küche mit Pasta, Risotto und Tiramisu ohnehin keiner weiteren Anpreisung bedürfen. An Guatn – Buon appetito!

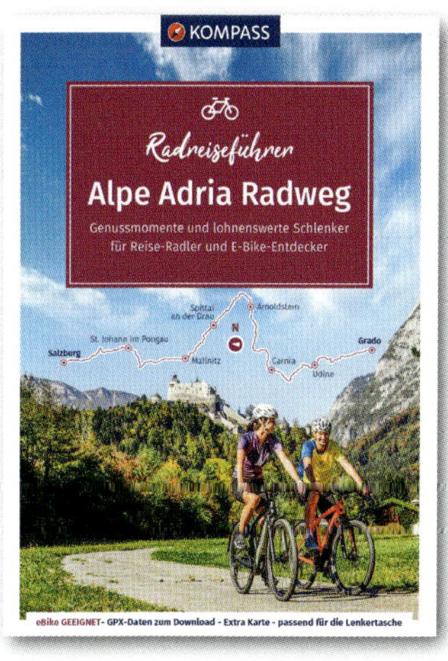

Der passende Begleiter.
Radreiseführer Alpe-Adria-Radweg
mit extra Karte
Verlagsnummer: 6926

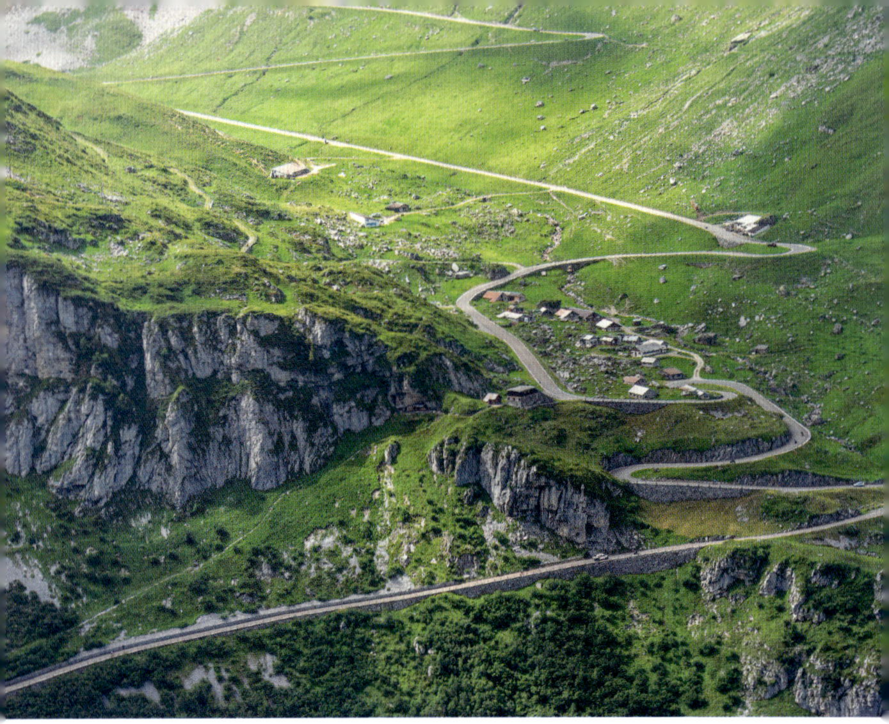

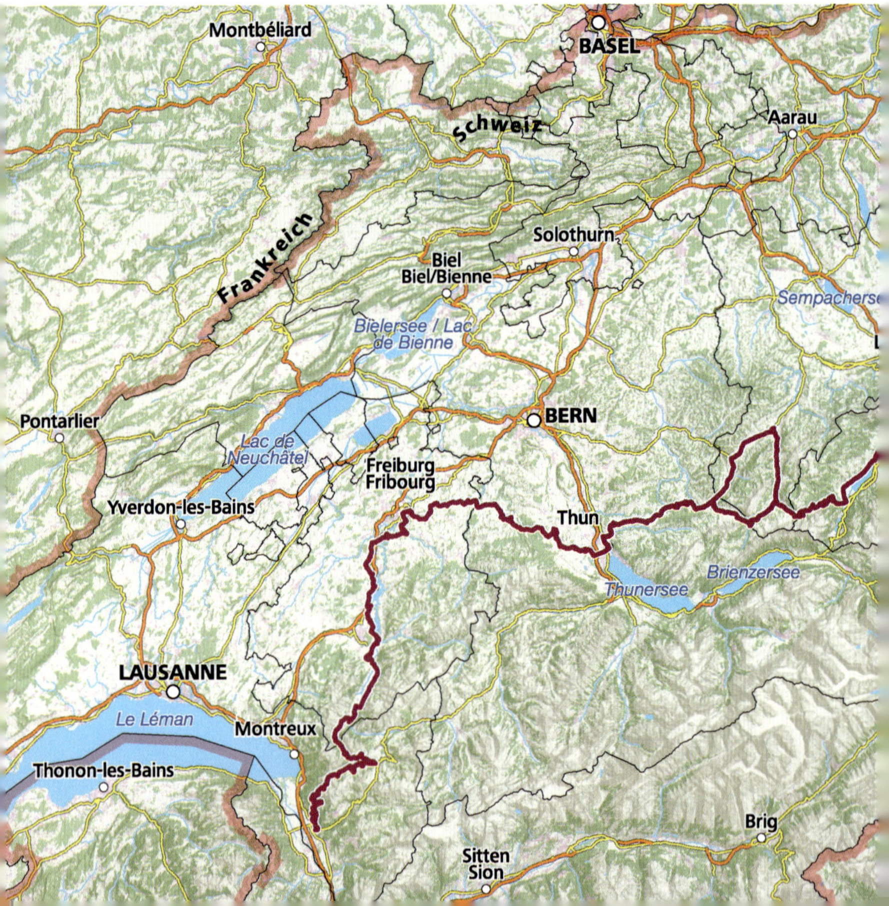

Montbéliard
BASEL
Schweiz
Aarau
Frankreich
Solothurn
Biel
Biel/Bienne
Sempachersee
Bielersee / Lac de Bienne
Pontarlier
BERN
Lac de Neuchâtel
Freiburg
Fribourg
Yverdon-les-Bains
Thun
Brienzersee
Thunersee
LAUSANNE
Le Léman
Montreux
Thonon-les-Bains
Brig
Sitten
Sion

Alpenpanorama-Route (Schweizer Fernradweg 4)

Distanz: 475 km
Start/Ziel: St. Margrethen/Aigle
Gelände: konditionell anspruchsvoll, viele Steigungen
Besonders geeignet für: MTB

№ 05

Was für eine grandiose Fahrt durch das nördliche schweizer Alpenvorland! Viele Pässe und Schluchten, urige Siedlungen und Alpwirtschaften liegen am Weg. Für die insgesamt 9.200 Höhenmeter entschädigen unterwegs grandiose Ausblicke. Die Fahrt durch das Appenzeller Land ist ein ständiges Auf und Ab. Es geht weiter durch das waldreiche Toggenburg. Auf das Glarner Bergland folgt der schweißtreibende Klausenpass, von dem aus man ins Schächental rollt. Eindrucksvoll ist der von einer grandiosen Bergkulisse umrahmte Vierwaldstättersee. Es folgen Sarnersee und Glaubenbielenpass, weiter gehts ins bernische Emmental, über Fribourg führt die Route zum Lac de la Gruyère, die Fahrt endet schließlich in Aigle im Rhônetal.

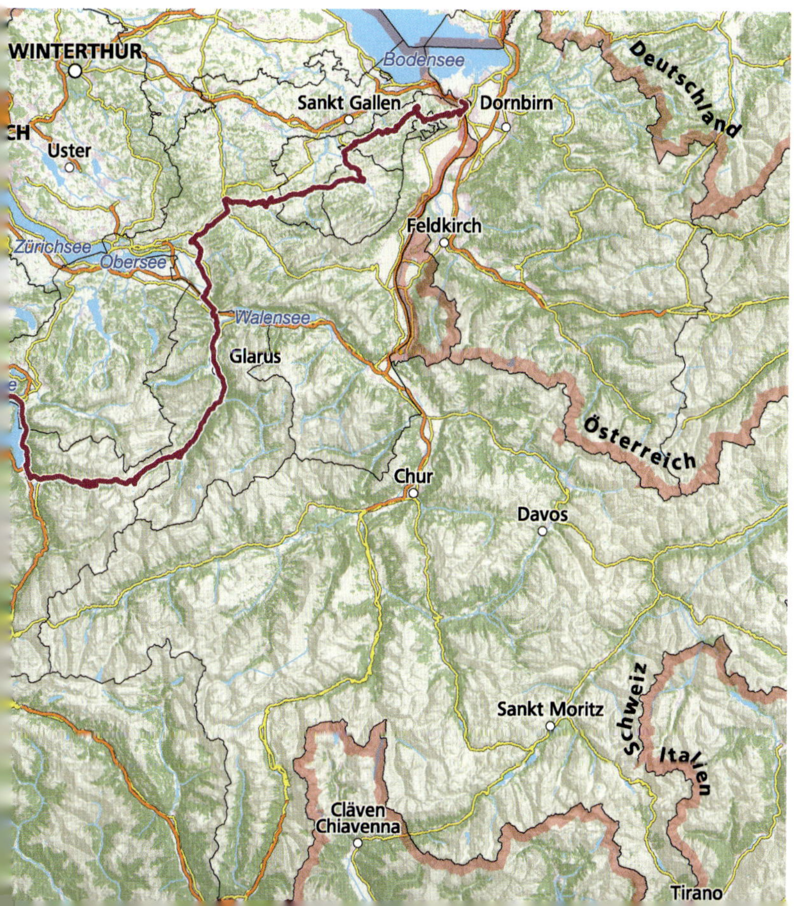

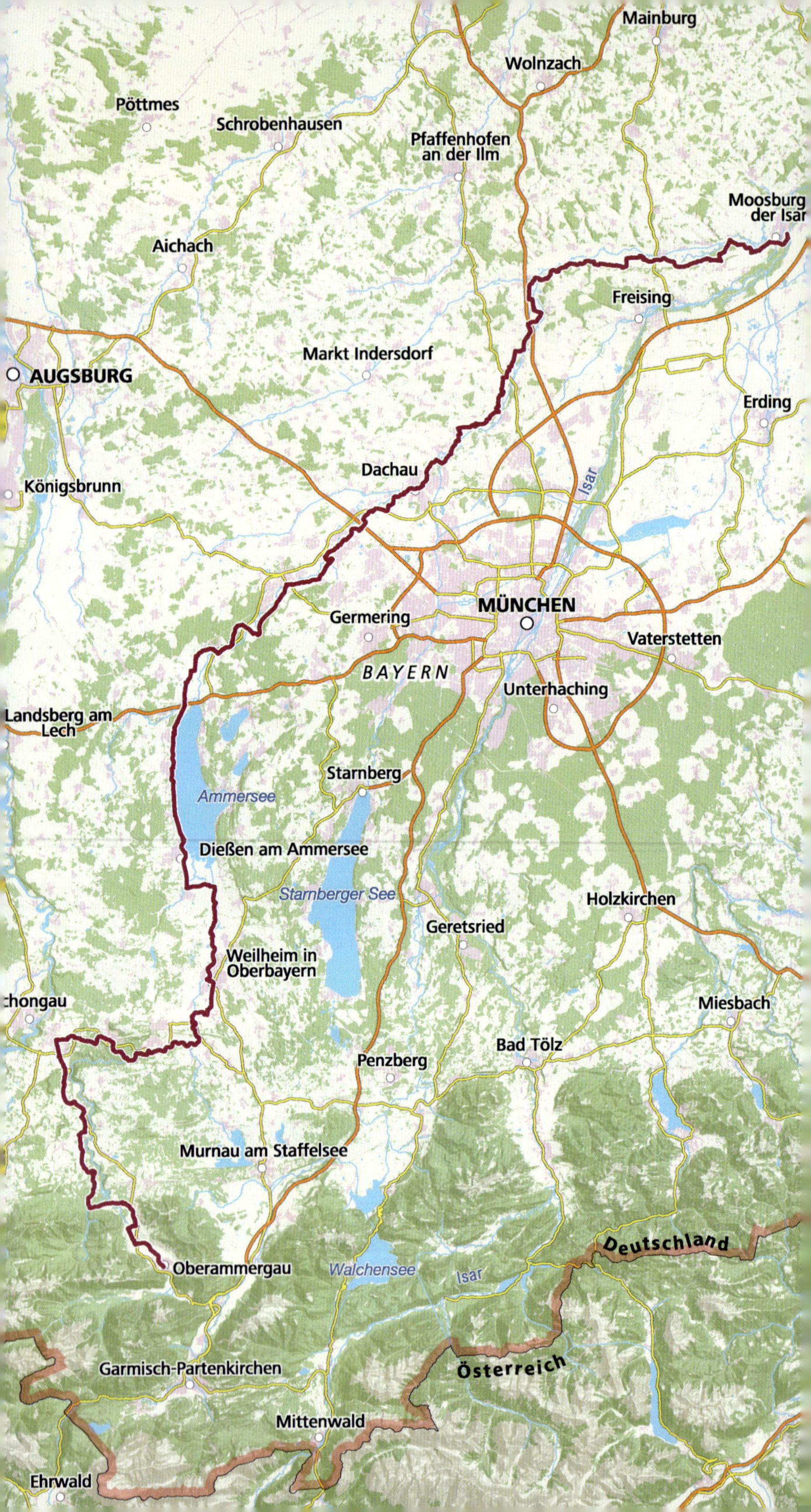

Mainburg
Wolnzach
Pöttmes
Schrobenhausen
Pfaffenhofen an der Ilm
Moosburg der Isar
Aichach
Freising
Markt Indersdorf
AUGSBURG
Erding
Dachau
Königsbrunn
Isar
MÜNCHEN
Germering
Vaterstetten
BAYERN
Unterhaching
Landsberg am Lech
Starnberg
Ammersee
Dießen am Ammersee
Starnberger See
Holzkirchen
Geretsried
Weilheim in Oberbayern
chongau
Miesbach
Bad Tölz
Penzberg
Murnau am Staffelsee
Deutschland
Oberammergau
Walchensee
Isar
Österreich
Garmisch-Partenkirchen
Mittenwald
Ehrwald

Ammer-Amper-Radweg

Distanz: 202 km
Start/Ziel: Oberammergau/ Moosburg an der Isar
Gelände: hügelig
Besonders geeignet für: Familien

№ 06

Das Bayerischen Alpenvorland ist eine Postkartenidylle und so kommt man oft nicht so schnell weiter, wie man es geplant hat. Das liegt an den vielen kulturellen Sehenswürdigkeiten, aber auch den einladenden Biergärten und den zahlreichen Bademöglichkeiten. Gestartet wird bei den Ammerquellen in einem der schönsten Hochtäler Bayerns, dem Graswangtal. Den Passionsspielort Oberammergau kennen viele. Danach geht es aus den Bergen hinaus in den hügeligen Pfaffenwinkel. Flussnah folgt der Radweg der Ammer durch die Ammerschlucht, in der der Uhu brütet. Am glitzernden Ammersee lockt das Wasser zum Baden, am Westufer folgt ein Segelhafen und eine Badestelle auf die andere. Ziel ist das Ampermoos. Durch das Naturschutzgebiet Amperauen erreicht man Kloster Fürstenfeldbruck. Dachau erinnert mit dem Konzentrationslager an die dunklen Zeiten der Region. Schließlich wird Moosburg erreicht, wo die Amper in die Isar mündet.

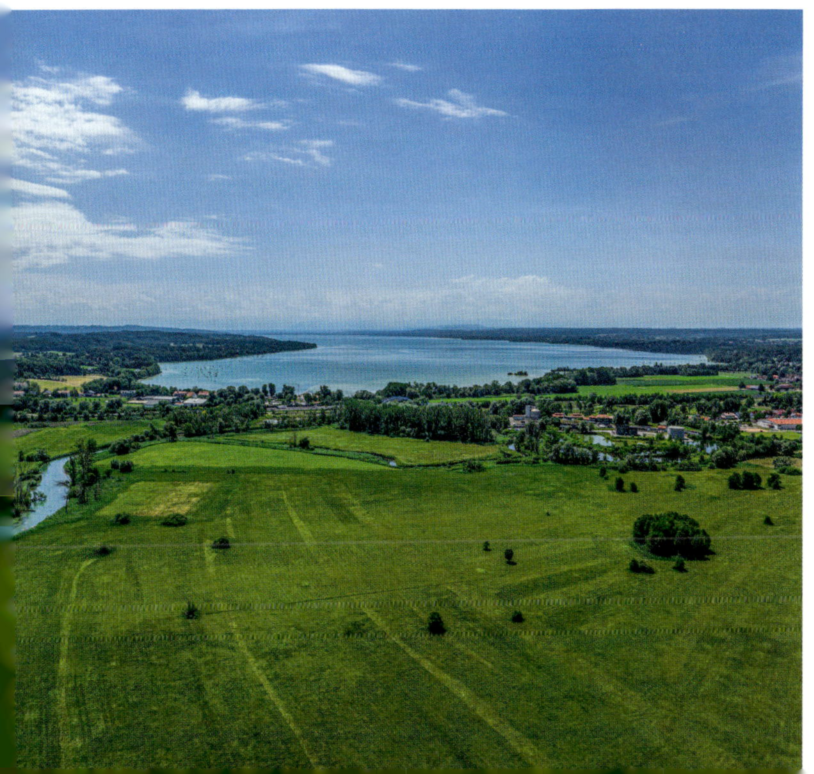

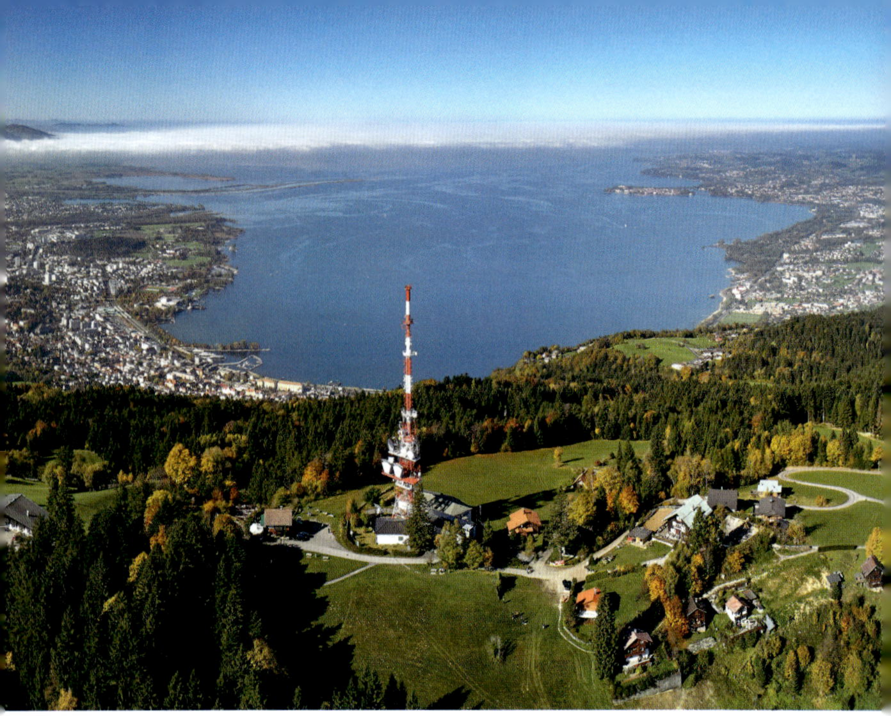

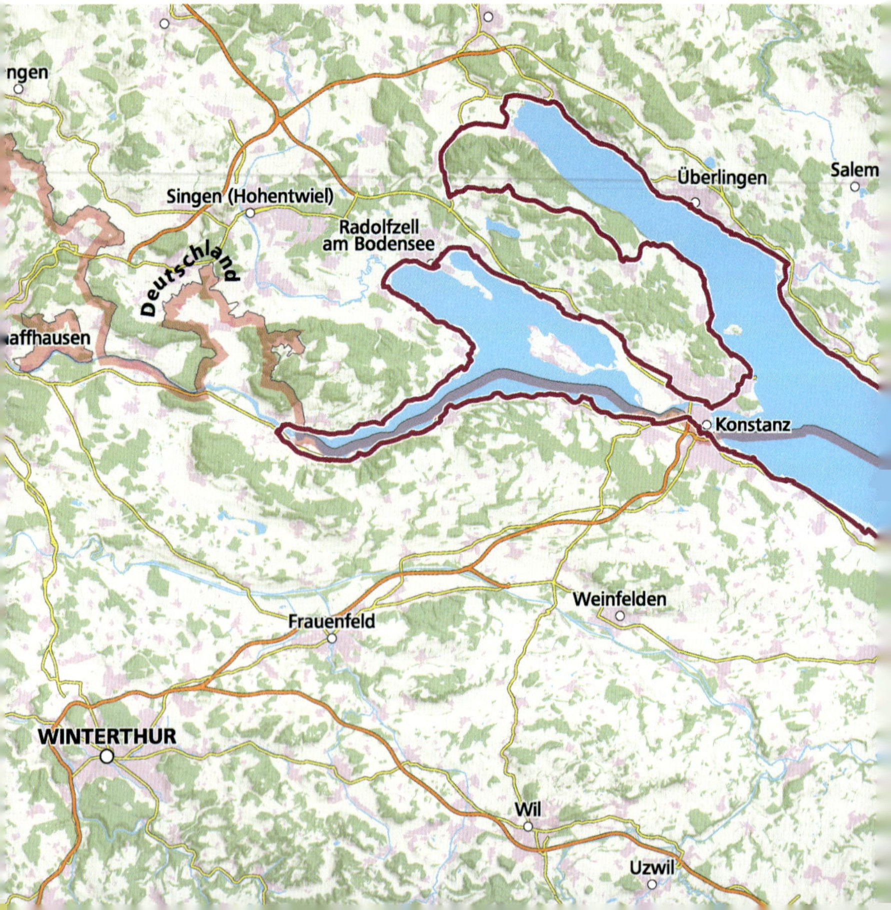

ngen
Salem
Überlingen
Singen (Hohentwiel)
Radolfzell
am Bodensee
Deutschland
affhausen
Konstanz
Weinfelden
Frauenfeld
WINTERTHUR
Wil
Uzwil

Bodenseeradweg

Distanz: 258 km
Start/Ziel: Konstanz/Konstanz
Gelände: flach
Besonders geeignet für: Familien

№ 07

Dem Ufer des Bodensees entlang führt dieser landschaftlich reizvolle Radweg, der zudem auch die drei Anrainerstaaten Deutschland, Österreich und die Schweiz durchläuft. Über hundert Badestellen laden im Sommer zur Abkühlung ein. Kulturell interessant ist die historische Innenstadt von Konstanz. Die Blumeninsel Mainau gilt als echter Tourismusmagnet am Bodensee, bietet sie doch zu jeder Jahreszeit ein Naturerlebnis. Wenn im Frühling Millionen von Tulpen blühen, zeigt sich die Insel von ihrer beeindruckendsten Seite. Lass dir den Abstecher zum Rheinfall bei Schaffhausen nicht entgehen! Er gilt als zweitgrößter Wasserfall Europas und ist absolut sehenswert.

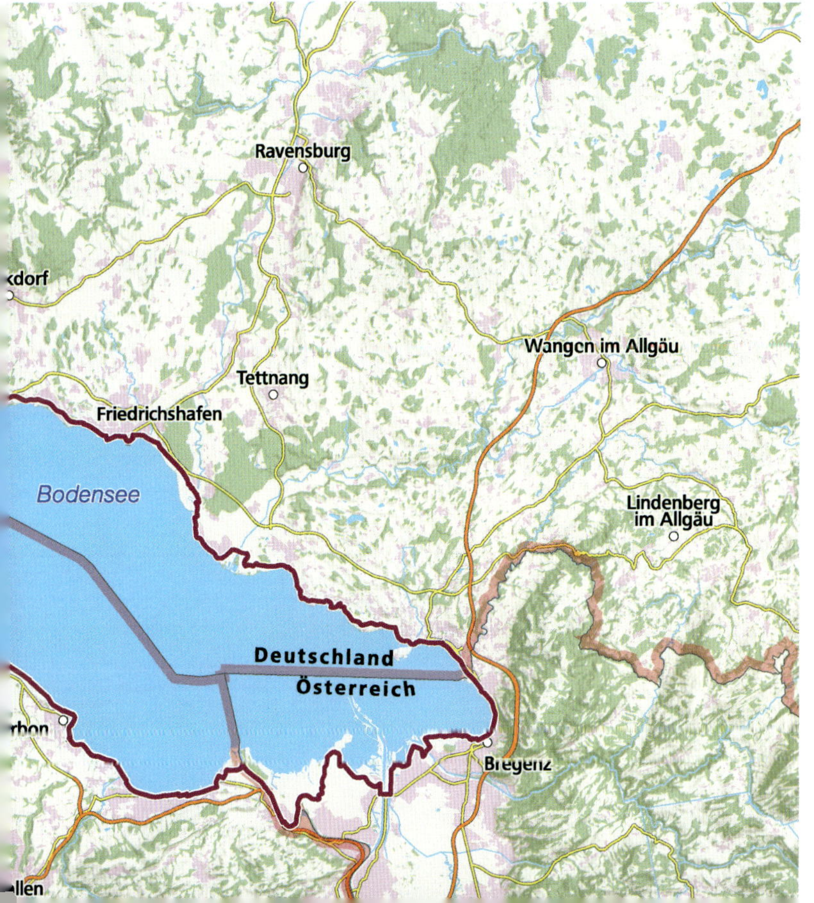

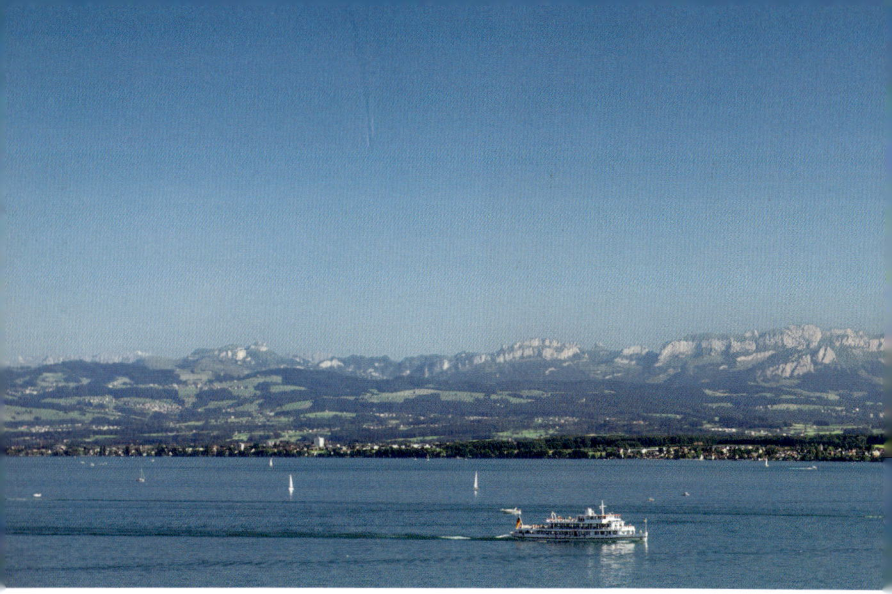

Durchs Ländle
in die Schweiz

Gibt es einen schöneren Startpunkt für eine Bodensee-Radumrundung als die historische Stadt Konstanz? Nach dem Antritt geht's zunächst über Überlingen am gleichnamigen Seeabschnitt nach Meersburg, das für seine zauberhafte Altstadt inmitten der Weinberge bekannt ist. Es folgt die Uferroute nach Friedrichshafen, wo u. a. das Zeppelinmuseum zu einem Besuch einlädt. Vorbei an Wasserburg gelangt man schließlich auf die Insel von Lindau, einer der best-

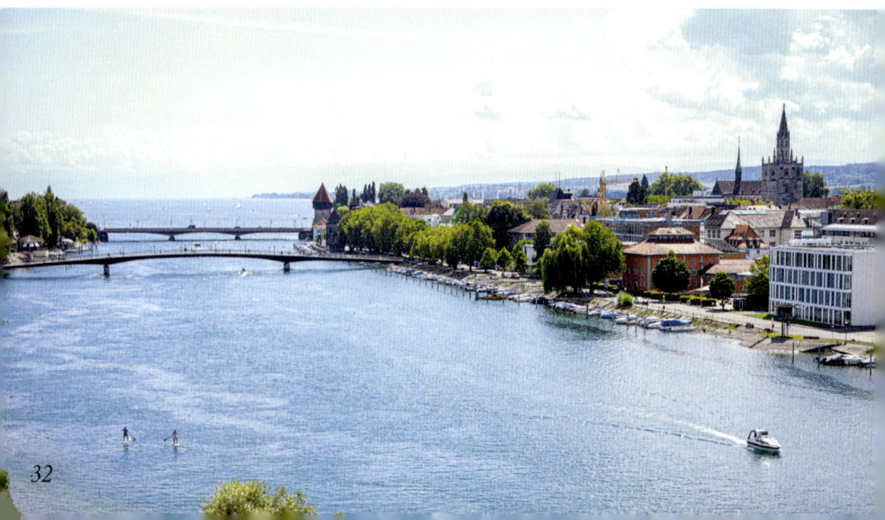

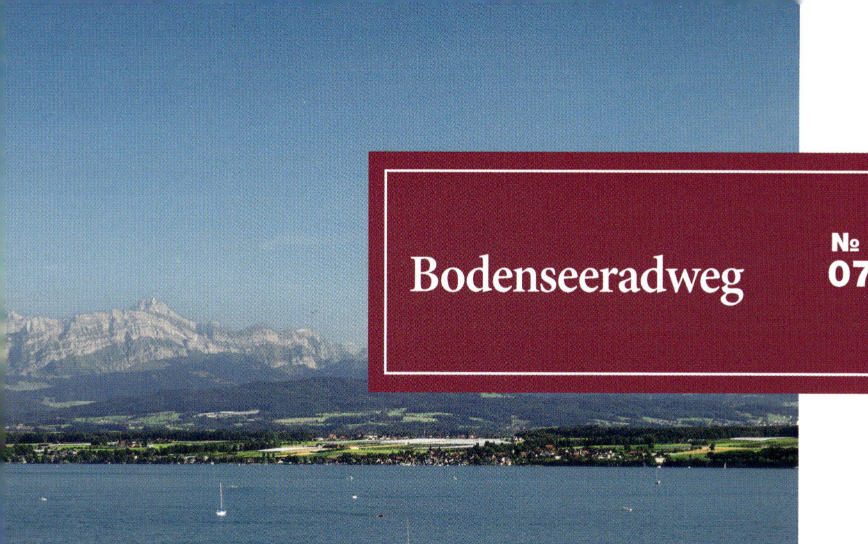

Bodenseeradweg

№ 07

erhaltenen Reichsstädte Deutschlands. Rivierafeeling auf Bayerisch! Die nächste Gelegenheit, das Rad stehen zu lassen und Kultur zu genießen, bietet sich gleich nach dem Grenzübertritt nach Österreich in der Vorarlberger Landeshauptstadt Bregenz. Vorbei an der berühmten Seebühne und am Kloster Mehrerau kommt man dann auch schon zur nächsten Grenzstation: Diesmal geht's in die Schweiz weiter. Durch die helvetischen Bodenseeorte Rorschach, Arbon, Romanshorn und Kreuzlingen erreichen wir wieder den Ausgangspunkt Konstanz, von dem sich eine finale Rundtour empfiehlt. Westlich der Konstanzer Bucht fließt das Rheinwasser durch den Untersee, den die Eiszeitgletscher einst noch mit den Becken des Gnaden- und des Zeller Sees komplettiert haben. Den Namen erhielt Letzterer vom schmucken Rad-Etappenort Radolfzell, bekannt ist er aber vor allem durch die Insel Reichenau mit ihrem Kloster und durch den Höhenzug der Höri, auf dem sich zahlreiche Literaten und Künstler niederließen. Im mittelalterlichen Schweizer Grenzstädtchen Stein am Rhein verlässt der Fluss schließlich den Seebereich.

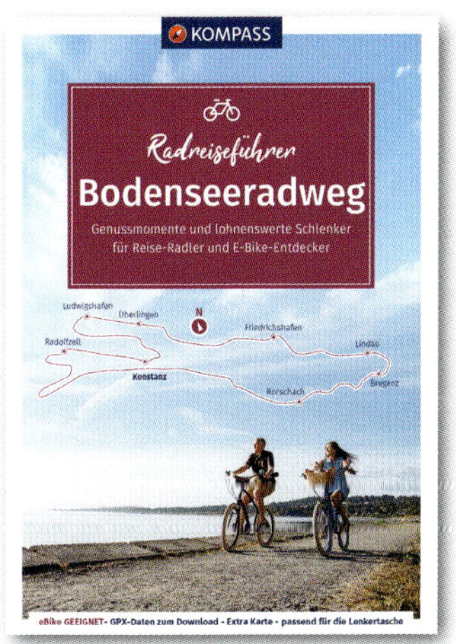

Der passende Begleiter.

Radreiseführer Bodenseeradweg
mit extra Karte
Verlagsnummer: 6915

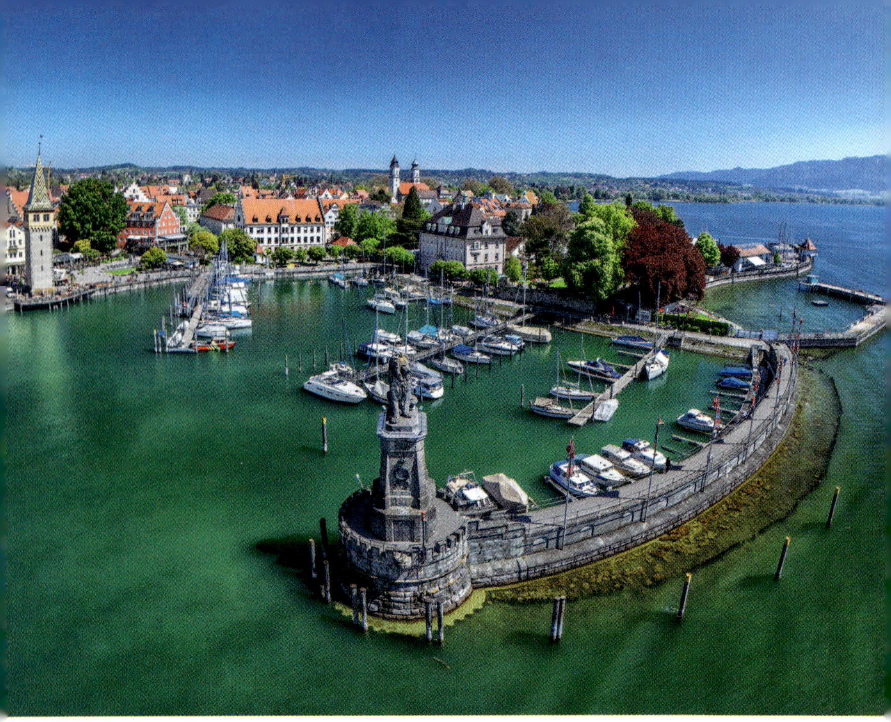

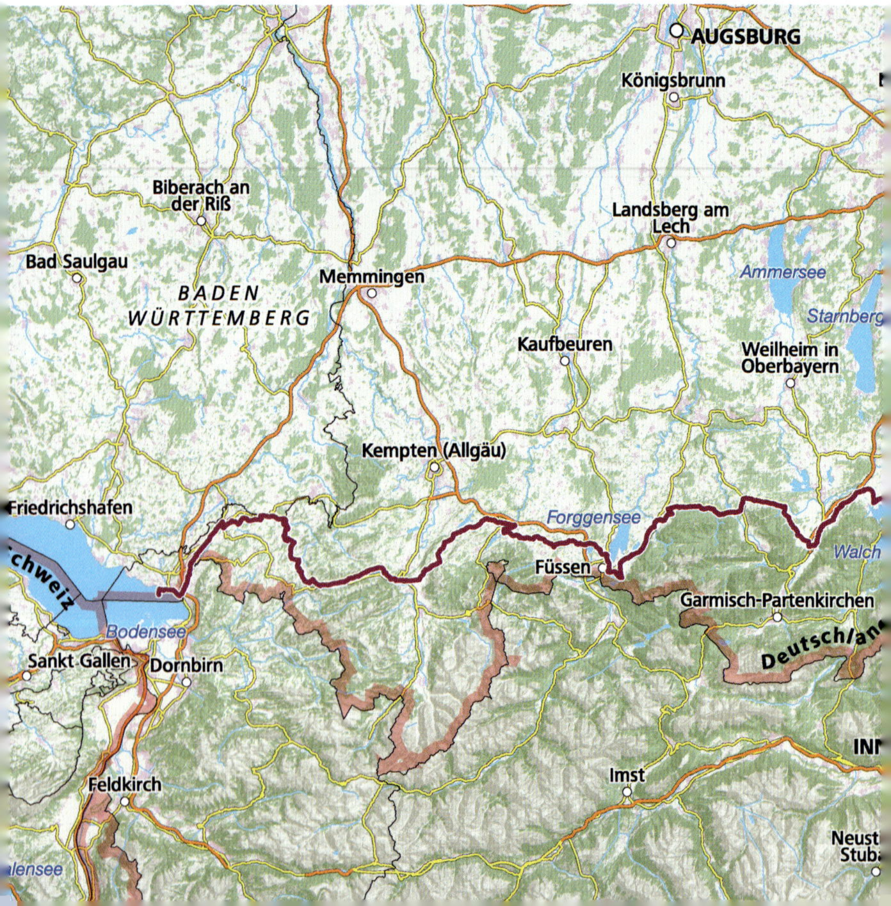

AUGSBURG
Königsbrunn
Biberach an der Riß
Landsberg am Lech
Bad Saulgau
Memmingen
Ammersee
BADEN WÜRTTEMBERG
Kaufbeuren
Weilheim in Oberbayern
Kempten (Allgäu)
Friedrichshafen
Forggensee
Füssen
Garmisch-Partenkirchen
Bodensee
Sankt Gallen
Dornbirn
Imst
Feldkirch

Bodensee-Königssee-Radweg

Distanz: 440 km
Start/Ziel: Lindau/Königssee
Gelände: mit deutlicher Steigung
Besonders geeignet für: Reiserad, MTB

№ 08

Sightseeing per Fahrrad bietet der Bodensee-Königssee-Radweg und hält auf seiner Route echte Highlights bereit: die Inselstadt Lindau am Bodensee, das Märchenschloss Neuschwanstein und gegenüber Schloss Hohenschwangau, die Künstlerstadt Murnau am Staffelsee oder etwa das Salzbergwerk Berchtesgaden. Landschaftliche Hingucker sind die idyllisch gelegenen Seen, die bayerischen Voralpen mit Alpenpanorama, der Chiemsee mit dem Königsschloss Herrenchiemsee und der Fraueninsel, die von den Chiemsee-Schiffen angesteuert werden, und zuletzt der Nationalpark Berchtesgaden mit dem majestätischen Watzmann und dem smaragdgrünen Königssee.

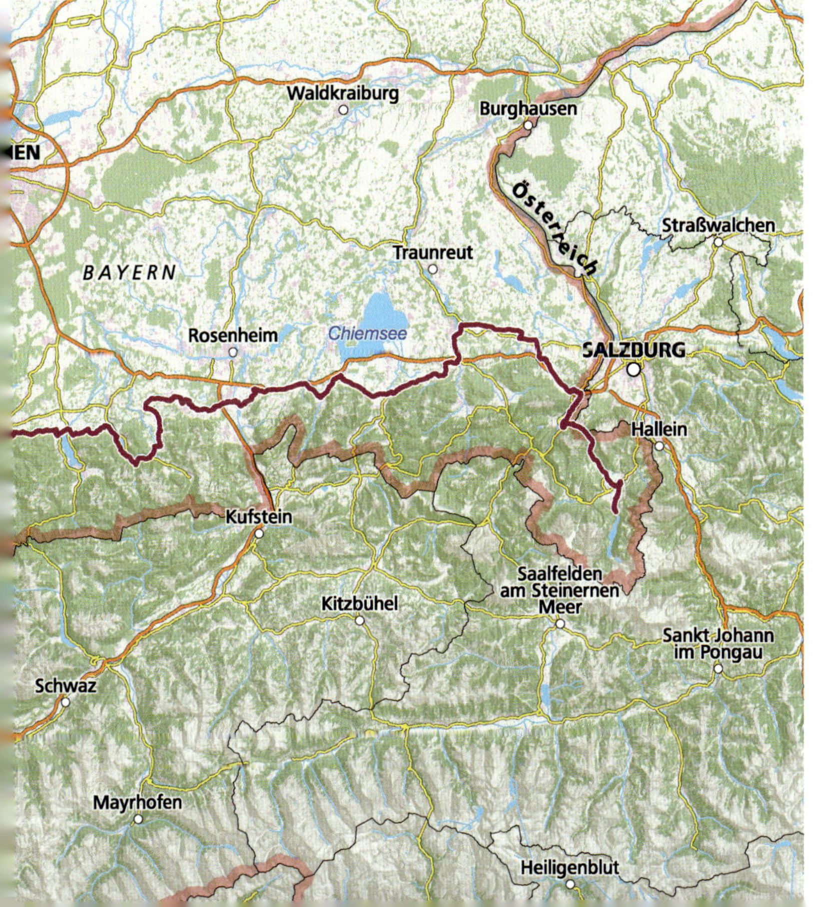

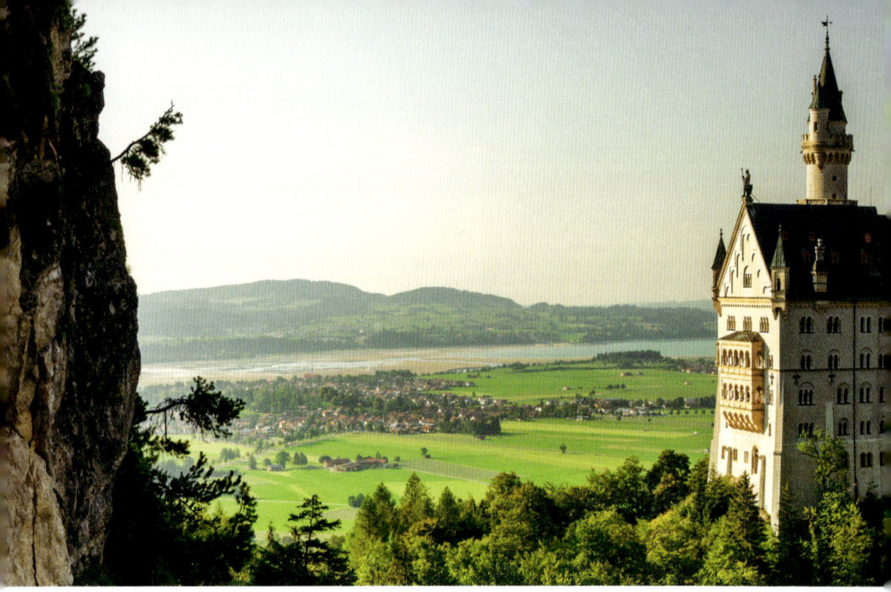

Vorbei an den Top-Sehenswürdigkeiten von Bayern

Der Bodensee-Königssee-Radweg startet und endet an einem traumhaften See. Schon auf den ersten Kilometern kitzeln verschiedenste Düfte die Nase, von Bergwiesen über Kräuter bis hin zum Allgäuer Käse. Tief durchatmen empfiehlt sich auch an so mancher Klamm bzw. so manchem Wasserfall – eine Wohltat für die Atemwege. Außerdem liegt die älteste Stadt im Oberallgäu – Immenstadt – auf dem Weg. In Haag wird mit knapp 1.000 m Seehöhe der höchste Punkt des Fernradwe-

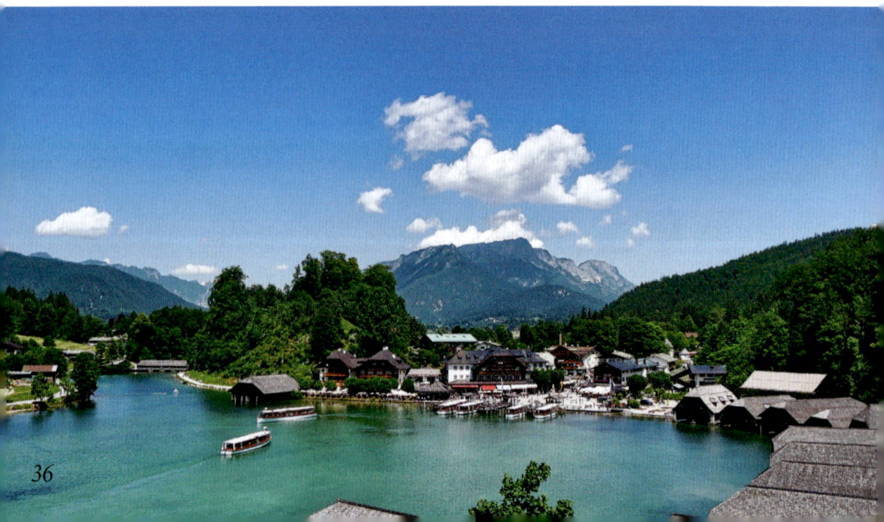

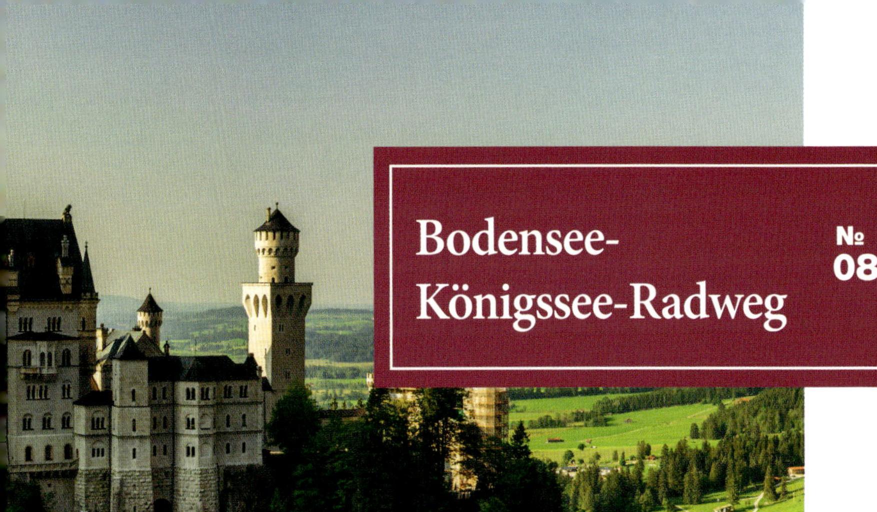

Bodensee-Königssee-Radweg

№ 08

ges erreicht. Die Ausblicke sind sagenhaft. Diese Kulturdenkmäler entlang des Radwegs liegen in der Hitparade der Sehenswürdigkeiten Bayerns ganz oben: die Wieskirche, das Klosterdorf Benediktbeuern und natürlich Schloss Neuschwanstein und Schloss Hohenschwangau. Märchenhaft ist die Landschaft aber nicht nur wegen der Spuren, die König Ludwig II. hinterlassen hat. Das Kaleidoskop von sanften Hügeln, geheimnisvollen Tälern, mystischen Seen, schroffen Berggipfeln und malerischen Lichteffekten war auch Quelle der Inspiration für eine ganze Künstlerkolonie. Der Chiemsee, die Herreninsel mit dem neuen Schloss Herrenchiemsee und die Fraueninsel mit dem Benediktinerinnenkloster Frauenwörth sind weitere Höhepunkte entlang des Bodensee-Königssee-Radwegs. Einzigartige, mystische Landschaften formen nun auf dem Weg auch die Moore. Themenschwerpunkt ist gegen Ende der Reise das Salzerbe in den Salinestädten Traunstein und Bad Reichenhall sowie im Salzbergwerk in Berchtesgaden, das der Region zu Wohlstand verhalf. Majestätisch ist der Abschluss mit dem Königssee.

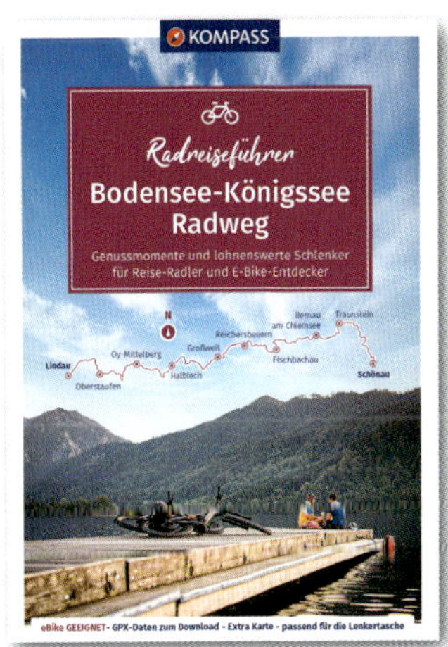

Der passende Begleiter:
Radreiseführer Bodensee Königssee Radweg mit extra Karte
Verlagsnummer: 6922

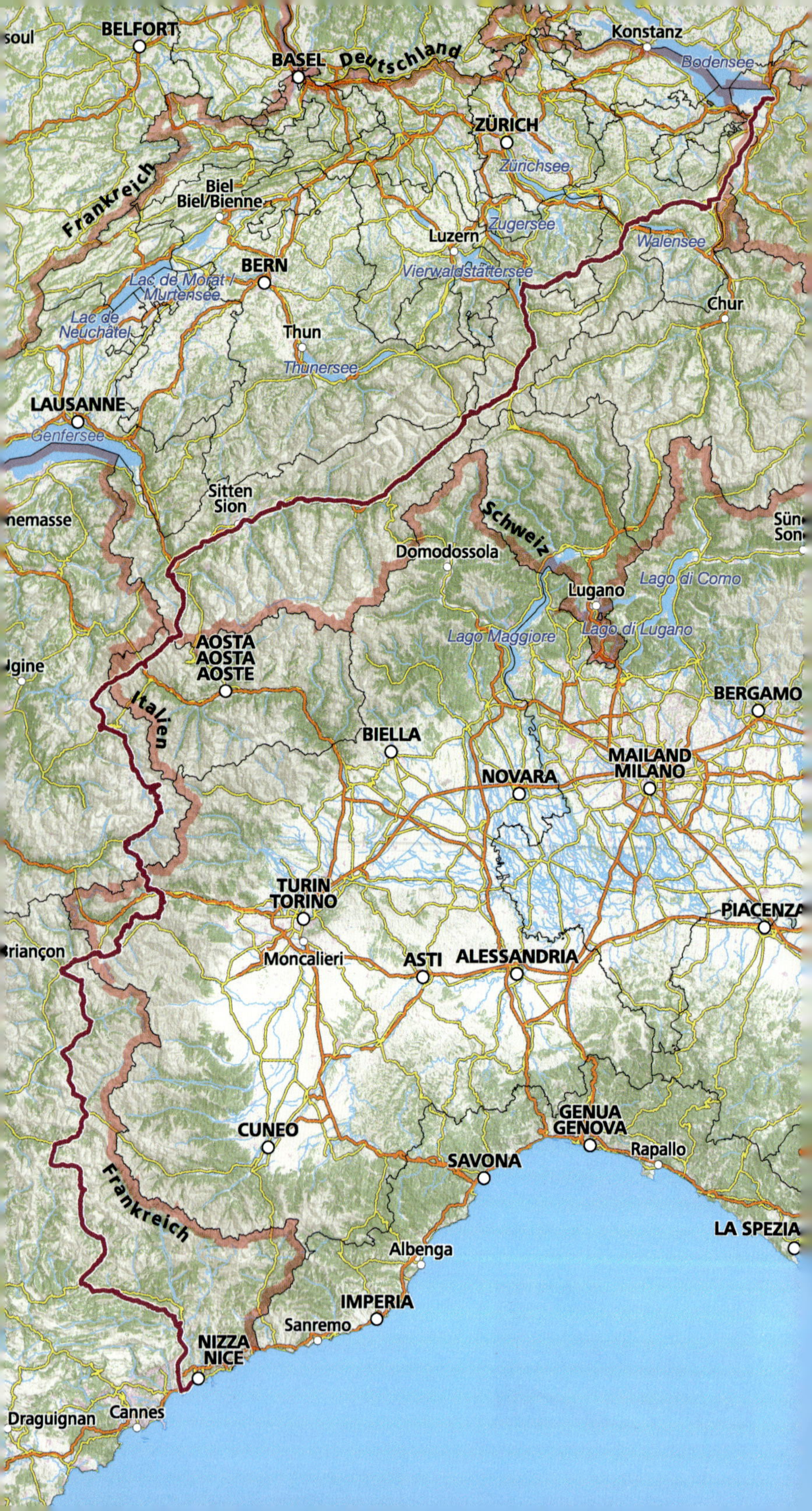

BELFORT
BASEL
Deutschland
Konstanz
Bodensee
ZÜRICH
Zürichsee
Frankreich
Biel
Biel/Bienne
Luzern
Zugersee
Walensee
Vierwaldstättersee
BERN
Lac de Morat / Murtensee
Lac de Neuchâtel
Thun
Thunersee
Chur
LAUSANNE
Genfersee
Sitten
Sion
Schweiz
Domodossola
Lugano
Lago di Como
Lago di Lugano
Lago Maggiore
AOSTA
AOSTA
AOSTE
Italien
BERGAMO
BIELLA
MAILAND
MILANO
NOVARA
TURIN
TORINO
PIACENZA
Moncalieri
ASTI
ALESSANDRIA
CUNEO
GENUA
GENOVA
Rapallo
SAVONA
Frankreich
LA SPEZIA
Albenga
IMPERIA
Sanremo
NIZZA
NICE
Cannes
Draguignan

Radtour Bregenz – Nizza

Distanz: 951 km
Start/Ziel: Bregenz/Nizza
Gelände: Straßen, Wege, alpine Steige
Besonders geeignet für: Gravelbike

№ 09

BregeNizza, so heißt die vom Autor zusammengestellte Gravelbike-Transalp von Bregenz nach Nizza. In Luftlinie sind Start- und Endpunkt 465 Kilometer entfernt, per Auto hätte man auf kürzester Strecke gut 620 Kilometer vor sich. Auf dem Fahrrad steht uns etwa eineinhalbmal so viel bevor. Auf Straßen abseits des großen Verkehrs, unbefestigten Wegen und alpinen Trails geht es durch fünf Länder, wir sammeln 21 Höhenkilometer, 29 benannte Pässe und noch viel mehr einzigartig verschiedene Eindrücke. Bei der Fahrt auf Feldwegen entlang von Flüssen und Weinbergen, auf alpinen Pfaden begleitet von Murmeltierpfiffen und Adlerblicken und auf Passstraßen von historischer oder sportlicher Bedeutung genießen wir in abwechslungsreicher Landschaft die vielseitige Einsatzfähigkeit unserer Gravelbikes. Dabei wird etwa der höchste Alpen-Straßenpass Col de l'Iseran gemeistert und zwischen zwei hochalpinen Mountainbike-Pässen im Anblick des Mont Blanc am längsten Gletscher Italiens der Sternenhimmel genossen.

Bei dieser Tour handelt es sich um eine Tour von Bernhard Elsner aus dem KOMPASS-Team, erschienen im Radführer „Endlich Fahrtwind - Transalp“ (KOMPASS-Verlagsnummer: 3523). Dort sind eine ausführliche Tourenbeschreibung und weitere wertvolle Hinweise zu den im Folgenden angesprochenen Punkten zu finden.

Die Übernachtungsvorschläge im Umkreis der Etappenorte sollen verschiedene Transalp-Reisearten ermöglichen. Neben der Reise mit leichtem Gepäck und Unterkunft in Berghütten, einfachen Herbergen oder preiswerten Hotels soll durch die Angabe von Campingplätzen auch zum Bikepacking mit autarkem, minimalistischem Reisegepäck motiviert werden. Etappen zu teilen oder zusammenzulegen ist selbstverständlich ebenso möglich wie die Tour durch beschriebene Ausweichrouten individuell anzupassen. Weitere Streckenvarianten wie eine leichte Gletschertraversierung inklusive 3000er-Pass oder Bikepacking-Tipps können gerne über den Verlag beim Autor angefragt werden. Die BregeNizza kann mit dem Aostatal als Zwischenend- bzw. startpunkt auch gut in zwei Transalps aufgeteilt werden. Die Zeitangaben stellen Fahrtzeiten in Bewegung ohne Pausen dar und geben für Fortgeschrittene mit guter Vorbereitung eine realistische Zeitspanne je nach Reiseart und genereller Konditionsstärke an.

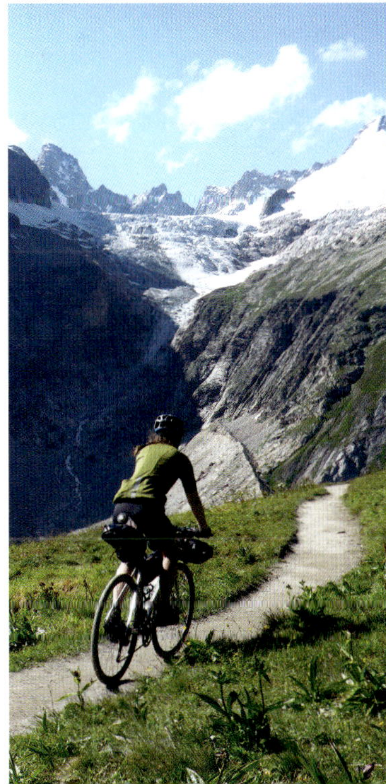

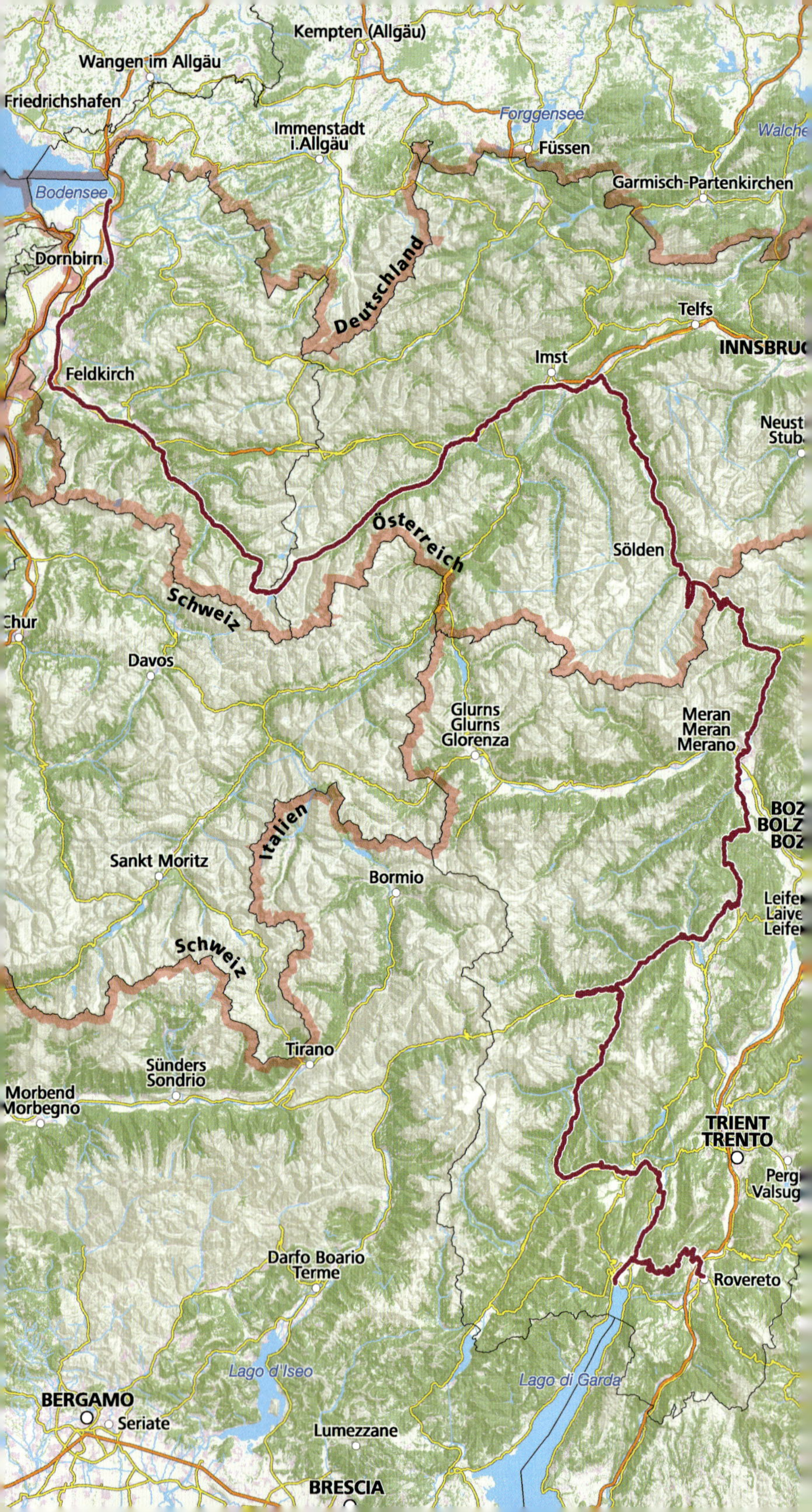

Kempten (Allgäu)
Wangen im Allgäu
Friedrichshafen
Immenstadt i.Allgäu
Forggensee
Füssen
Bodensee
Garmisch-Partenkirchen
Dornbirn
Deutschland
Telfs
Imst
INNSBRUC
Feldkirch
Neust Stub
Österreich
Sölden
Schweiz
Chur
Davos
Glurns
Glurns
Glorenza
Meran
Meran
Merano
Italien
Sankt Moritz
Bormio
Leife
Laive
Leife
Schweiz
Tirano
Sünders
Sondrio
Morbend
Morbegno
TRIENT
TRENTO
Darfo Boario Terme
Rovereto
Lago d'Iseo
Lago di Garda
BERGAMO
Seriate
Lumezzane
BRESCIA

Radtour Bregenz–Riva del Garda

Distanz: 483,2 km
Start/Ziel: Bregenz/Riva del Garda
Gelände: vorwiegend asphaltierte Straßen
Besonders geeignet für: Rennrad

№ 10

Diese Transalp Tour hat vieles zu bieten, in erster Linie tolle Landschaften und den ein oder anderen Höhenmeter bzw. Pass. Zwischen dem Startpunkt Bodensee und dem Ziel Gardasee liegen die Silvretta-Hochalpenstraße, das Ötztal mit dem Timmelsjoch, Meran und der Gampenpass, das Val di Sole mit dem Passo Campo Carlo Magno sowie die beeindruckende Sarcaschlucht kurz vor dem Ziel. Angekommen in Riva del Garda kannst du dich mit einem Sprung in den Gardasee belohnen und bei einem Aperol die Sonne genießen. Bei dieser Tour handelt es sich um eine Tour von Fabian Hartmann aus dem KOMPASS-Team, erschienen im Radführer „Endlich Fahrtwind - Transalp" (Kompass-Verlagsnummer: 3523). Dort sind eine ausführliche Tourenbeschreibung und weitere wertvolle Hinweise zu den im Folgenden angesprochenen Punkten zu finden. Wir starten die Tour in Bregenz am Bodensee. Vor uns liegen gut 480 km, knapp über 8.000 Höhenmeter bergauf sowie knapp über 8.300 Höhenmeter bergab. Der erste Tag beginnt flach und eignet sich daher gut als Einrollphase zum Aufwärmen. Es geht quer durch Vorarlberg, vom Bodensee über Dornbirn nach Feldkirch. Hier fahren wir in südöstliche Richtung weiter und strampeln über Bludenz in Richtung Montafon. Über die Silvretta-Hochalpenstraße geht es nun spürbar steiler hinauf auf die Bielerhöhe, unserem ersten Etappenziel. An Tag zwei geht es über eine lange Abfahrt ins Inntal nach Landeck, von hier folgen wir für kurze Zeit dem Innradweg, bevor wir auch schon wieder in Richtung Süden ins Ötztal abbiegen, wo wir ganz am Ende in Sölden übernachten. Der Timmel ruft! Am dritten Tag geht es hinauf auf das Timmelsjoch und hinab ins warme Passeiertal. Bergauf sind die Muskeln gefordert, bergab die Radbeherrschung. In Meran angekommen genießen wir das langsam aufkommende italienische Flair in der schönen Altstadt rund um die Flüsse Passer und Etsch. An Tag vier geht es über den Gampenpass weiter ins Val di Sole. Die Gegend rund um Mezzana gleicht einem riesengroßen Abenteuerspielplatz für outdoorbegeisterte Menschen. Mountainbiken, Rennradfahren, Wandern und Bergsteigen, Kajaking, Rafting, alles ist hier möglich. Mit dem Passo Campo Carlo Magno überwinden wir am fünften und finalen Tag dieser Transalp Tour den letzten Pass und rollen durch die wunderschöne Sarca-schlucht dem Gardasee entgegen.

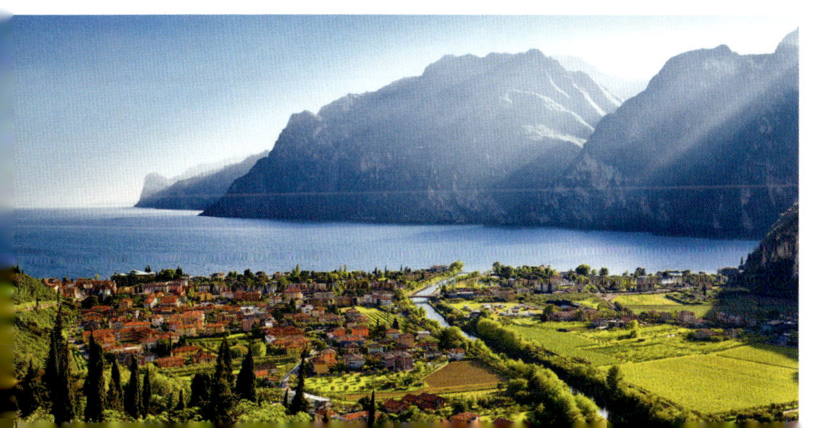

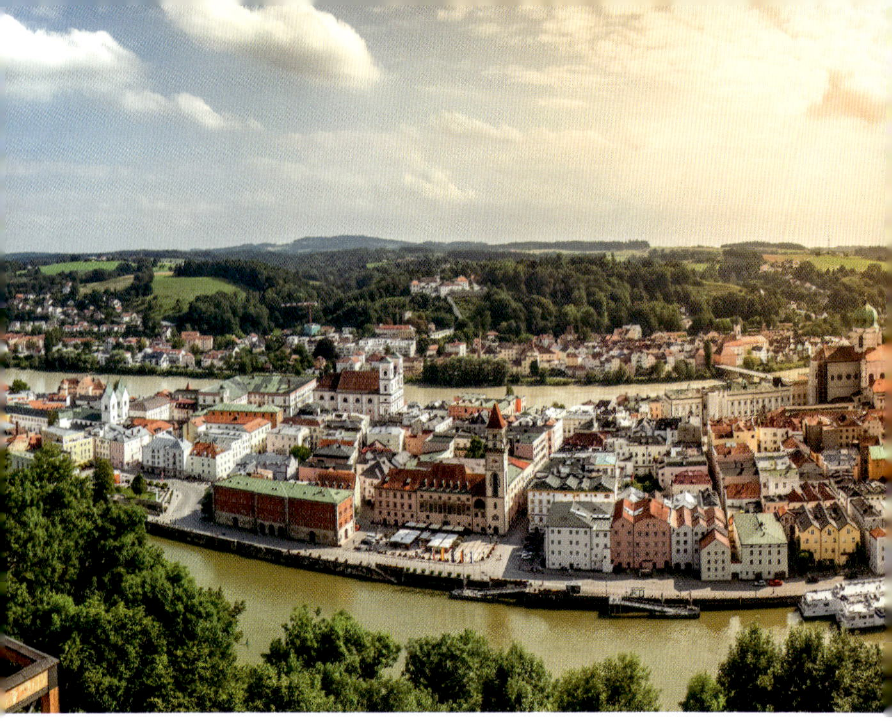

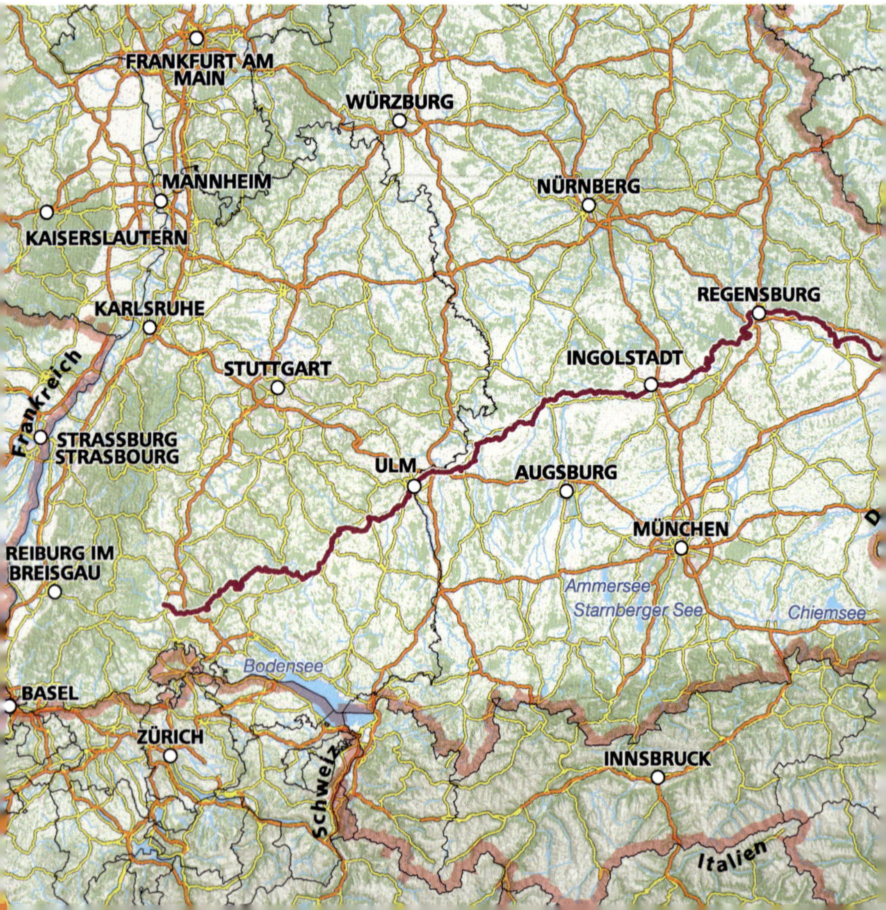

FRANKFURT AM MAIN
WÜRZBURG
MANNHEIM
NÜRNBERG
KAISERSLAUTERN
REGENSBURG
KARLSRUHE
INGOLSTADT
STUTTGART
Frankreich
STRASSBURG
STRASBOURG
ULM
AUGSBURG
MÜNCHEN
REIBURG IM
BREISGAU
Ammersee
Starnberger See
Chiemsee
Bodensee
BASEL
ZÜRICH
INNSBRUCK
Schweiz
Italien

Donauradweg

Distanz: 910 km
Start/Ziel: Donaueschingen/Passau/Bratislava
Gelände: flach
Besonders geeignet für: E-Bike

№ 11

Die Route entlang der jungen Donau zählt zu den beliebtesten Radwegen Deutschlands. Mit einer Länge von 2.845 km gilt die Donau als Europas zweitgrößter Strom. Sie durchfließt auf ihrem Weg zehn Staaten, ehe sie in das Schwarze Meer mündet. Die Donauquelle in Donaueschingen ist Ausgangspunkt des Donauradwegs und sollte sich daher keiner entgehen lassen. Neben der landschaftlichen Vielfalt ist auch das kulturelle Angebot entlang des Wegs sehenswert: In Ulm ragt der höchste Kirchturm der Welt gen Himmel und Regensburg wartet als die am besten erhaltene mittelalterliche Großstadt – die Altstadt ist seit 2006 als UNESCO-Welterbe ausgezeichnet. Am Dreiflüsseeck in Passau endet dieser deutsche Abschnitt des Donauradwegs, und der österreichische beginnt.

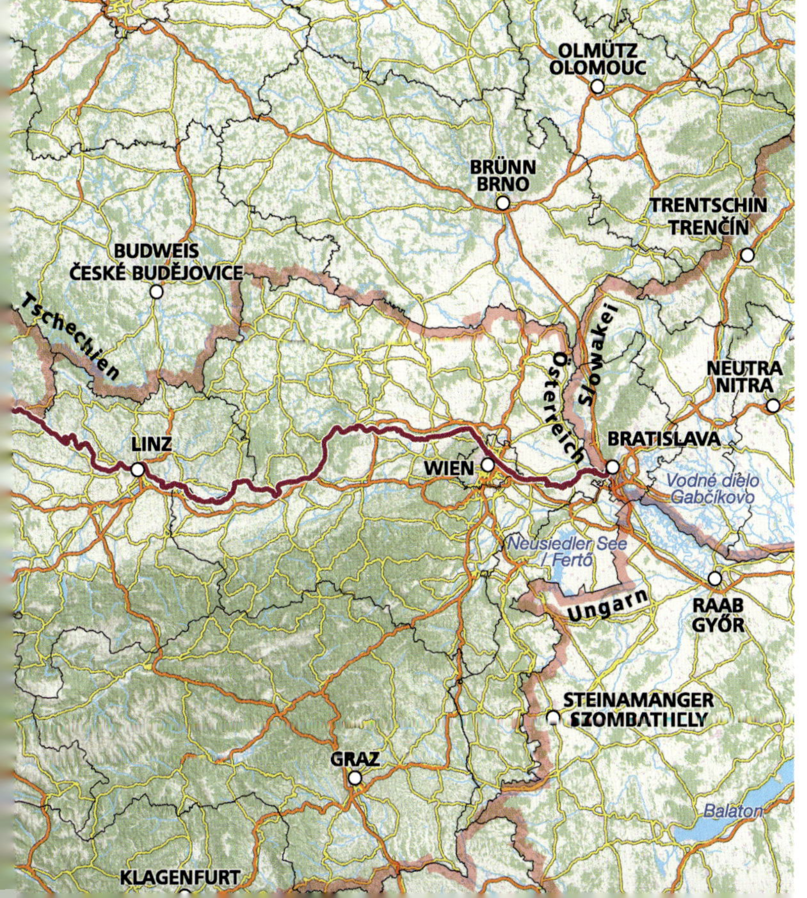

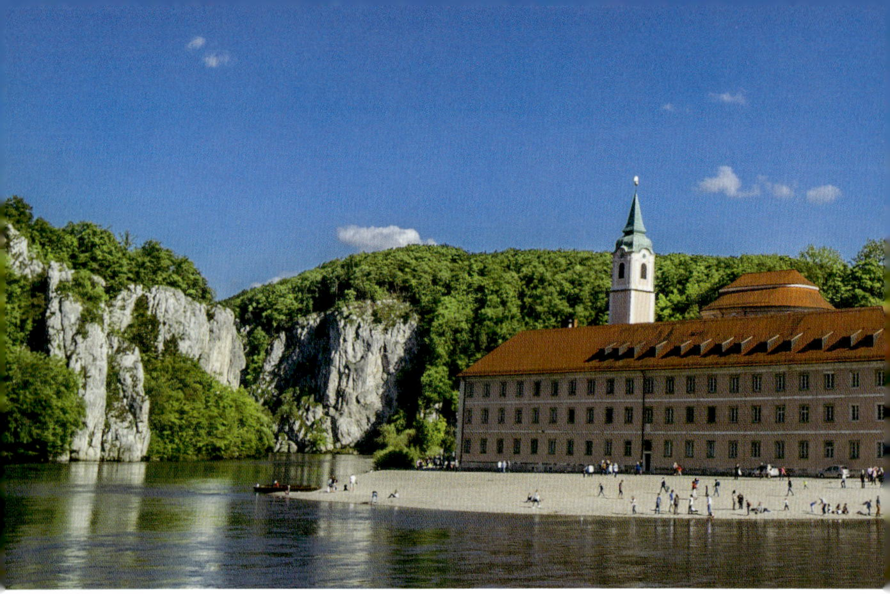

Bayerisches Bikevergnügen

Stilsicher startet man inmitten des Fürstlich Fürstenbergischen Parks zu Donaueschingen, wo eine mit barockem Überschwang eingefasste Karstquelle die Geburt der Donau feiert. Zwischen den wildromantischen Felsen des Inzigkofer Parks radelt man bald darauf durch die wunderschöne Tallandschaft des jungen Flusses, bevor in Sigmaringen ein wahres Märchenschloss zum Absteigen verleitet. Vorbei an Ulm, in der mittelalterliche Baukunst auf zeitgenössische Architektur trifft, geht's wei-

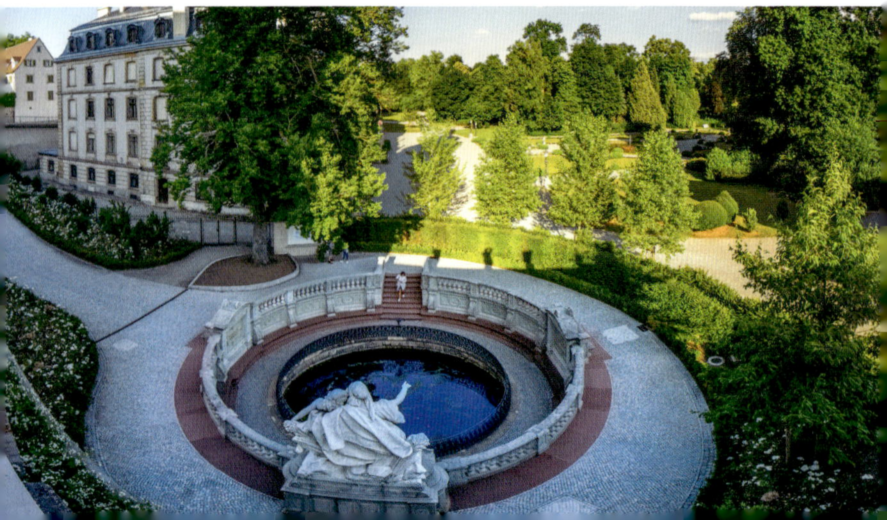

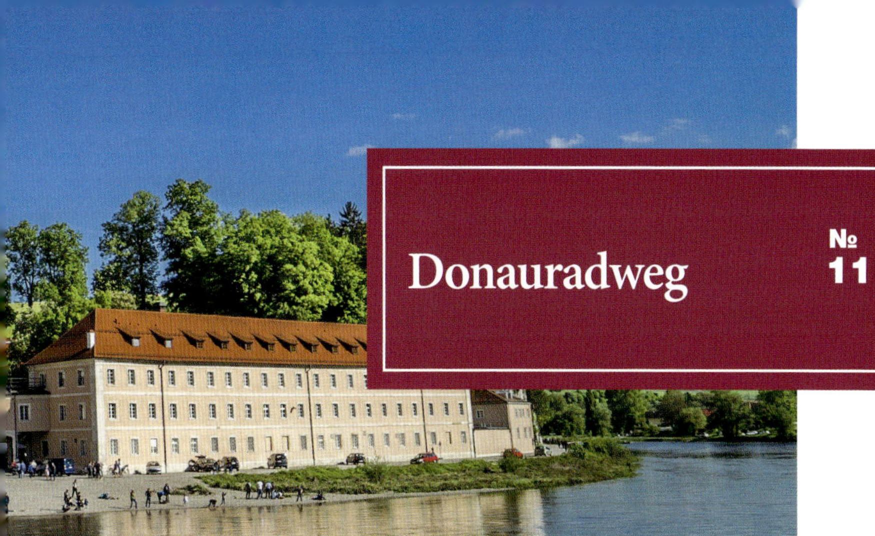

Donauradweg

№ 11

ter nach Osten, der Donaustadt Günzburg entgegen. In Faimingen erinnern die Reste eines Tempels daran, dass man entlang der Donau auf den Spuren des römischen Limes unterwegs ist. Die stattliche Stadt Donauwörth hat sich aus einem bescheidenen Fischerdorf auf der Insel Ried entwickelt. Fast mediterran wirkt der Karlsplatz in Neuburg an der Donau, wo man mit dem Schloss Neuburg an der Donau von einem weiteren Highlight am Donauradweg erwartet wird. Ingolstadt schließlich geht auf die Zeit Karls des Großen zurück, der Glacis-Park und der Grüngürtel rund um die Stadt laden zum Verschnaufen ein. In der Folge radeln wir nach Regensburg. Die Steinerne Brücke, der Dom und die Walhalla über dem Flussufer – all das wären schon Gründe genug für eine Sightseeing-Pause. Doch dort lädt auch das älteste Kaffeehaus Deutschlands (seit 1686) zur Stärkung ein, bevor man durch Straubing und Deggendorf den Zielpunkt des deutschen Donauradweg-Abschnitts ansteuert: Passau! Zwischen der Veste Oberhaus über der Mündung von Ilz und Inn und dem Dom St. Stephan lassen sich die Erlebnisse der letzten Rad-Etappen ganz gemütlich zusammenfassen.

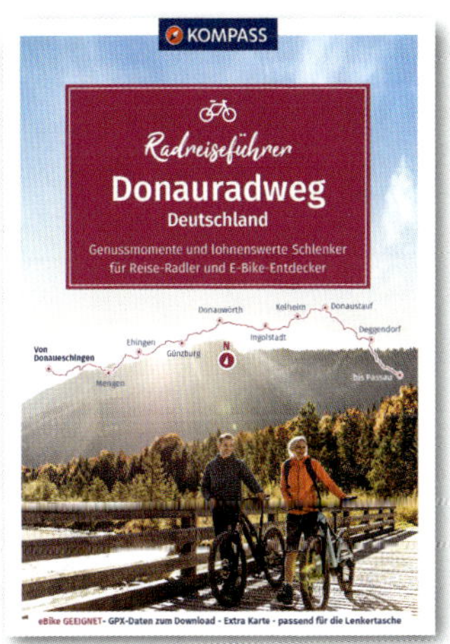

Der passende Begleiter:

Radreiseführer Donauradweg Deutschland
mit extra Karte
Verlagsnummer: 6913

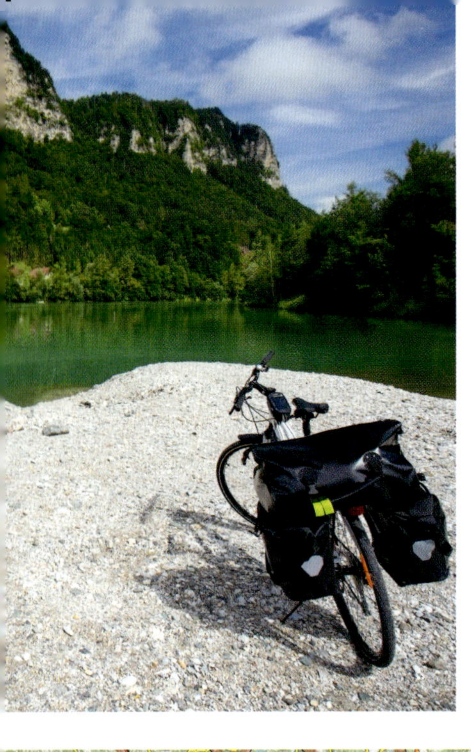

Der Radweg entlang der Drau verläuft zur Gänze auf der Südseite der Alpen. Mit einem (landschaftlichen) Paukenschlag startet die Route in Toblach unweit der Drei Zinnen – von den Osttiroler Dolomiten geht es durch das Pustertal nach Lienz, wo die Drau nun ein richtiger Fluss ist. Durch Auenlandschaften, Bergwälder und vorbei an Almen führt die Route nach Spittal, wo

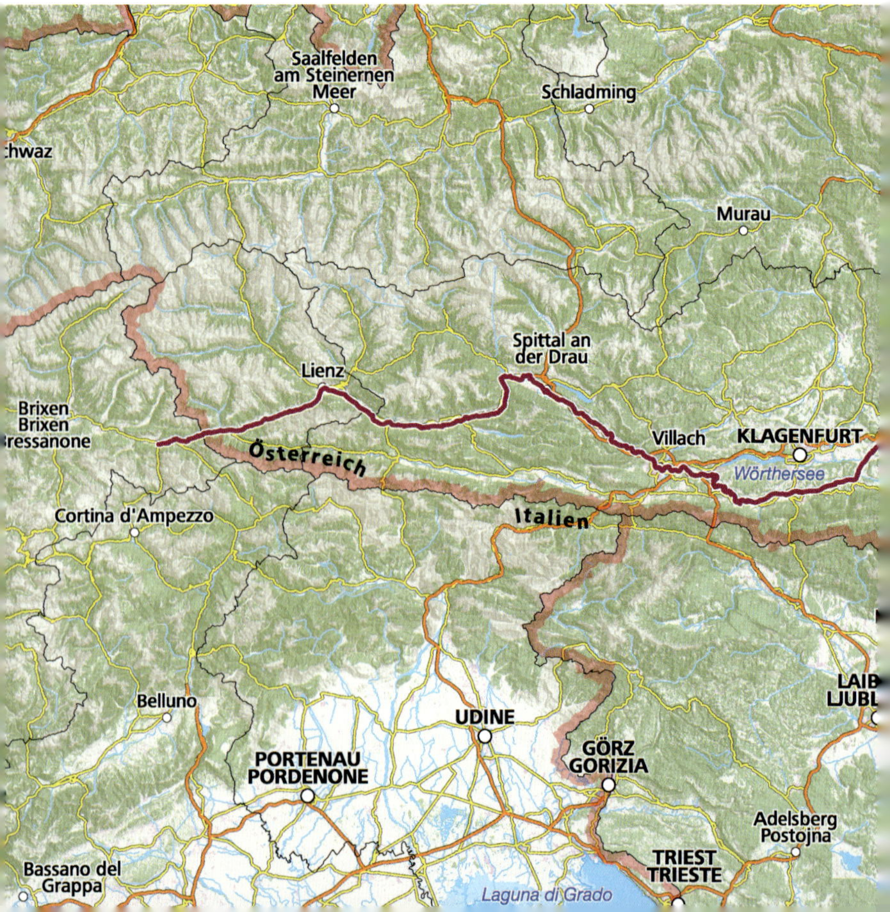

Drauradweg

Distanz: 510 km
Start/Ziel: Toblach/Varaždin
Gelände: bis Slowenien meist flach, danach konditionell fordernder
Besonders geeignet für: MTB, bis Slowenien auch für Familien tauglich

№ 12

man neben der Altstadt auch das Renaissanceschloss Porcia besichtigen sollte. Die Atmosphäre in Villach ist eine Mischung aus österreichischer Gemütlichkeit und mediterraner Lebensart. Auf dem Weg nach Ferlach liegen die Schlösser Wernberg, Ebenau und Rosegg sowie die Burg Hollenburg. Bei Lavamünd ist die Grenze nach Slowenien erreicht, nun folgt der Radweg der slowenischen Drau durch die Berglandschaft des Bachergebirges (Pohorje) nach Maribor. Diese Etappe im Velkatal ist mit 1.000 Höhenmetern deutlich anstrengender als die vorherigen. Zum Ziel in Varaždin an der slowenisch-kroatischen Grenze radelt man dann wieder gemütlich durch die Weiten des Draufelds. Der Drauradweg wurde als erster E-Bike-Radweg Europas mit 5 Sternen zertifiziert.

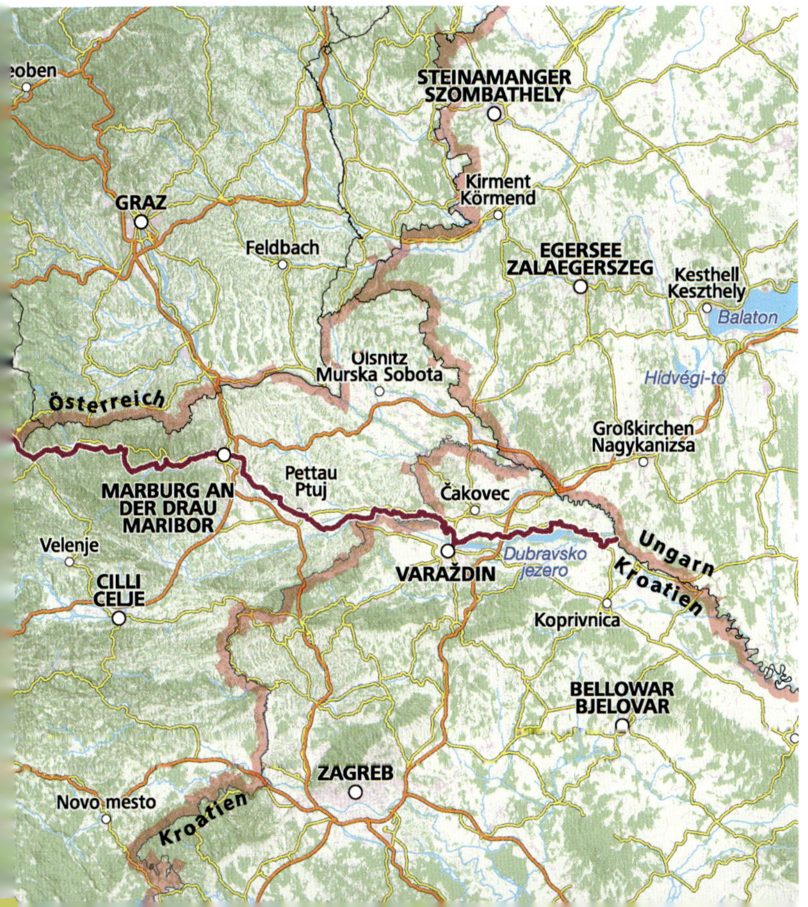

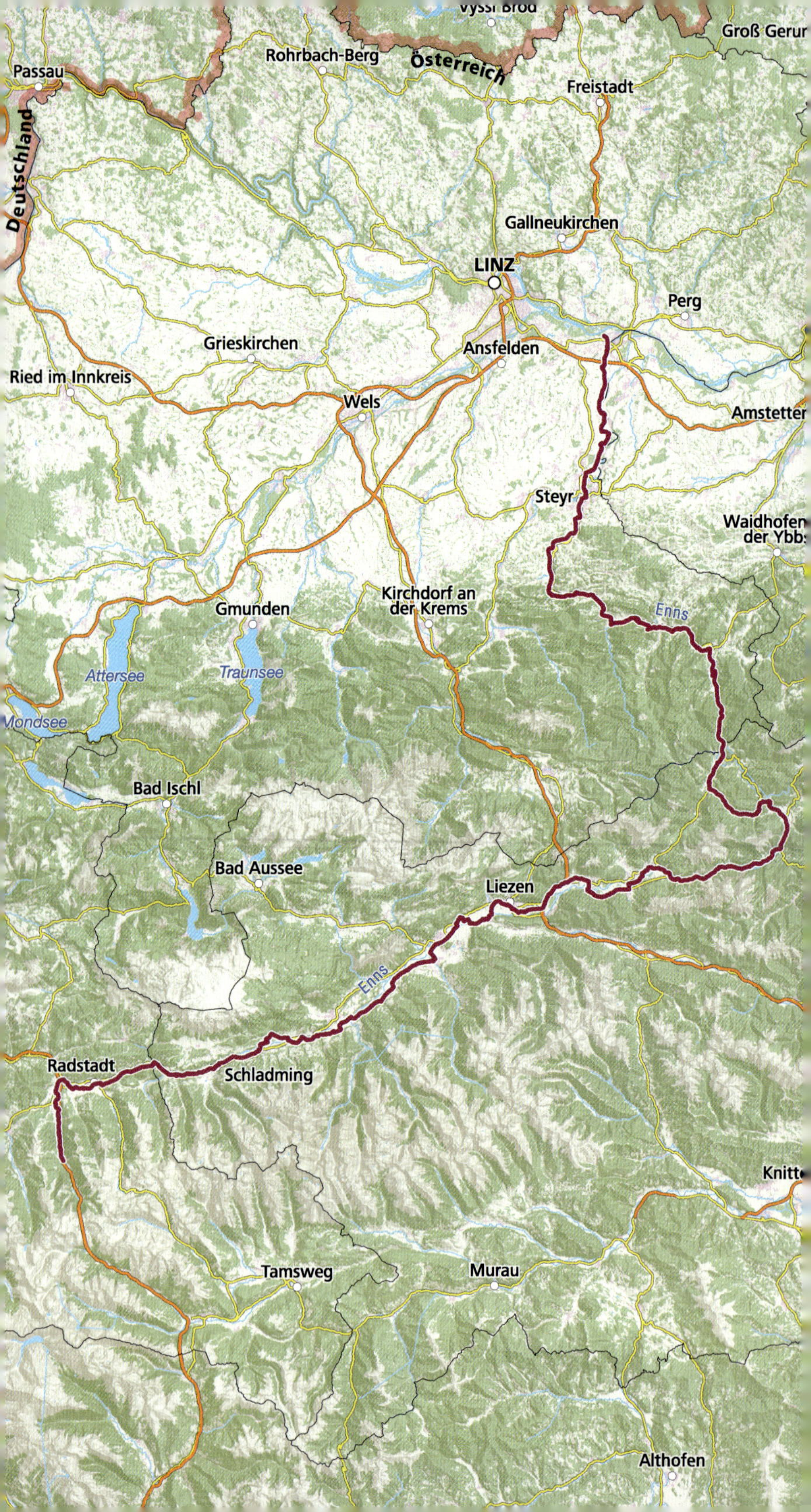

Vyšší Brod
Groß Gerungs
Rohrbach-Berg
Österreich
Passau
Freistadt
Deutschland
Gallneukirchen
LINZ
Perg
Grieskirchen
Ansfelden
Ried im Innkreis
Wels
Amstetten
Steyr
Waidhofen an der Ybbs
Kirchdorf an der Krems
Gmunden
Enns
Attersee
Traunsee
Mondsee
Bad Ischl
Bad Aussee
Liezen
Enns
Radstadt
Schladming
Knittelfeld
Tamsweg
Murau
Althofen

Ennsradweg

Distanz: 263 km
Start/Ziel: Flauchauwinkl/Enns
Gelände: meist leicht bergab, in den Nationalparks z. T. Steigungen
Besonders geeignet für: MTB

№ 13

Landschaftlich abwechslungsreich folgt der Radweg der Enns durch Salzburg, Steiermark und Oberösterreich zur Donau; am Weg liegen die Gipfel der Niederen Tauern, des Salzkammergutes, des Gesäuses und des Reichraminger Hintergebirges. Präsentiert sich die Enns beim Start noch als ruhiger Fluss, verwandelt sie sich im Nationalpark Gesäuse in einen tosenden, reißenden Wildbach, der sich mit großem Auftritt seinen Weg durch das Gesäuse bahnt. Kulturelle Höhepunkte sind die Altstädte von Radstadt und Schladming, Schloss Trautenfels am Fuße des Grimming, Stift Admont mit der größten Klosterbibliothek der Welt und im weiteren Verlauf Steyr und Enns, die älteste Stadt Österreichs. Dort hat man Anschluss an den Donauradweg.

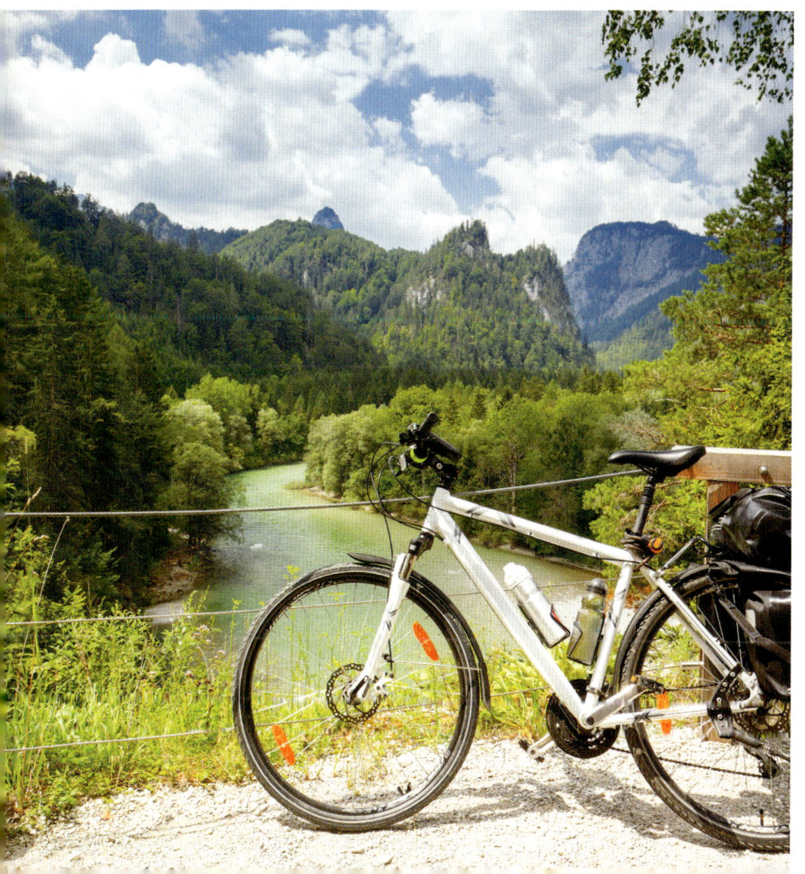

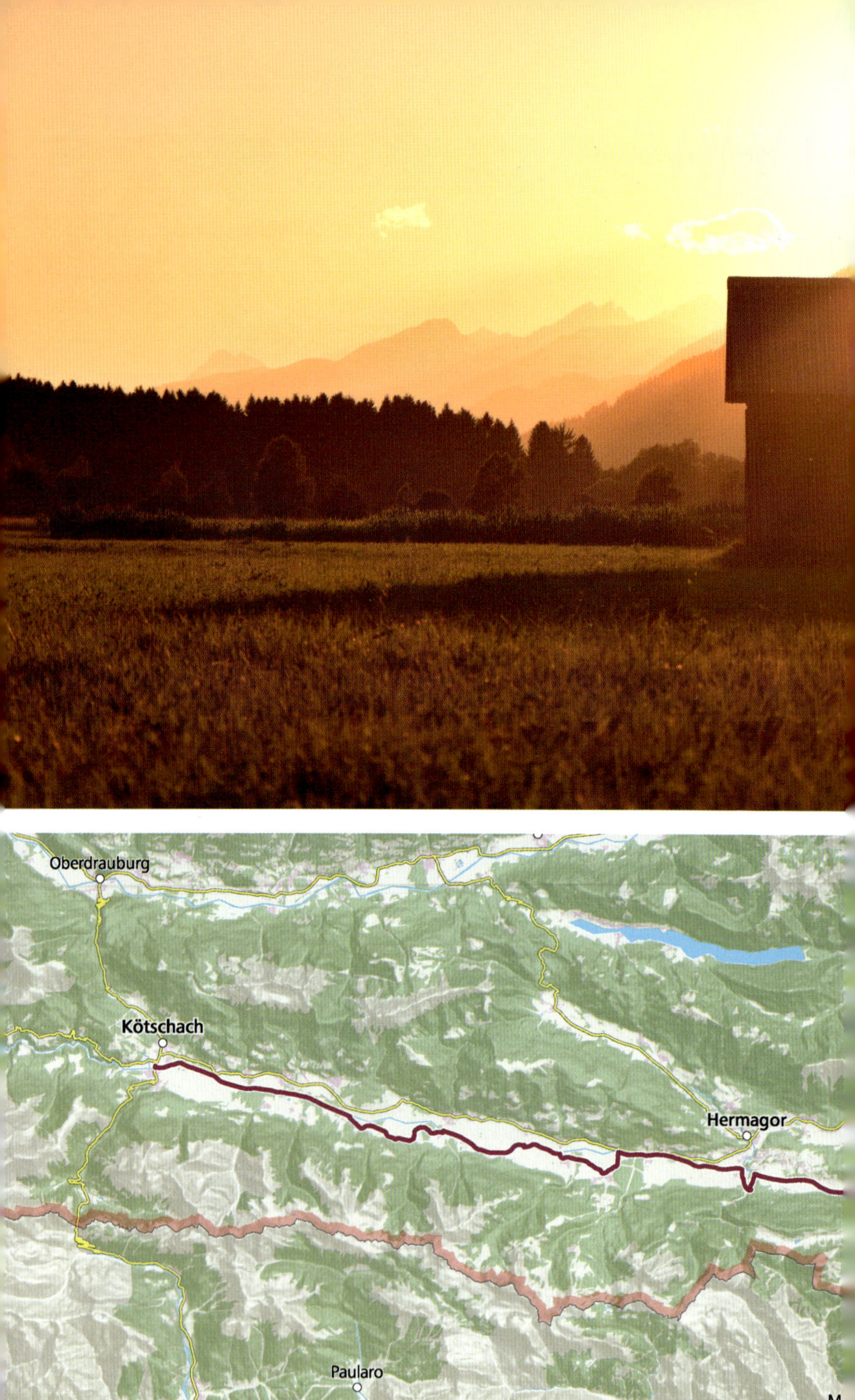
Oberdrauburg
Kötschach
Hermagor
Paularo
Pontafel

Gailtal-Radweg

Distanz: 85 km
Start/Ziel: Kötschach im Gailtal/ Villach
Gelände: zumeist bergab
Besonders geeignet für: Familien

№ 14

Der R3 verläuft parallel zur italienischen Grenze entlang der Gail durch den Südwesten Kärntens. Die landschaftliche Kulisse bilden die Karnischen und Gailtaler Alpen. Der Radwanderweg führt meist leicht bergab und ist so auch für Familien mit jüngeren Kindern machbar. Ein Stopp lohnt sich in Dellach im Besucherzentrum des Geoparks Karnische Alpen, wo man schöne Fossilien bewundern kann. Für Abkühlung an heißen Sommertagen sorgt der kleine Abstecher bei Möderndorf zur Garnitzenklamm: Hier hat der Garnitzenbach eine 4,5 km lange Schlucht in die Karnischen Alpen gegraben. Die tosenden Wasserfälle, die hoch aufragenden Felswände, die bunten Gesteins- und Felsformationen und die Strudeltöpfe werden durch eine spektakuläre Steiganlage erschlossen. Wenig später bietet sich an der Brücke nach Latschach der 3 km lange Abstecher zum Badestrand des Pressegger Sees an. In Villach mündet die Gail in die Drau. Die Stadt begeistert mit einer schönen historischen Altstadt, in der vor allem die Innenhöfe zu einer Entdeckungsreise einladen. Sie verströmen südlichen Charme, z. B. der aus der Renaissancezeit stammende Paracelsushof. Im Süden grüßen die Karawanken, nördlich der Stadt liegt der Ossiacher See, im Südosten der Faaker See.

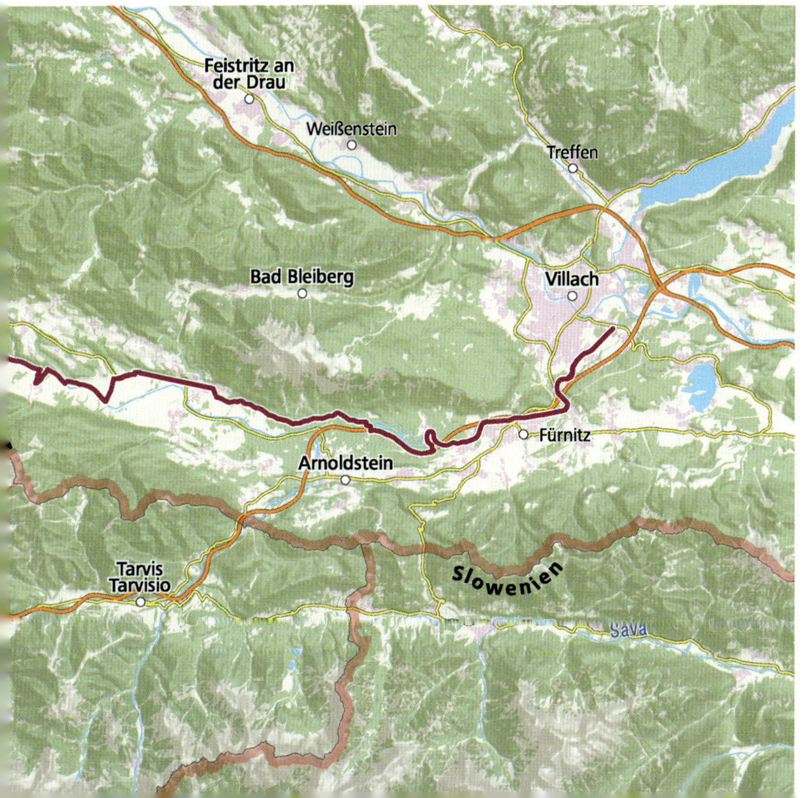

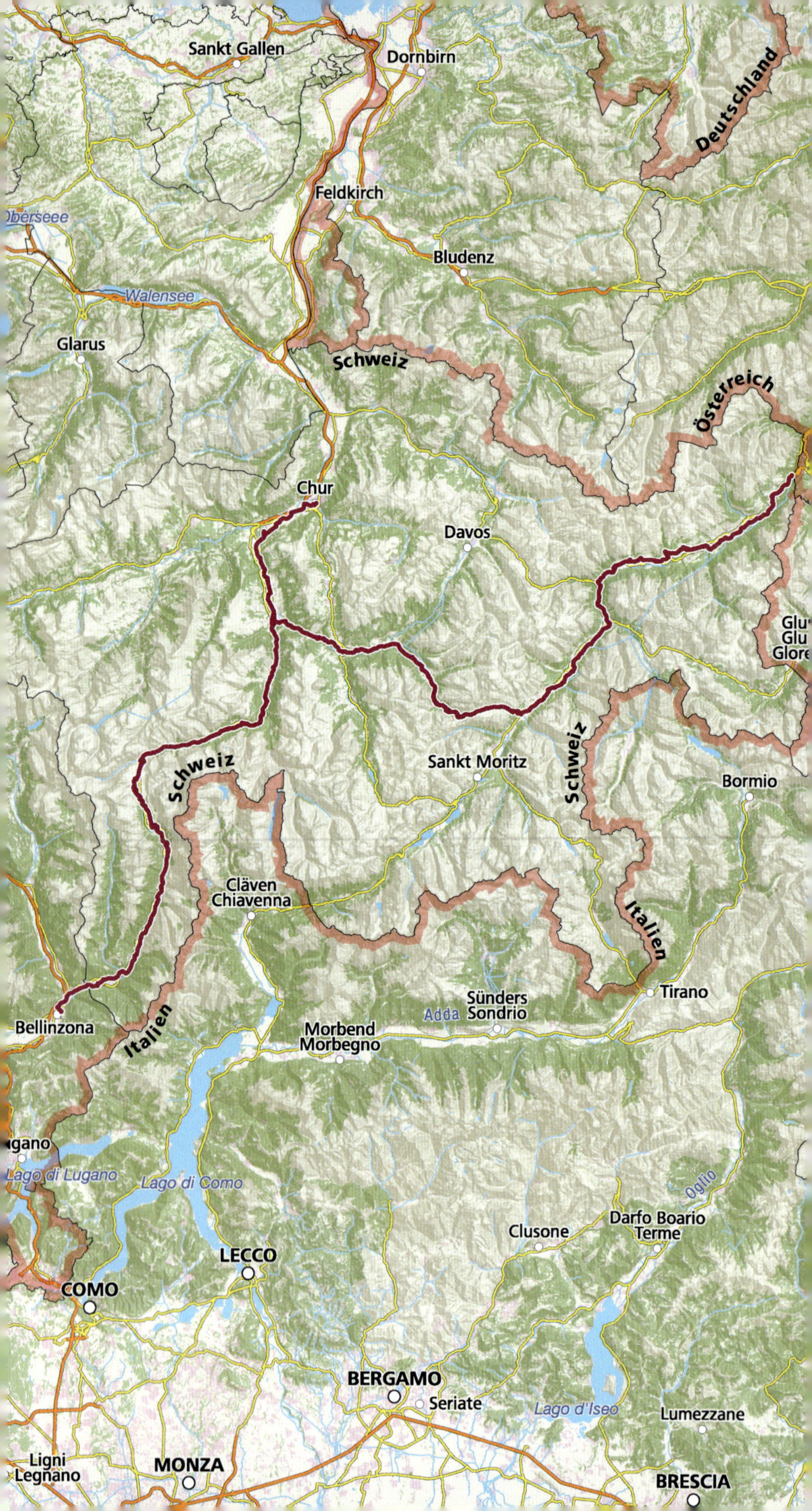

Sankt Gallen
Dornbirn
Deutschland
Feldkirch
Bludenz
Walensee
Glarus
Schweiz
Österreich
Chur
Davos
Schweiz
Sankt Moritz
Schweiz
Bormio
Cläven
Chiavenna
Italien
Tirano
Sünders
Sondrio
Adda
Bellinzona
Italien
Morbend
Morbegno
Lago di Lugano
Lago di Como
Oglio
Darfo Boario
Terme
Clusone
LECCO
COMO
BERGAMO
Seriate
Lago d'Iseo
Lumezzane
Ligni
Legnano
MONZA
BRESCIA

Graubünden-Route (Schweizer Fernradweg 6)

Distanz: 282 km
Start/Ziel: Chur/Bellinzona (130 km) bzw. Chur/Martina (152 km)
Gelände: hochalpin
Besonders geeignet für: MTB

№ 15

Die Graubünden-Route ist der einzige der neun Schweizer Fernradwege, der sich verzweigt. Von Nord nach Süd geht es über Thusis am Hinterrhein entlang über den kräftezehrenden San Bernardino nach Bellinzona unweit des Lago Maggiore. Hier trifft SF6 auf den SF3. Engadiner Ast: In Thusis zweigt nach Osten die Route ins Engadin ab. Von Thusis auf 720 m Höhe folgt die Route dem Bergfluss Albula durch die imposante Schinschlucht und der spektakulären Streckenführung des Bernina-Express hinauf zum 2.312 m hohen Albulapass. Von dort geht's dann nur noch bergab nach La Punt, wo der Radweg auf den Inn (En) trifft. Flussaufwärts wäre es nicht weit nach St. Moritz, die Route folgt aber dem Inn flussabwärts durch das Engiadina Bassa/Unterengadin nach Martina an der österreichischen Grenze. Zu den landschaftlichen Höhepunkten zählen das Domleschg zwischen Chur und Thusis, der Albulapass, der Besuch der Via Mala südlich von Thusis, die Fahrt den Hinterrhein flussaufwärts durch die von Dreitausendern gesäumte Talschaft Rheinwald (Valrain) hinauf zum 2.066 m hohen Passo del San Bernardino und die herrliche Fahrt 2.000 Höhenmeter hinunter ins Valle Mesolcina nach Arbedo etwas nördlich von Bellinzona.

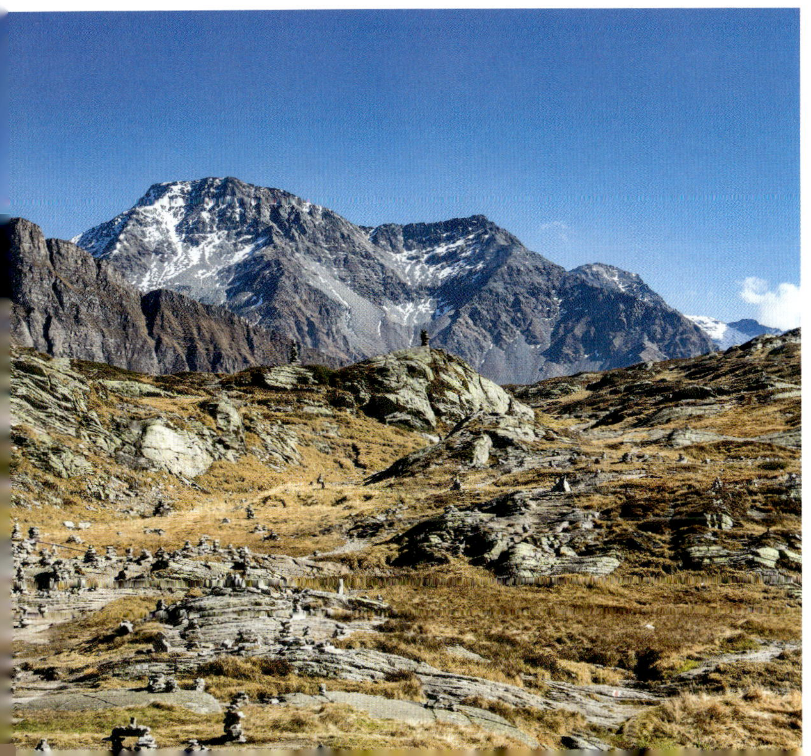

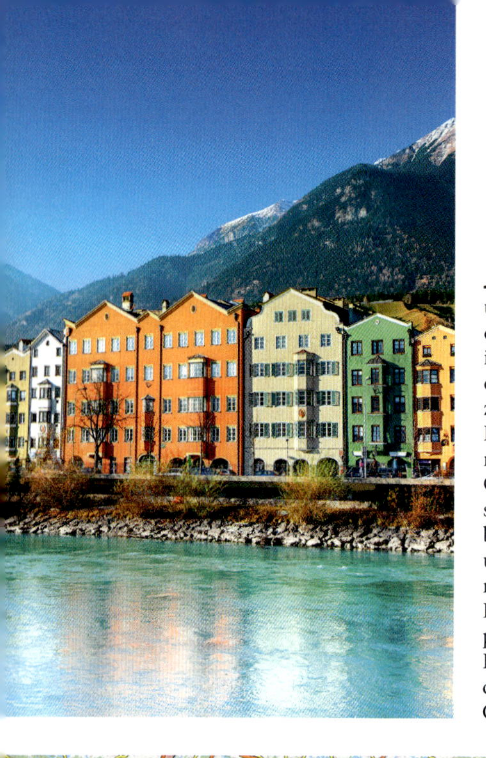

Am Inn werden (alpine)Radlerträume wahr! Mit seinen 520 km zählt der Fluss zu den längsten Alpenflüssen und ist zudem der wasserreichste Zufluss der Donau. Er entspringt im Oberengadin in 2.564 m Höhe beim Lunghinsee unweit des Maloja-Passes. Die Fahrt flussabwärts ist zwar eine lange, aber konditionell einfache Fahrt durch die Alpen vom Hauptkamm ins nördliche Alpenvorland. Die Oberengadiner Gebirgswelt ist traumhaft. Zum Start reiht sich ein klarer Bergsee an den anderen, vorbei am mondänen St. Moritz geht es zu den urigen Engadiner Orten wie La Punt Chamues-ch mit imposanten Patrizierhäusern. Rechts des Inns liegt der Schweizer Nationalpark. Ab Zernez verengt sich das Tal und der Radweg passiert nach einem Anstieg eines der schönsten Dörfer des Unterengadins: Guarda. Weitere Dörfer wie Ardez, Ftan und

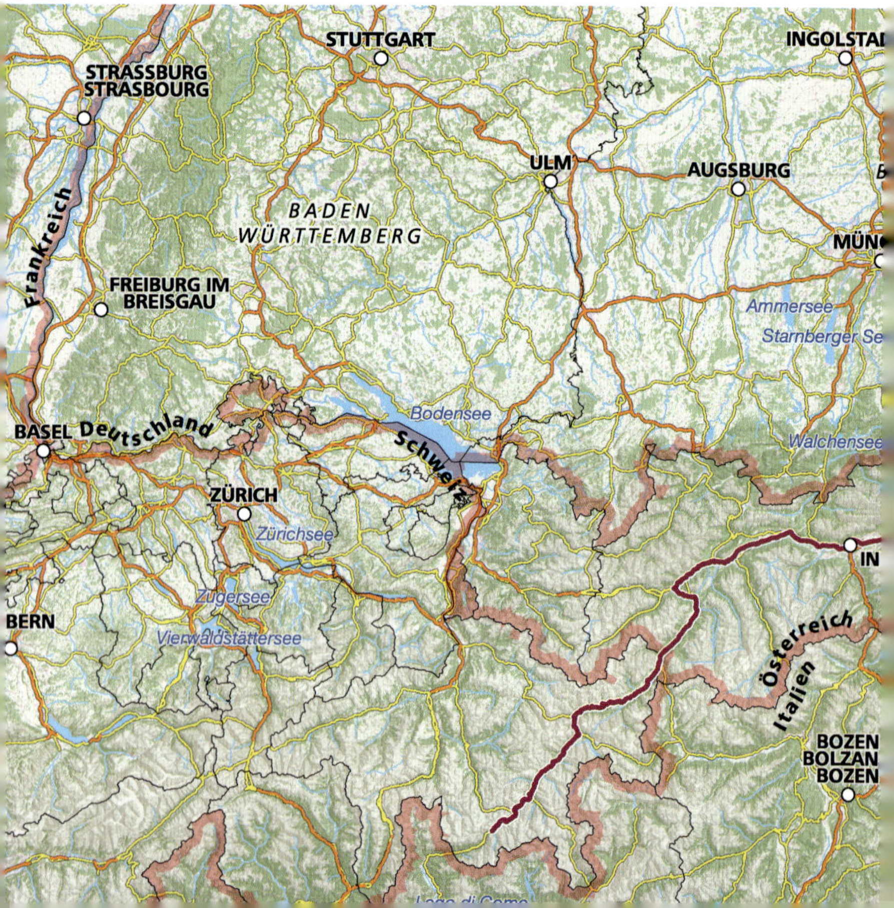

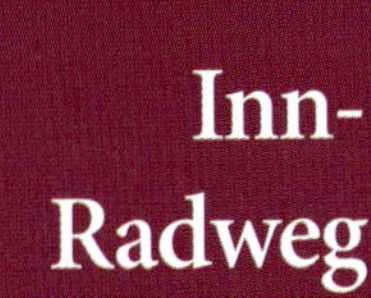

Inn-Radweg

Distanz: 520 km
Start/Ziel: St. Moritz/Passau
Gelände: hügelig
Besonders geeignet für: MTB

№ 16

Scuol folgen, wo Sgraffito-Verzierungen die Hausfassaden schmücken. Auf Tiroler Seite beeindruckt die Grenzbefestigung Finstermünz mit der Klause Altfinstermünz. Beide liegen an der Via Claudia Augusta in der Finstermünzschlucht. Bis Landeck geht es weiter nach Norden durchs Oberinntal, dann zwingen die Lechtaler Alpen den Fluss zu einer Wende nach Osten. 80 km sind es durch's sogenannte Oberland bis Innsbruck, der Metropole Nordtirols. Entlang des Karwendels rollt man flussabwärts über die Silberstadt Schwaz (mit Bergwerk) nach Kufstein, das von der imposanten Festung beherrscht wird. Jenseits der Grenze lohnen bekannte oberbayerische Städte wie Rosenheim, Wasserburg und Mühldorf einen Besuch. Durch eine grandiose Aulandschaft nähert man sich dem Ziel, der Drei-Flüsse-Stadt Passau, wo Inn, Ilz und Donau zusammenfließen und immer wieder einmal die Altstadt unter Wasser setzen.

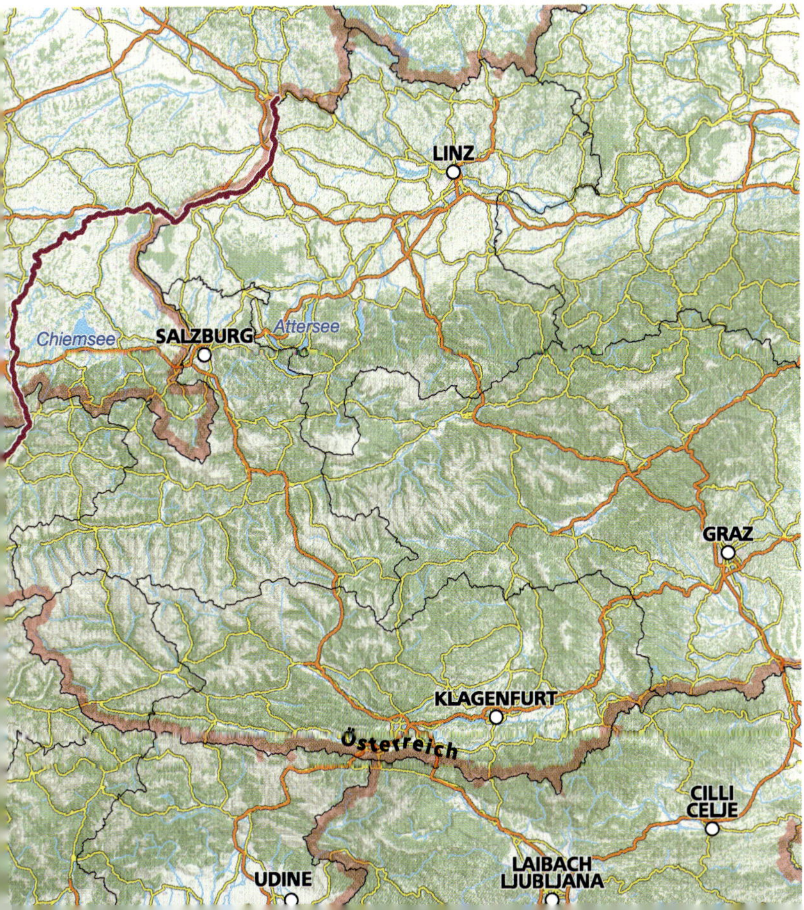

LINZ
Chiemsee
SALZBURG
Attersee
GRAZ
KLAGENFURT
Österreich
CILLI
CELJE
UDINE
LAIBACH
LJUBLJANA

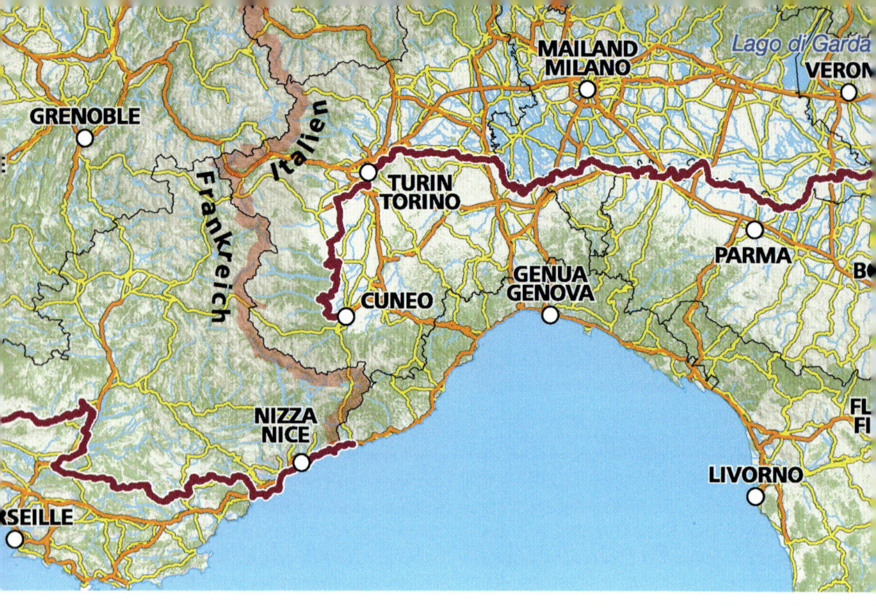

Quer durch Europa

Der Europäische Radfahrerverband, kurz ECF, fördert den Infrastrukturausbau für Fahrradtouristen und die lokale Bevölkerung sowie die Vernetzung des Radverkehrs auf europäischer Ebene. Mittlerweile durchziehen die Radrouten der EuroVelos Europa wie ein dichtes Spinnennetz auf über 90.000 km. Auf 19 Strecken kann man mit dem Fahrrad quer durch Europa reisen und so Länder und Leute kennenlernen. Mit geraden Nummern sind alle Routen benannt, die in Ost-West-Richtung verlaufen. Routen in Nord-Süd-Richtung werden mit ungeraden Nummern gekennzeichnet.

Durch die Alpen ziehen sich zahlreiche EuroVelo-Routen. Sie nutzen dabei bestehende Radwege, die unterschiedlich miteinander verknüpft werden.

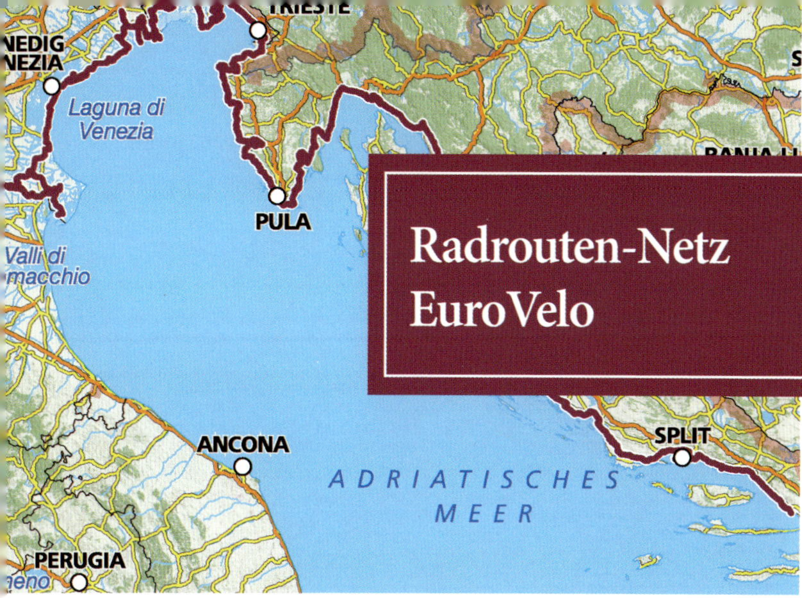

Radrouten-Netz EuroVelo

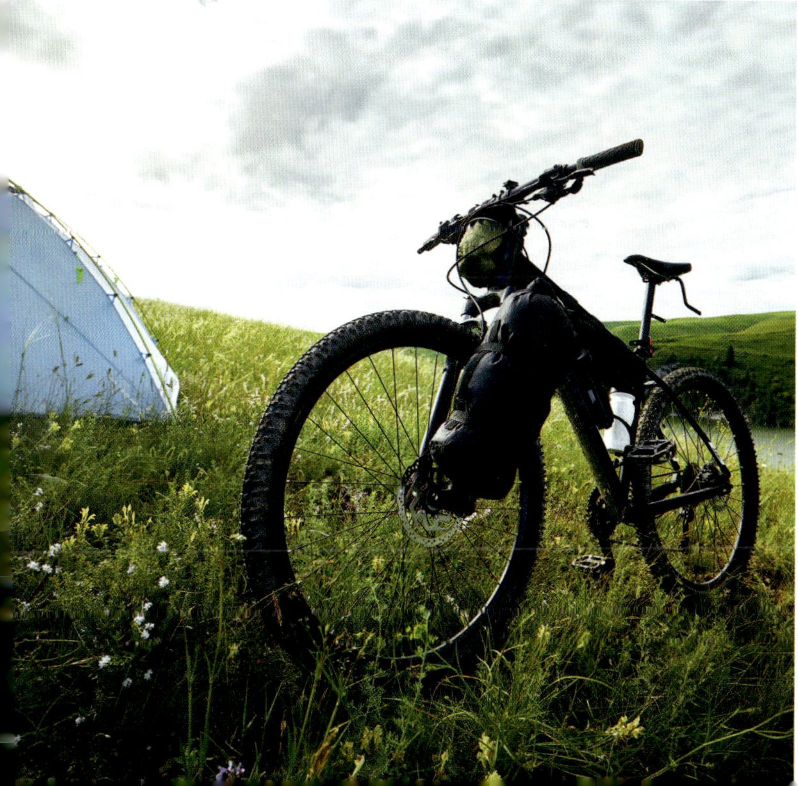

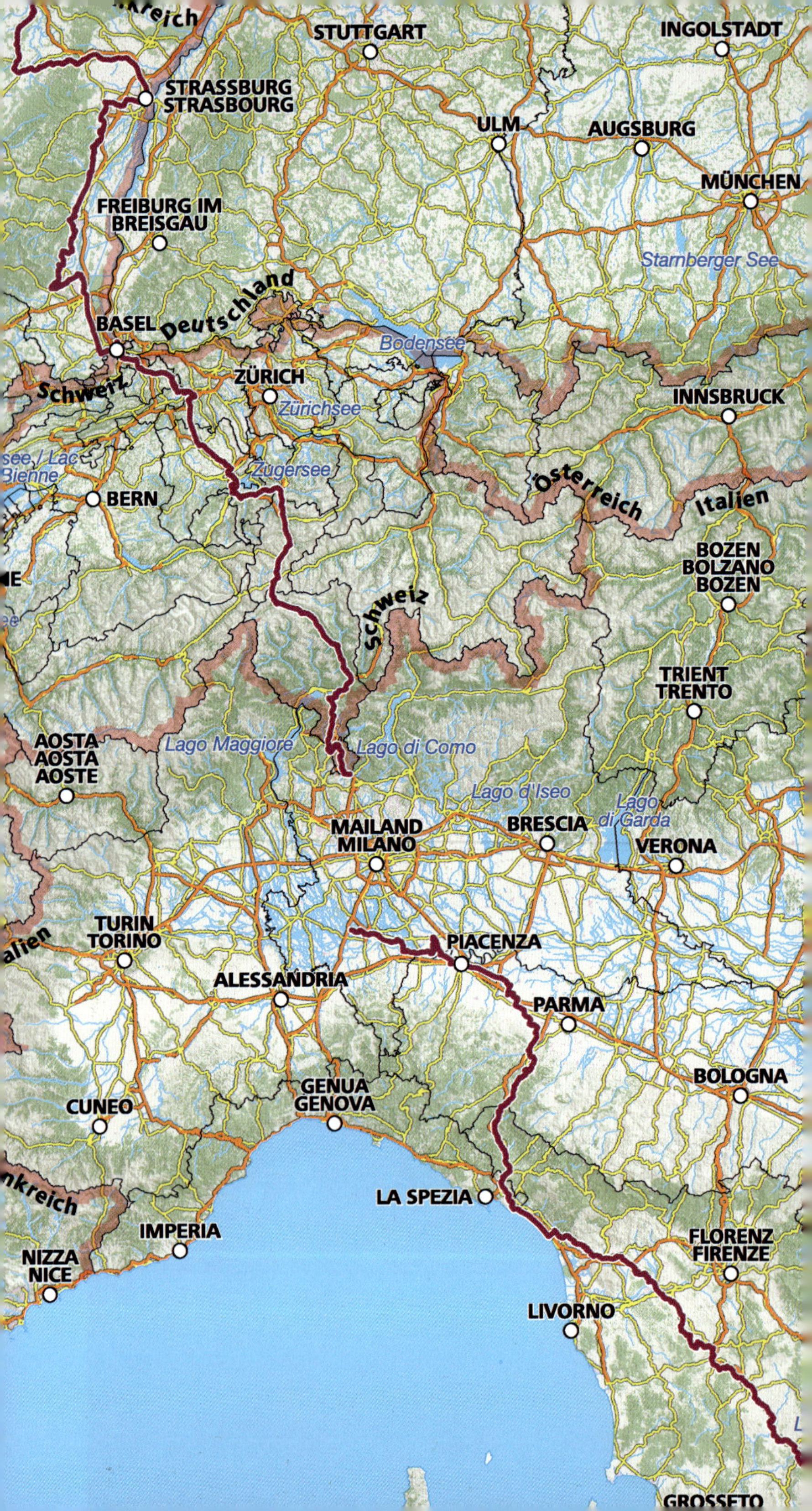

STUTTGART
INGOLSTADT
STRASSBURG
STRASBOURG
ULM
AUGSBURG
MÜNCHEN
FREIBURG IM
BREISGAU
Starnberger See
Deutschland
BASEL
Bodensee
Schweiz
ZÜRICH
Zürichsee
INNSBRUCK
Zugersee
BERN
Österreich
Italien
BOZEN
BOLZANO
BOZEN
Schweiz
TRIENT
TRENTO
AOSTA
AOSTA
AOSTE
Lago Maggiore
Lago di Como
Lago d'Iseo
Lago
di Garda
MAILAND
MILANO
BRESCIA
VERONA
TURIN
TORINO
PIACENZA
ALESSANDRIA
PARMA
BOLOGNA
GENUA
GENOVA
CUNEO
LA SPEZIA
IMPERIA
FLORENZ
FIRENZE
NIZZA
NICE
LIVORNO
GROSSETO

EuroVelo 5

Distanz: 3.250 km
Start/Ziel: London/Brindisi
Name: Via Romea (Francigena)

№ 17

Via Romea Francigena ist der klingende Name für die EV5, die von London nach Brindisi verläuft. Orientiert hat sich die Streckenführung an über 1000 Jahre alten Pilgerwegen zwischen England und Rom; ab dort folgten die Pilger der historischen Via Appia zum Hafen von Brindisi, wo die Pilgerschiffe nach Jerusalem ablegten. Auf dem Weg durch 7 Länder liegen Kathedralen, Kirchen und Museen, die an die historischen Pilgerzüge erinnern.

Die Alpen quert die EV5 auf dem Schweizer Fernwanderweg 3, der durch das Jura, Mittelland und die Zentralschweiz nach Süden führt. Zwei berühmte Seen liegen an der Strecke: der Vierwaldstättersee und der Luganer See. Südlich des Alpenhauptkamms wird es zunehmend mediterraner, Kastanienwälder und Weinberge begleiten die Radfahrer durch die norditalienischen Alpen bis Como.

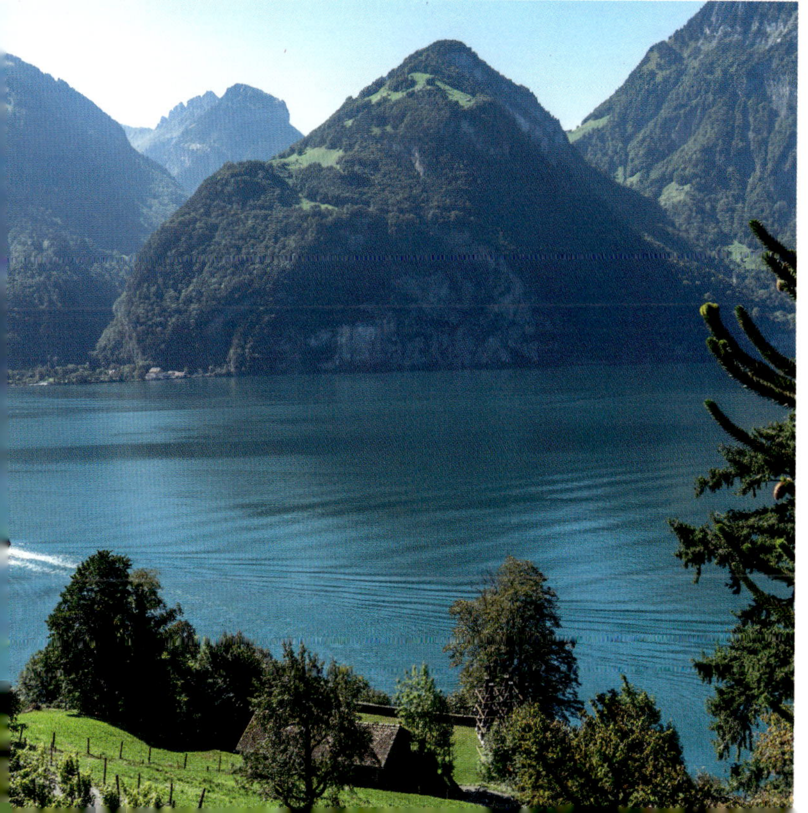

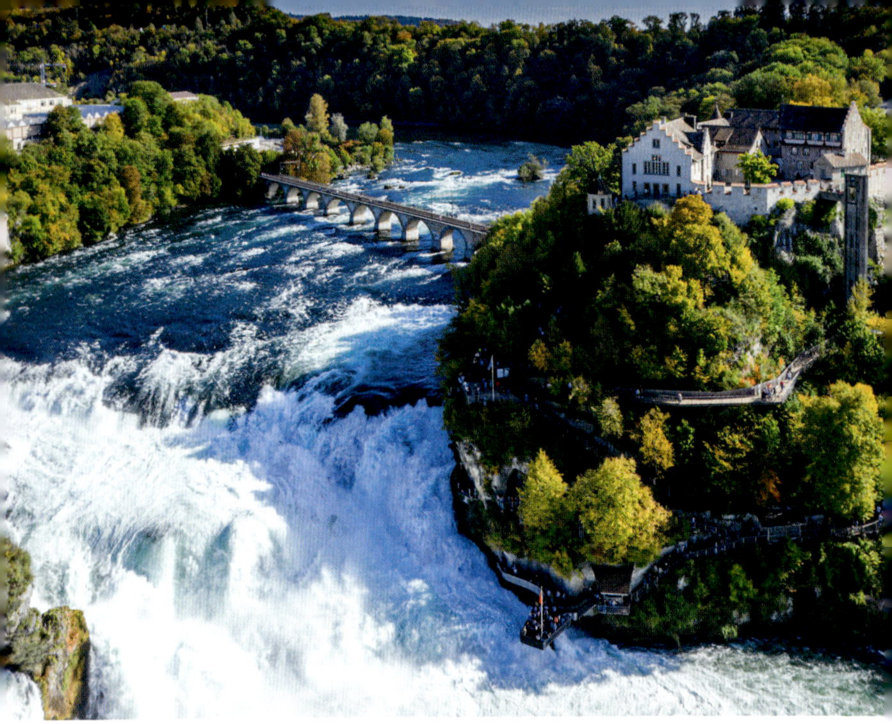

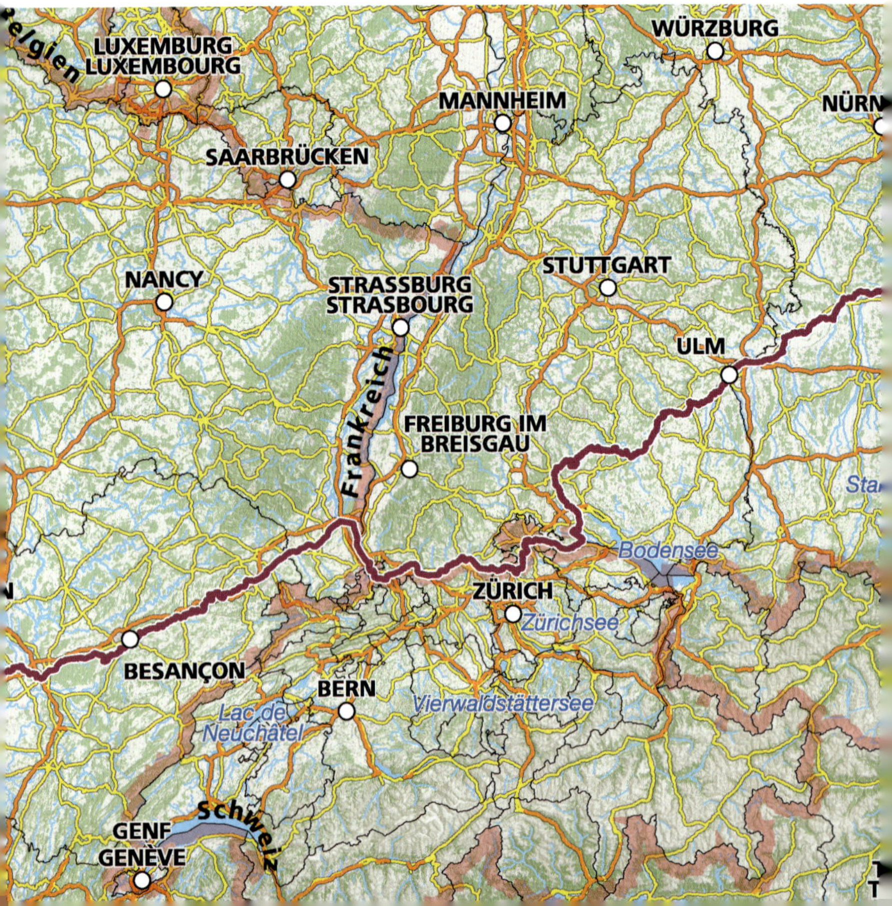

Belgien
LUXEMBURG
LUXEMBOURG
WÜRZBURG
MANNHEIM
NÜRN
SAARBRÜCKEN
NANCY
STRASSBURG
STRASBOURG
STUTTGART
ULM
Frankreich
FREIBURG IM BREISGAU
Bodensee
ZÜRICH
Zürichsee
BESANÇON
BERN
Lac de Neuchâtel
Vierwaldstättersee
Schweiz
GENF
GENÈVE

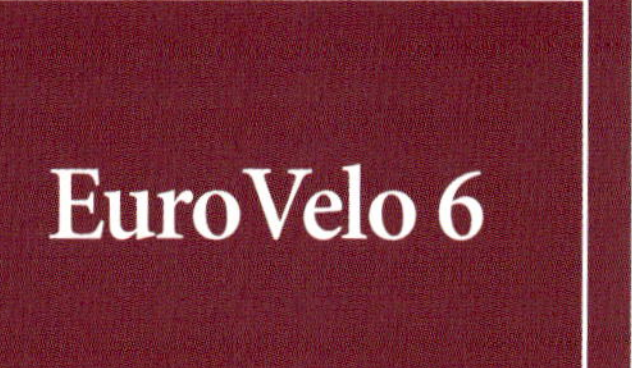

Distanz: 4.700 km
Start/Ziel: Nantes/Constanța
Name: Atlantik - Schwarzes Meer

№ 18

Zwei bedeutende Meere – Atlantik und Schwarzes Meer – werden durch die EV 6 verbunden, und zwar von Nantes bis nach Constanța. Von Basel bis Stein am Rhein am Bodensee folgt die EV6 der Schweizer Nationalen Rhein-Route Nr. 2. Zu den Highlights dieses Abschnitts zählt der Rheinfall von Schaffhausen.

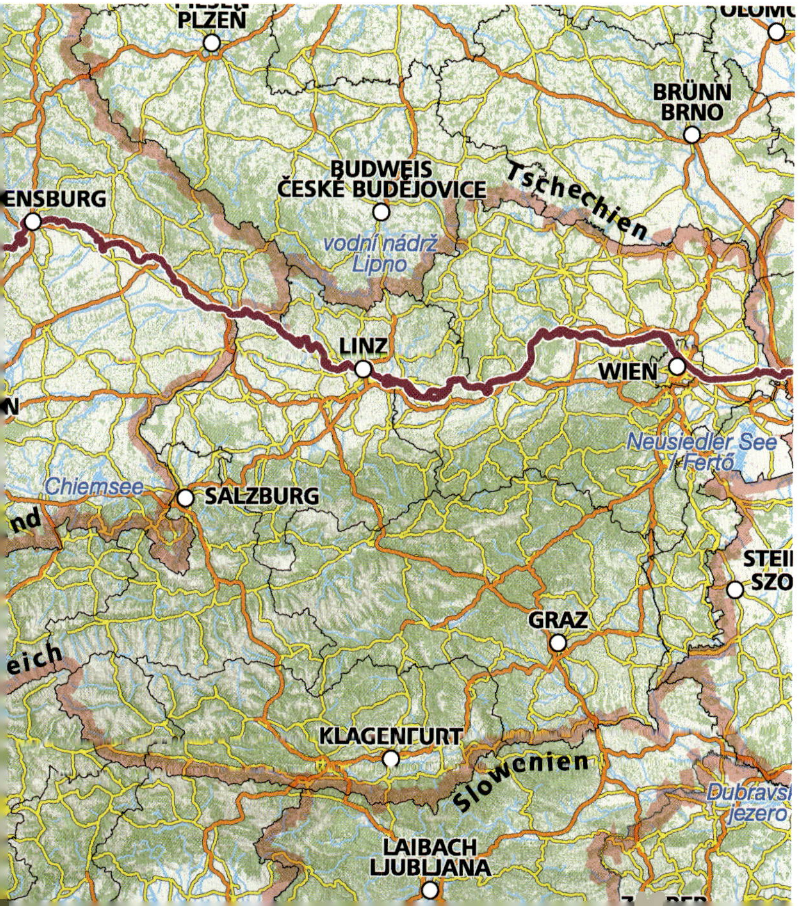

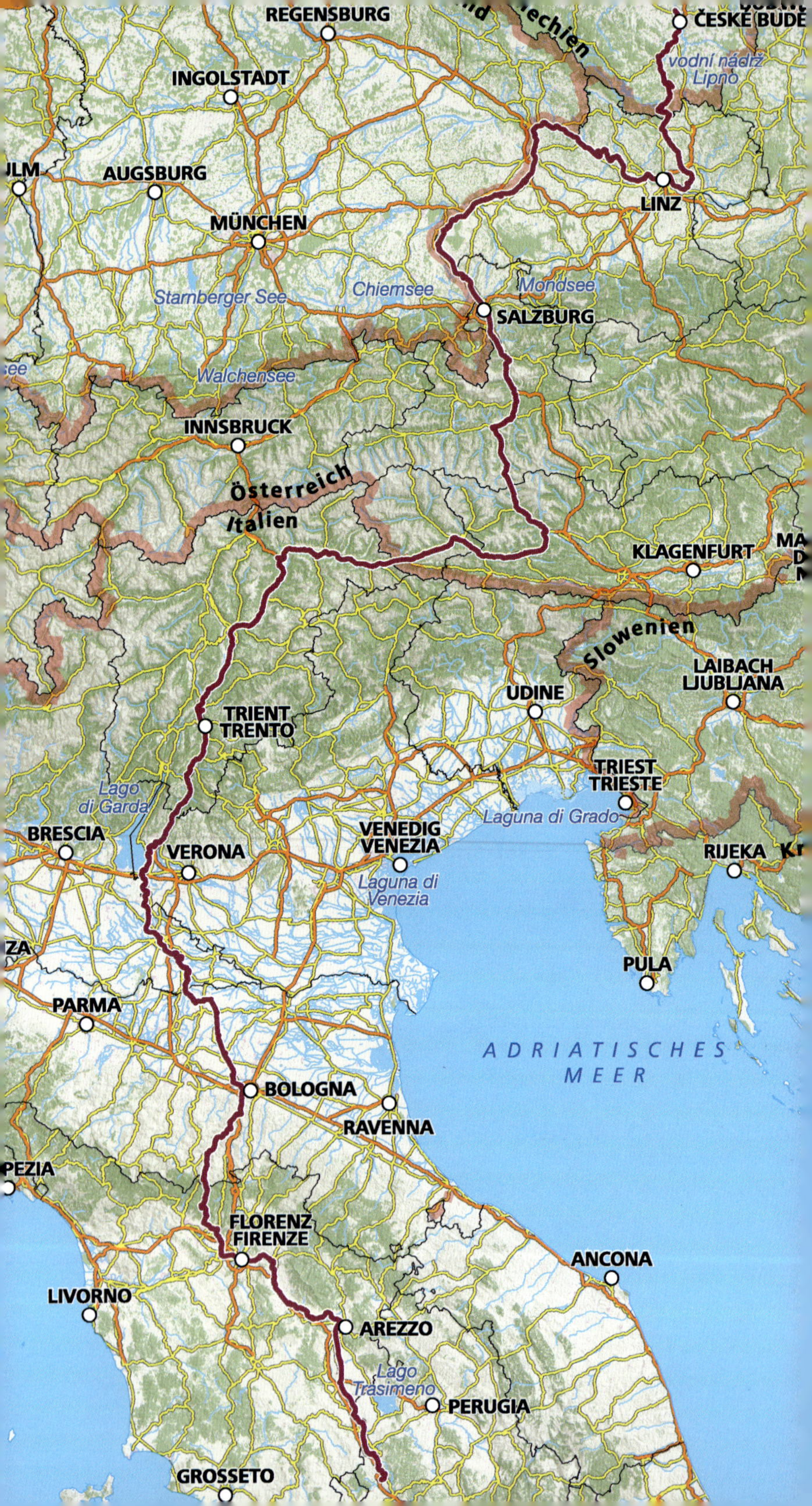

REGENSBURG
ČESKÉ BUDE
vodní nádrž Lipno
INGOLSTADT
ULM
AUGSBURG
LINZ
MÜNCHEN
Mondsee
Chiemsee
Starnberger See
SALZBURG
Walchensee
INNSBRUCK
Österreich
Italien
KLAGENFURT
Slowenien
LAIBACH
LJUBLJANA
UDINE
TRIENT
TRENTO
TRIEST
TRIESTE
Lago di Garda
Laguna di Grado
BRESCIA
VERONA
VENEDIG
VENEZIA
RIJEKA
Laguna di Venezia
PULA
PARMA
ADRIATISCHES MEER
BOLOGNA
RAVENNA
PEZIA
FLORENZ
FIRENZE
ANCONA
LIVORNO
AREZZO
Lago Trasimeno
PERUGIA
GROSSETO

EuroVelo 7

Distanz: 7.650 km
Start/Ziel: Nordkap/Malta
Name: Sonnenroute

№ 19

Der Name „Sonnenroute“ klingt vielversprechend. Auf den Radsattel schwingt man sich hier am Nordkap und durchfährt Europa von Norden nach Süden bis Malta. Die Alpen erreicht die EV7 bei Salzburg. Auf dem Alpe-Adria-Trail geht es durch den Nationalpark Hohe Tauern, dann ins Osttiroler Pustertal, wo man bei Sillian Südtirol erreicht. Über Bozen geht es durchs Etschtal nach Trient und weiter zum Gardasee, wo die Route die Alpen verlässt und in die Poebene einfährt.

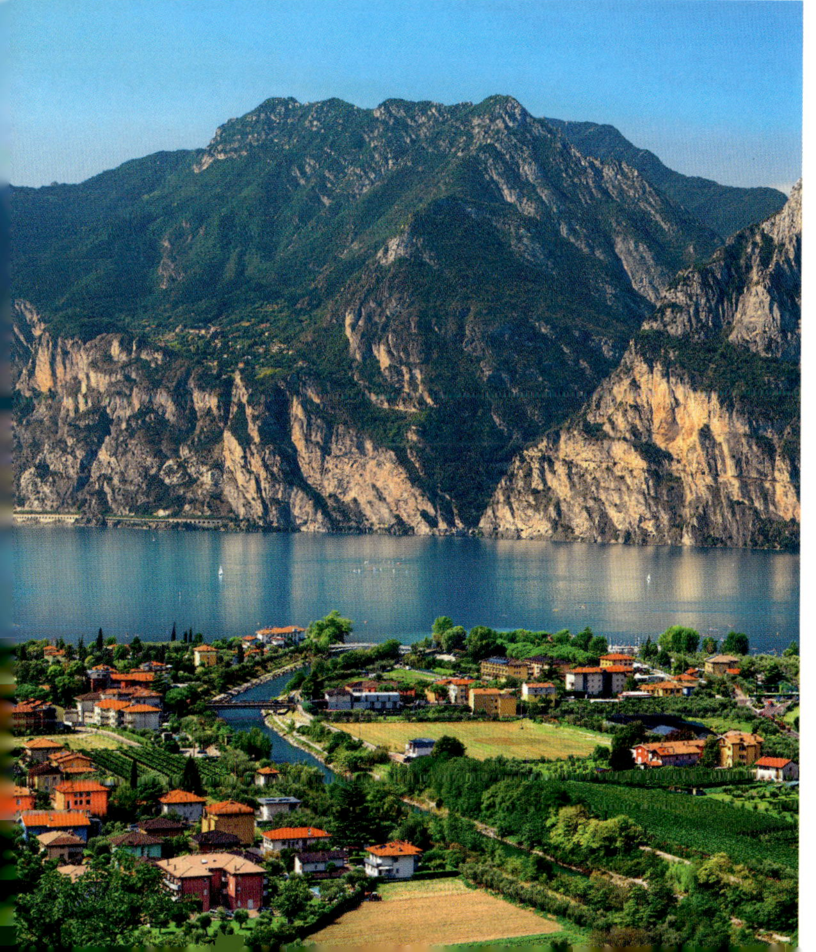

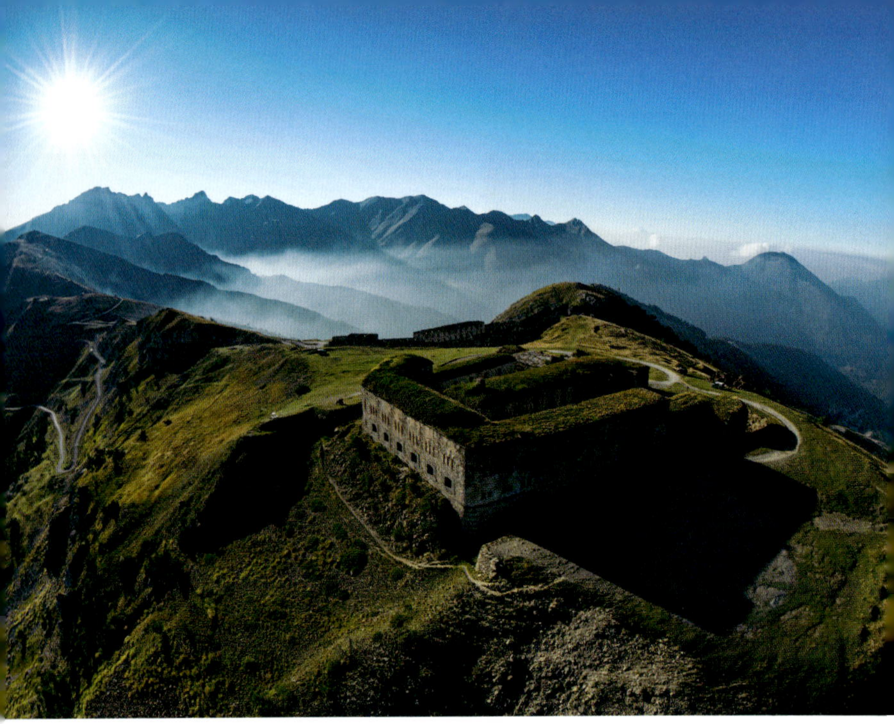

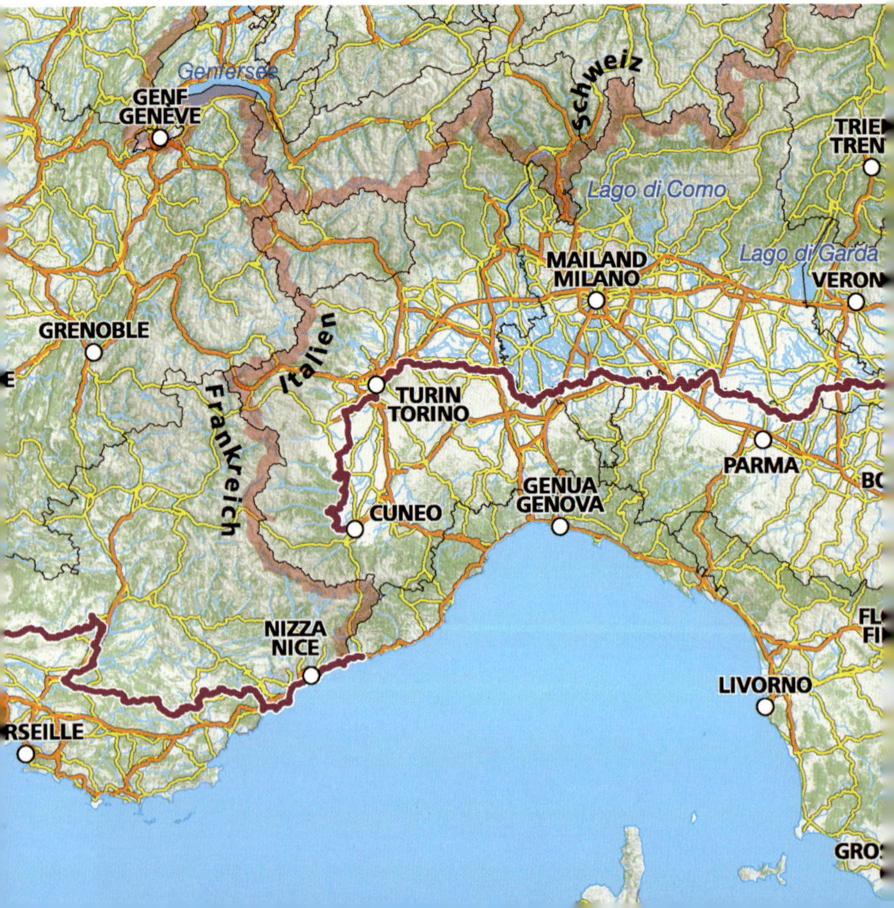

Genfersee
GENF
GENÈVE
Schweiz
Lago di Como
Lago di Garda
MAILAND
MILANO
GRENOBLE
Italien
Frankreich
TURIN
TORINO
PARMA
GENUA
GENOVA
CUNEO
NIZZA
NICE
LIVORNO

EuroVelo 8

Distanz: 7.350 km
Start/Ziel: Cádiz/Zypern
Name: Mittelmeerroute

№ 20

Nomen est omen! Die EuroVelo 8 wird auch die Mittelmeerroute genannt. Sie verbindet die spanische Hafenstadt Cádiz mit der griechischen Hauptstadt Athen. Auf der relativ kurzen Etappe zwischen Nizza und Turin berührt die Route den südlichen Alpenbogen. Gleich nach Überquerung der italienischen Grenze geht es in die Berge, nochmals kurz nach Frankreich und dann hinauf zum 1.871 m hohen Col de Tende, der die Seealpen von den Ligurischen Alpen trennt. Er zählt mit seiner Südrampe mit 46 teils dicht aufeinanderfolgenden Kehren zu den spektakulärsten Passstraßen der Alpen. Auf der weiteren Route radelt man am Alpenrand entlang nach Turin.

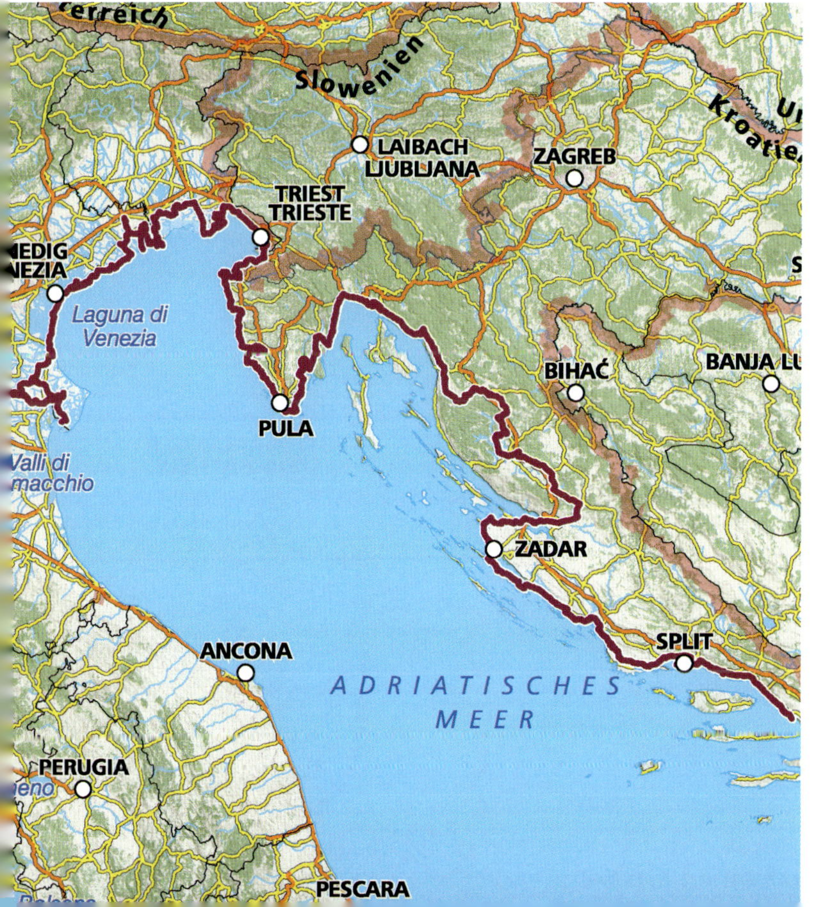

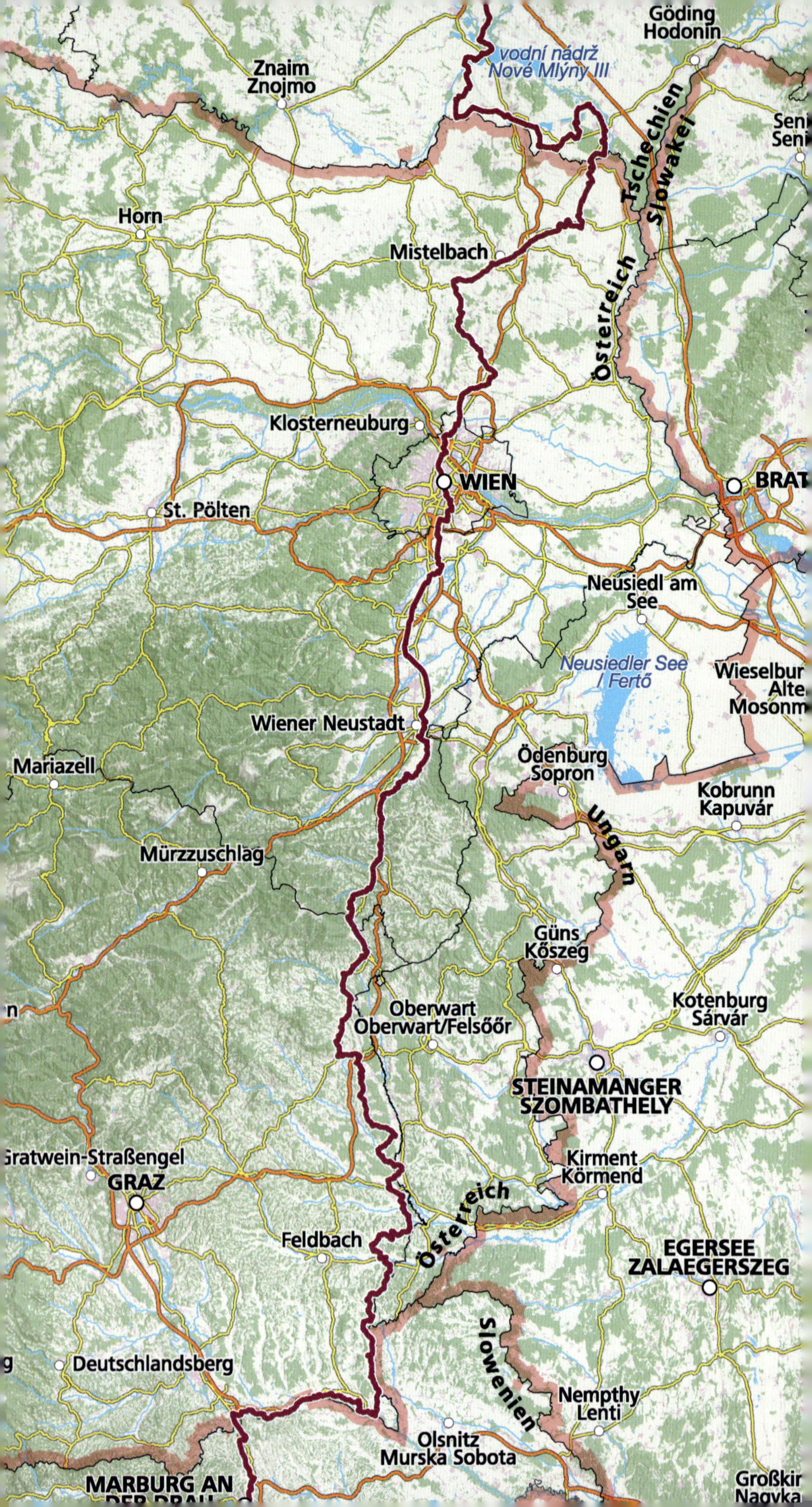

Göding
Hodonín
vodní nádrž
Nové Mlýny III
Znaim
Znojmo
Tschechien
Slowakei
Horn
Mistelbach
Österreich
Klosterneuburg
WIEN
St. Pölten
Neusiedl am
See
Neusiedler See
/ Fertő
Wieselbur
Wiener Neustadt
Mariazell
Ödenburg
Sopron
Kobrunn
Kapuvár
Ungarn
Mürzzuschlag
Güns
Kőszeg
Oberwart
Oberwart/Felsőőr
Kotenburg
Sárvár
STEINAMANGER
SZOMBATHELY
Gratwein-Straßengel
GRAZ
Kirment
Körmend
Österreich
Feldbach
EGERSEE
ZALAEGERSZEG
Slowenien
Deutschlandsberg
Nempthy
Lenti
Olsnitz
Murska Sobota
MARBURG AN

EuroVelo 9

Distanz: 2.050 km
Start/Ziel: Danzig/Pula
Name: Ostsee-Adria-Route

№ 21

Die 2.040 km lange Ostsee-Adria-Route startet im polnischen Danzig und endet im kroatischen Pula auf der Halbinsel Istrien. Die Fahrt führt von Polen nach Tschechien, Österreich, Slowenien und Kroatien. Südlich von Maribor wendet sich die Route nach Südwesten und führt über Ljubljana in die Slowenischen Alpen nach Triest an der Adria. Von dort geht es weiter nach Pula.

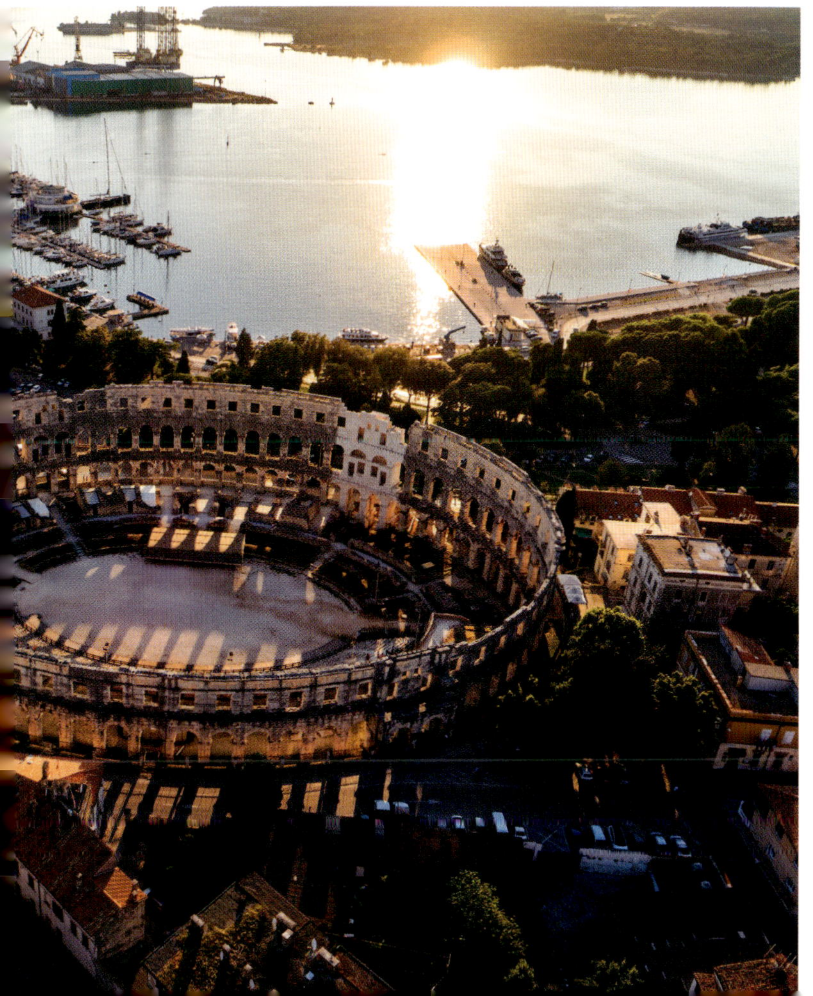

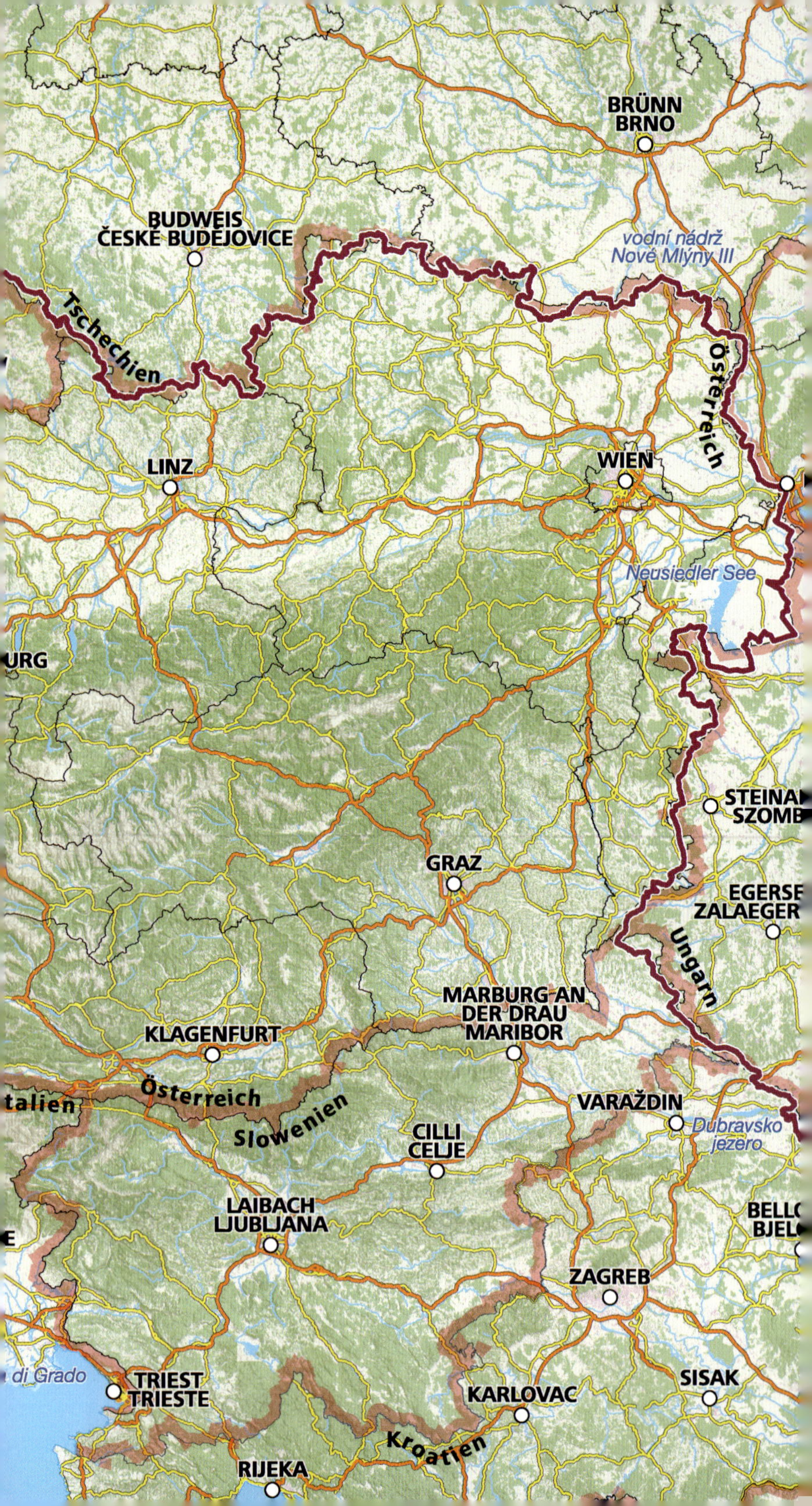

BRÜNN
BRNO
BUDWEIS
ČESKÉ BUDĚJOVICE
vodní nádrž
Nové Mlýny III
Tschechien
Österreich
LINZ
WIEN
Neusiedler See
URG
STEINA
SZOMB
GRAZ
EGERSE
ZALAEGER
Ungarn
MARBURG AN
DER DRAU
MARIBOR
KLAGENFURT
Österreich
talien
VARAŽDIN
Dubravsko
jezero
Slowenien
CILLI
CELJE
LAIBACH
LJUBLJANA
BELO
BJEL
ZAGREB
di Grado
TRIEST
TRIESTE
KARLOVAC
SISAK
Kroatien
RIJEKA

EuroVelo 13

Distanz: 10.550 km
Start/Ziel: Kirkenes/Schwarzes Meer
Name: Iron Curtain Trail

№ 22

Die Geschichte des Eisernen Vorhangs ist das Thema der EV13 mit dem Namen „Iron Curtain Trail". Heute bemüht man sich, das einstige Grenzgebiet in einen großen Grüngürtel zu verwandeln, in welchem auch zahlreiche Landschaften unter besonderen Schutz gestellt werden. Die Route startet hoch im Norden in der norwegischen Stadt Kirkenes und führt über Finnland nach St. Petersburg und folgt dann der Ostseeküste bis Lübeck. Ab dort verläuft sie immer unweit der innerdeutschen Grenze, dann entlang der deutschen, später österreichischen Grenze bis Bratislava. Von dort folgt sie der ungarischen, rumänischen und bulgarischen Grenze zum Schwarzen Meer.

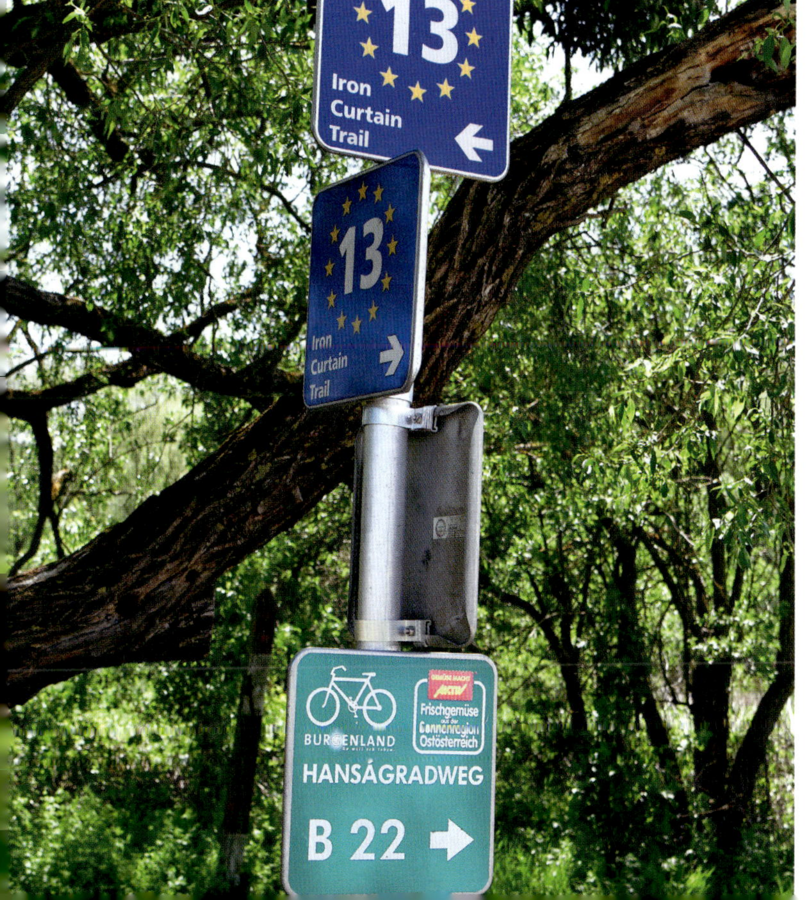

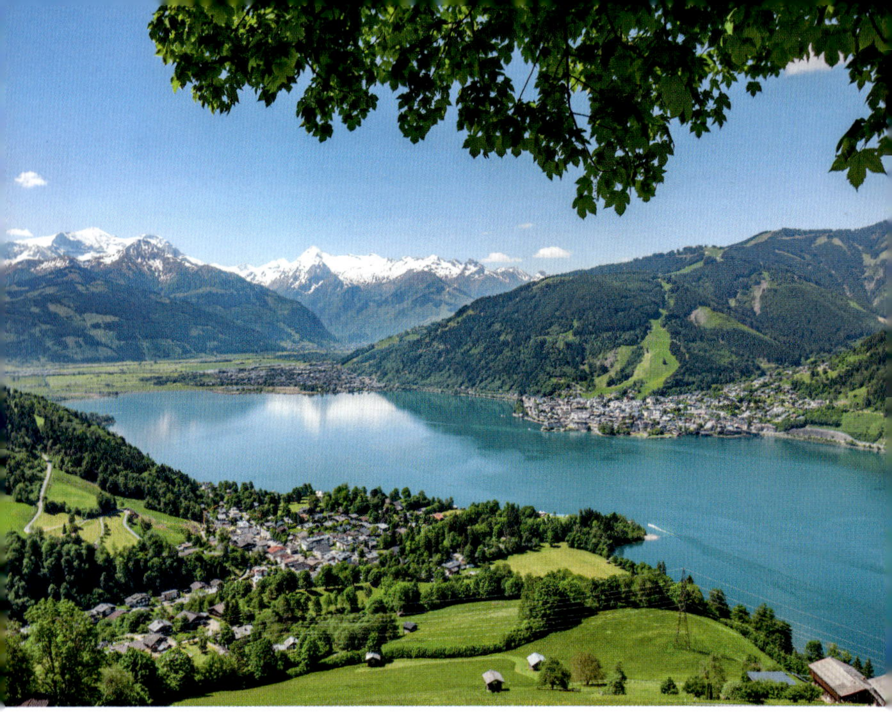

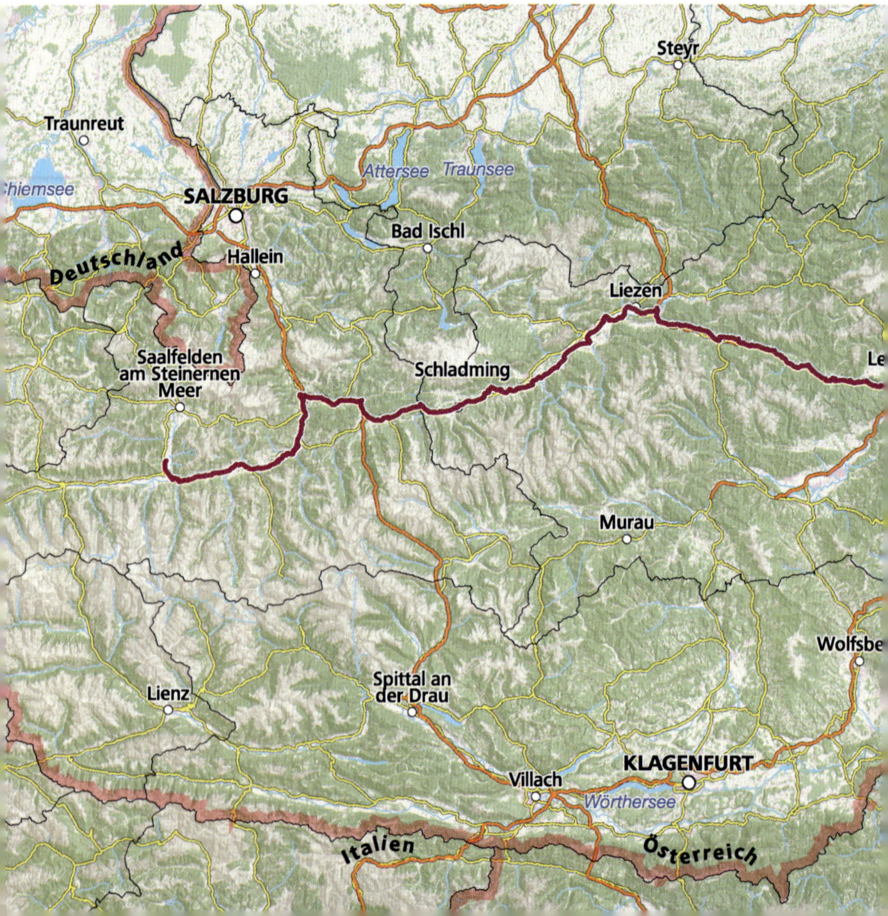

Steyr
Traunreut
Chiemsee
SALZBURG
Attersee
Traunsee
Bad Ischl
Hallein
Deutschland
Liezen
Saalfelden am Steinernen Meer
Schladming
Murau
Wolfsbe
Lienz
Spittal an der Drau
KLAGENFURT
Villach
Wörthersee
Italien
Österreich

EuroVelo 14

Distanz: 680 km
Start/Ziel: Zell am See/Budapest
Name: Gewässer von Mitteleuropa

№ 23

Dieser Fernradweg trägt auch den Namen „Gewässer von Mitteleuropa“, weil er mehrere Flussradwege verbindet. Er startet in Zell am See in den Tauern und führt über den Tauern- und Ennsradweg sowie den Rastlandradweg nach Osten. Ab St. Michael folgt die Route dem Murradweg über Bruck an der Mur nach Graz. Von Graz fährt man auf dem Mostwärtsradweg und wechselt dann in den Raabtalradweg. Vom ungarischen Grenzort Szentgotthárd passiert man den Nationalpark Őrség, fährt zum Plattensee (Balaton), folgt dessen Nordufer und endet aktuell kurz vor Budapest. Zu den landschaftlichen Highlights in den Alpen zählen die Kitzlochklamm auf Höhe Taxenbach (eine der schönsten Schluchten in Österreich) und die Rauriser Ache.

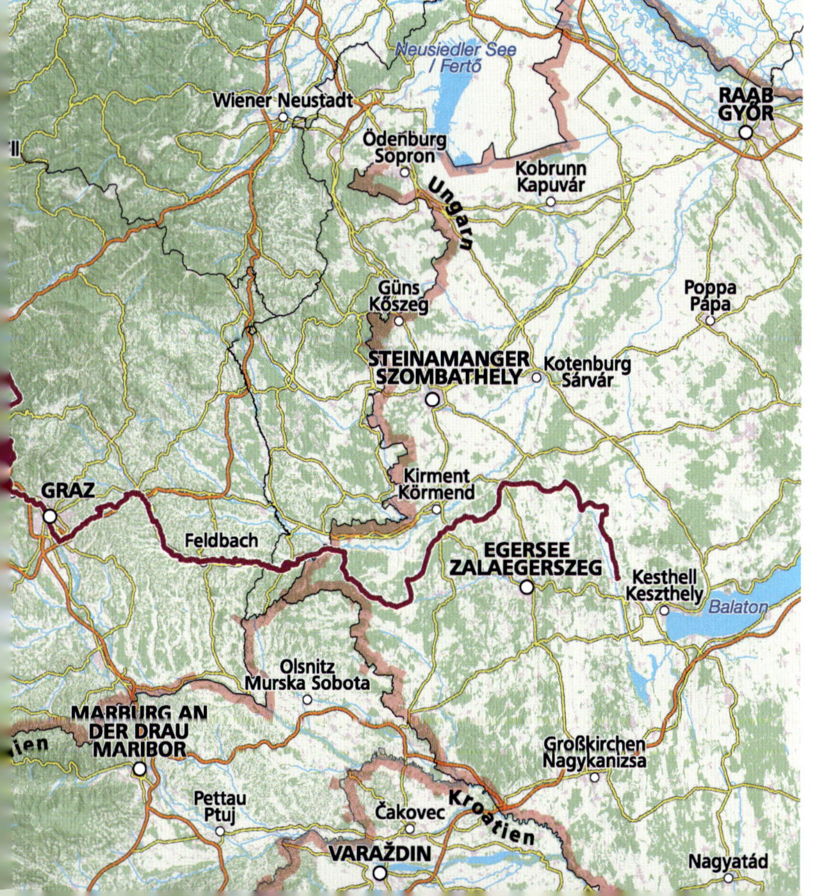

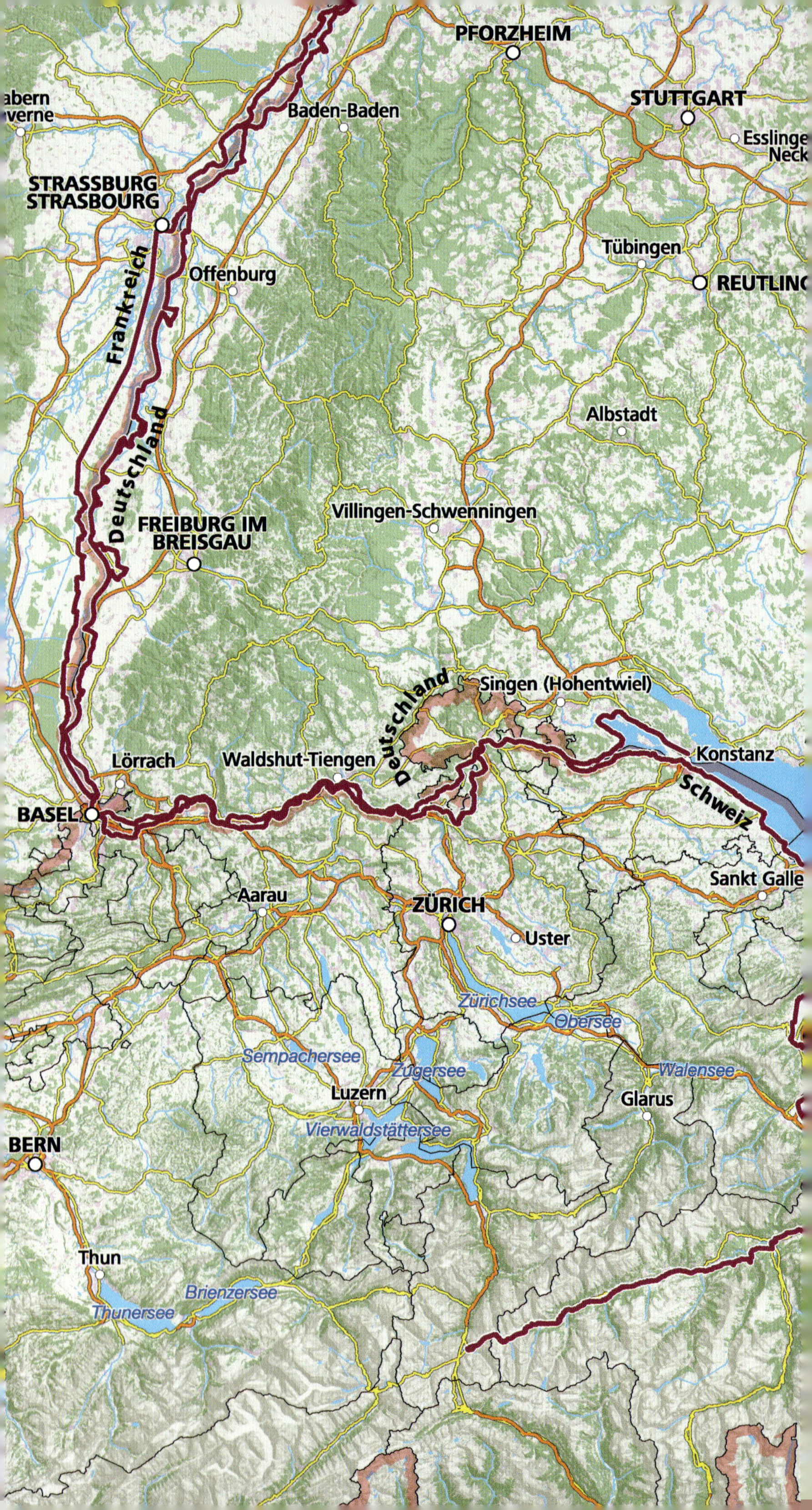
PFORZHEIM
STUTTGART
Esslinge
Neck
Baden-Baden
abern
verne
STRASSBURG
STRASBOURG
Tübingen
REUTLIN
Offenburg
Frankreich
Deutschland
Albstadt
FREIBURG IM
BREISGAU
Villingen-Schwenningen
Singen (Hohentwiel)
Deutschland
Konstanz
Lörrach
Waldshut-Tiengen
Schweiz
BASEL
Sankt Galle
Aarau
ZÜRICH
Uster
Zürichsee
Obersee
Sempachersee
Zugersee
Walensee
Luzern
Glarus
Vierwaldstättersee
BERN
Thun
Brienzersee
Thunersee

EuroVelo 15

Distanz: 1.450 km
Start/Ziel: Andermatt/Rotterdam
Name: Rheinradweg

№ 24

Der Rheinradweg folgt einem der längsten Flüsse Europas. Gestartet wird in Andermatt, Ziel ist der Nordseehafen Rotterdam. Von Andermatt geht es zunächst den 2.044 m hohen Oberalppass hinauf – die härteste Etappe der gesamten Route. Südlich des Passes liegt der Lai da Tuma (Tomasee) auf 2.345 m Höhe – er gilt als Quelle des Vorderheins. Nun geht es hinunter durch Graubünden zum Bodensee. Ab hier folgt die EV15 dem Schweizer Südufer bis Stein am Rhein. Ein Muss ist der Stopp am Rheinfall bei Schaffhausen. Entlang der deutsch-schweizerischen Grenze geht es nach Basel und von dort auf dem Rheinradweg flussabwärts bis Rotterdam.

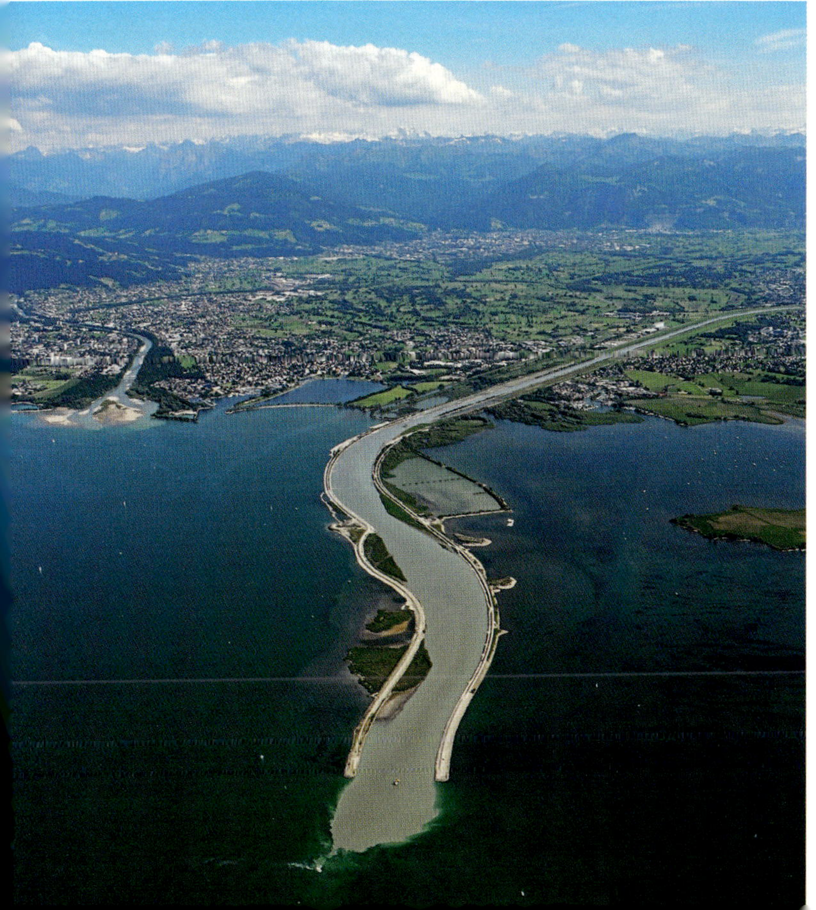

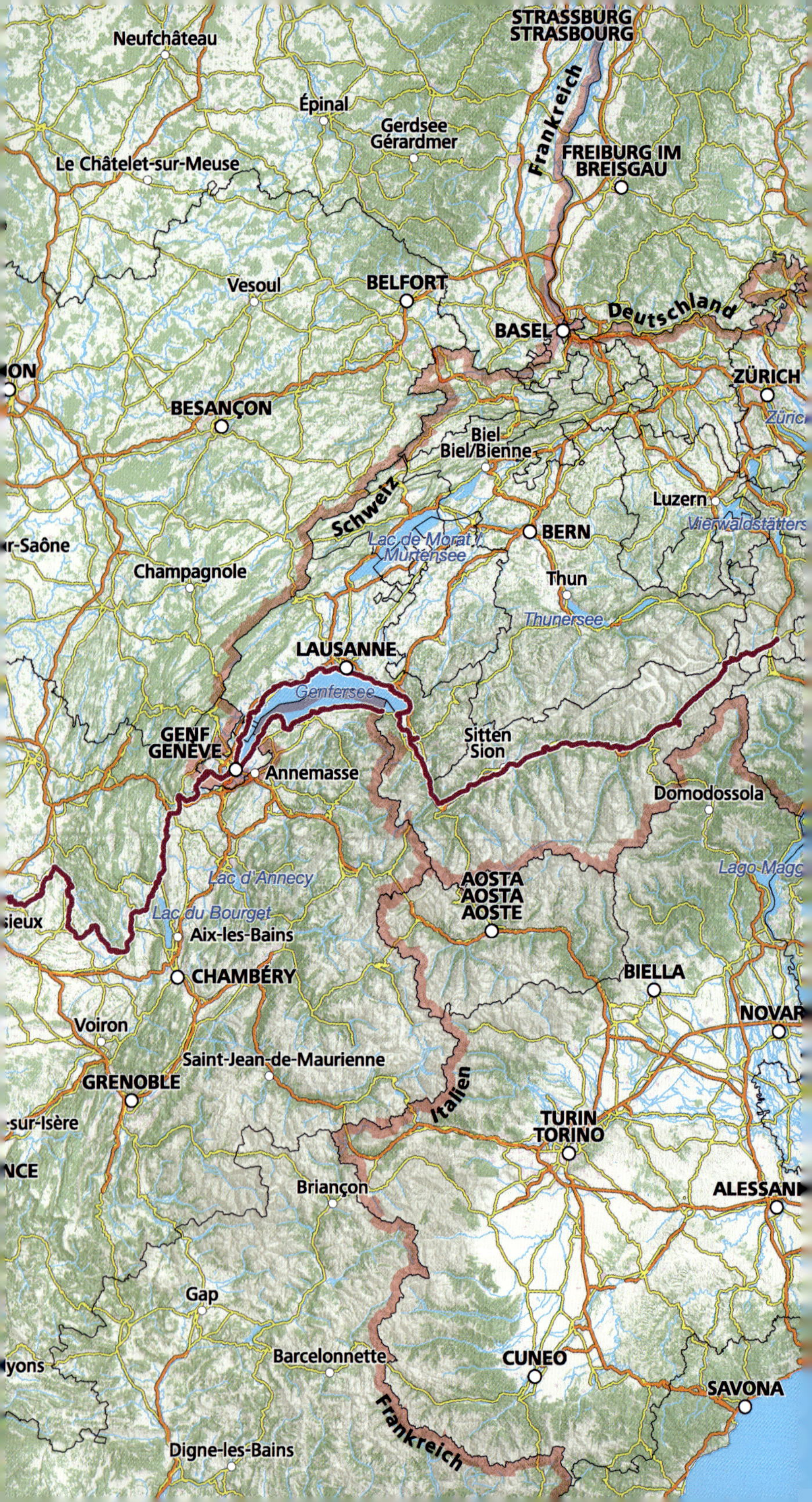
STRASSBURG
STRASBOURG
Neufchâteau
Frankreich
Épinal
Gerdsee
Gérardmer
FREIBURG IM
BREISGAU
Le Châtelet-sur-Meuse
Vesoul
BELFORT
BASEL
Deutschland
ZÜRICH
BESANÇON
Biel
Biel/Bienne
Schweiz
Luzern
Lac de Morat /
Murtensee
BERN
Champagnole
Thun
Thunersee
LAUSANNE
Genfersee
GENF
GENÈVE
Annemasse
Sitten
Sion
Domodossola
Lac d'Annecy
AOSTA
AOSTA
AOSTE
Lac du Bourget
Aix-les-Bains
CHAMBÉRY
BIELLA
Voiron
Saint-Jean-de-Maurienne
GRENOBLE
Italien
TURIN
TORINO
Briançon
Gap
Barcelonnette
CUNEO
SAVONA
Frankreich
Digne-les-Bains

EuroVelo 17

Distanz: 1.050 km
Start/Ziel: Andermatt/Sète
Name: Rhône-Radweg

№ 25

Auch der Rhône-Radweg startet in Andermatt mit einem anstrengenden Aufstieg, in diesem Fall zum Furkapass. Etwas traurig stimmen die schmelzenden Eistürme des Rhônegletschers, für Urlaubsstimmung sorgt die grandiose Bergwelt des Wallis. Ab Brig folgt die Route dem nun breiten Rhônetal über Sierre nach Sion – mit traumhaften Blicken auf die Zacken der Dents du Midi. Die von Palmen gesäumten Promenaden des Lac Léman (Genfer Sees) verströmen inmitten der alpinen Landschaft medditeranes Flair. Die Route folgt dem Nordufer, das von den zum Welterbe ernannten Weinbergterrassen von Lavaux gesäumt wird. Sie sind das größte zusammenhängende Weinbaugebiet der Schweiz. Lausanne lohnt ebenso einen Zwischenstopp wie Genf. In Frankreich ist EuroVelo 17 als ViaRhôna bekannt. Aus den Französischen Alpen geht es dem mehrmals die Richtung wechselnden Fluss folgend nach Lyon und von dort flussabwärts durch die Provence, an der Route liegen berühmte Städte wie Avignon und Arles. Zum Ende hin wendet sich die Route westwärts zu den Stränden des Mittelmeers und endet in der Hafenstadt Sète.

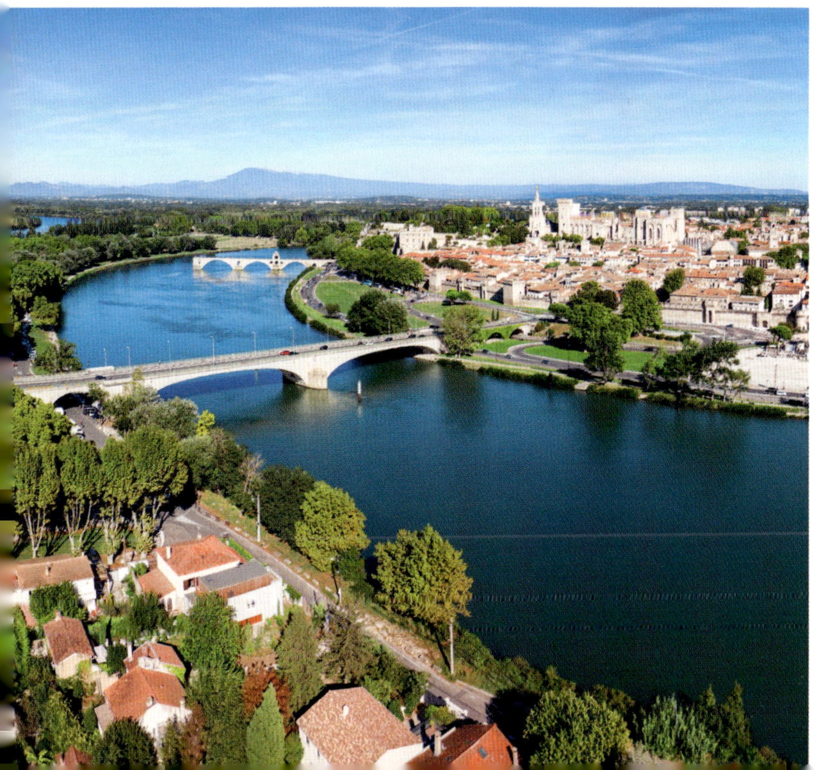

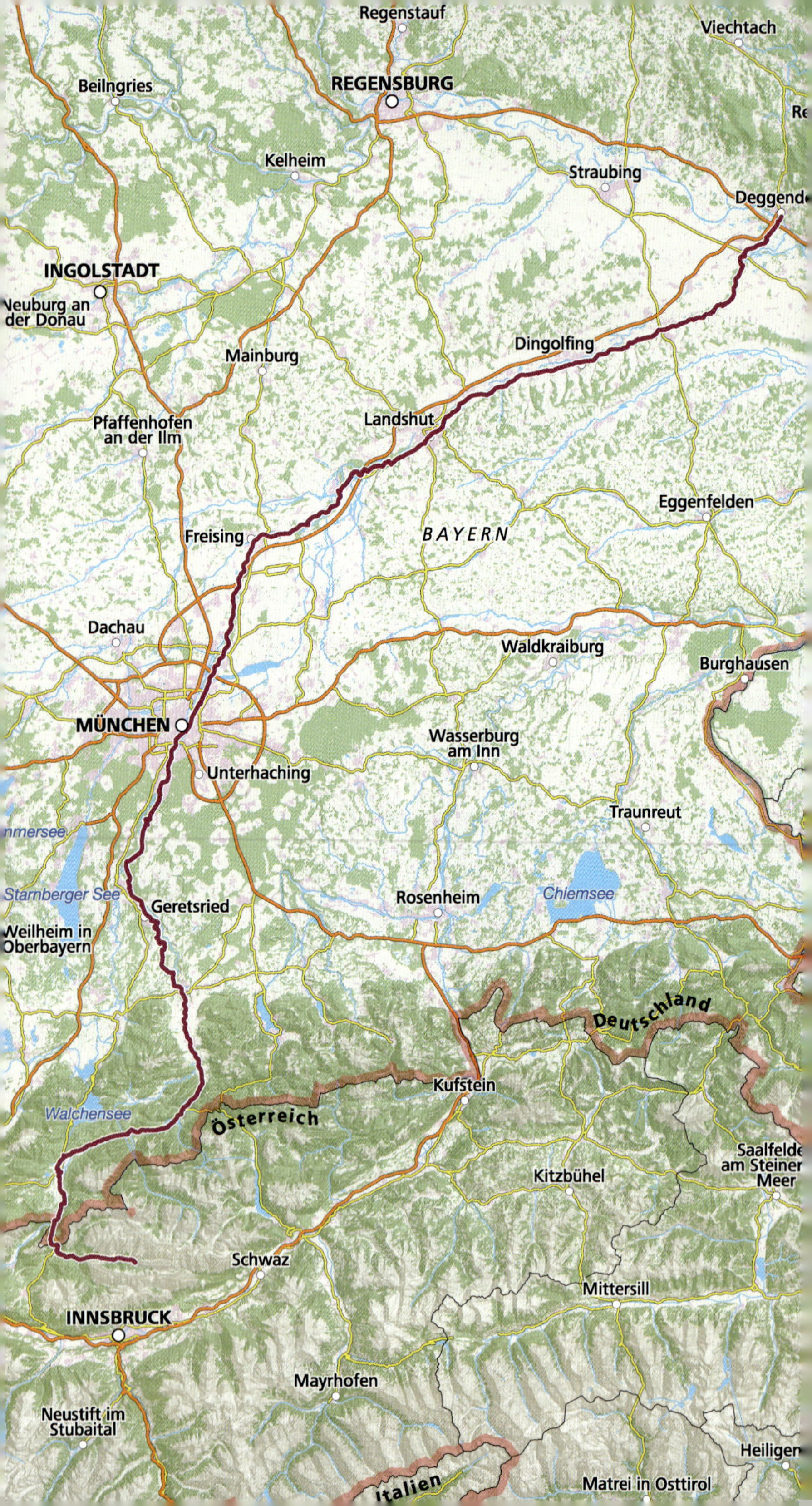

Regenstauf
Viechtach
Beilngries
REGENSBURG
Kelheim
Straubing
Deggend
INGOLSTADT
Neuburg an der Donau
Dingolfing
Mainburg
Landshut
Pfaffenhofen an der Ilm
Eggenfelden
Freising
BAYERN
Dachau
Waldkraiburg
Burghausen
MÜNCHEN
Wasserburg am Inn
Unterhaching
Traunreut
Starnberger See
Geretsried
Rosenheim
Chiemsee
Weilheim in Oberbayern
Deutschland
Kufstein
Walchensee
Österreich
Saalfelden am Steinernen Meer
Kitzbühel
Schwaz
Mittersill
INNSBRUCK
Mayrhofen
Neustift im Stubaital
Italien
Matrei in Osttirol

Isar-Radweg

Distanz: 299 km
Start/Ziel: Scharnitz/Deggendorf
Gelände: hügelig
Besonders geeignet für: Familien

№ 26

Stadt-Land-Fluss und ein einmaliges landschaftliches Kontrastprogramm erwarten Radfahrer auf dem Isar-Radweg. Ausgehend vom Quellgebiet in Tirol folgt der Weg der Isar, die dank der Gletschermilch grün schimmert. Die imposanten Alpengipfel werden später vom hügeligen Alpenvorland und schließlich den grünen Auenlandschaften entlang der Isar hinter der bayerischen Landeshauptstadt abgelöst. Auch die Siedlungsstruktur gibt sich vielfältig, von charmanten bayrischen Dörfern bis zu stattlichen Residenzen und der Metropole München.

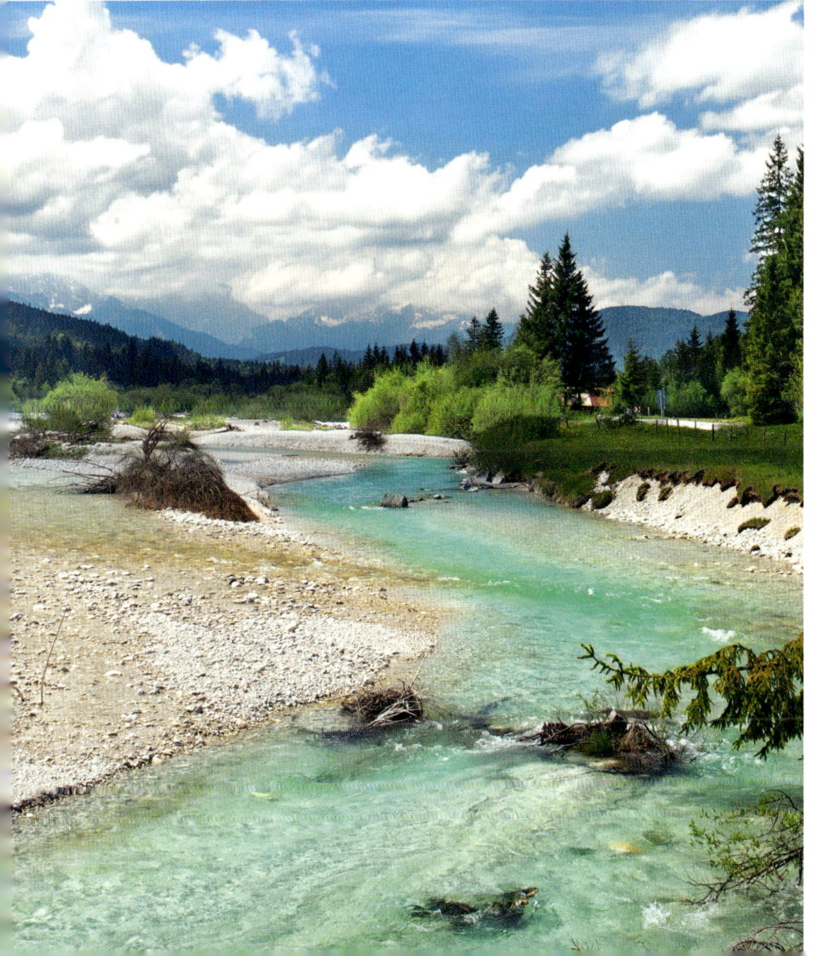

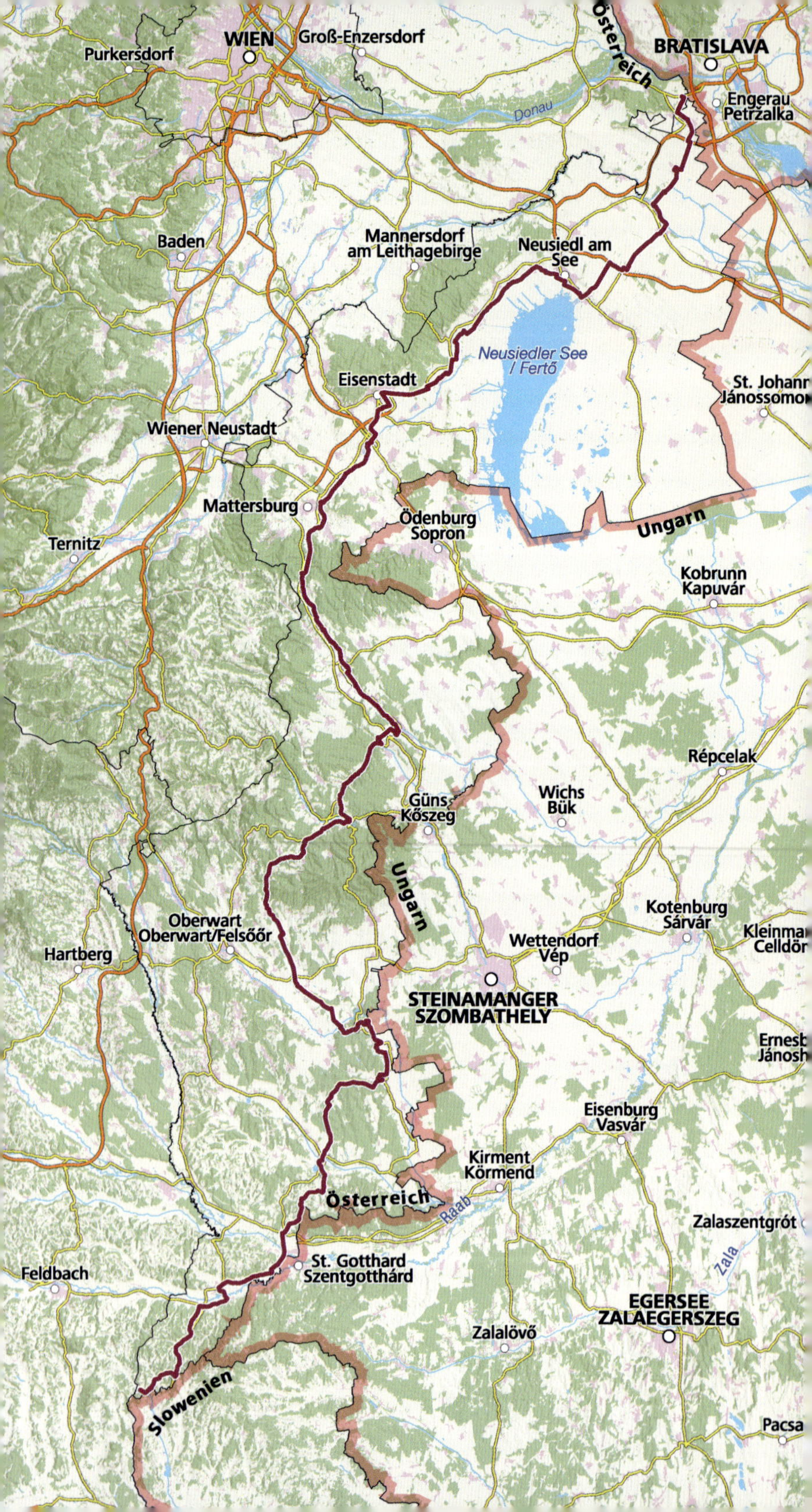

WIEN
Purkersdorf
Groß-Enzersdorf
Österreich
BRATISLAVA
Engerau
Petržalka
Donau
Baden
Mannersdorf
am Leithagebirge
Neusiedl am
See
Neusiedler See
/ Fertő
Eisenstadt
Wiener Neustadt
Mattersburg
Ternitz
Ödenburg
Sopron
Ungarn
Kobrunn
Kapuvár
Répcelak
Wichs
Bük
Güns
Kőszeg
Ungarn
Oberwart
Oberwart/Felsőőr
Hartberg
Kotenburg
Sárvár
Wettendorf
Vép
STEINAMANGER
SZOMBATHELY
Eisenburg
Vasvár
Kirment
Körmend
Österreich
Raab
Zalaszentgrót
Feldbach
St. Gotthard
Szentgotthárd
Zala
EGERSEE
ZALAEGERSZEG
Zalalövő
Slowenien
Pacsa

Jubiläumsradweg

Distanz: 300 km
Start/Ziel: Kittsee/Kalch
Gelände: flach
Besonders geeignet für: Familien mit älteren Kindern

№ 27

Der Radweg quert das von der Sonne an 300 Tagen verwöhnte Burgenland von Nord nach Süd. Eröffnet wurde der unter dem Kürzel R1 firmierende Radweg zum 80-jährigen Jubiläum des Burgenlandes. Gestartet wird im österreichischen Kittsee südlich von Bratislava. In Weiden am See wird das Nordende des Neusiedler Sees erreicht. In Purbach sollte man die historische Kellergasse besuchen: Hier stehen seit 1850 rund 50 Weinkeller, deren Besitzer zu Weinverkostungen einladen. Richtig voran kommt man nicht, denn schon in Eisenstadt lohnt sich der nächste Halt, um sich die hübsche Altstadt und das Esterházy-Schloss anzuschauen.

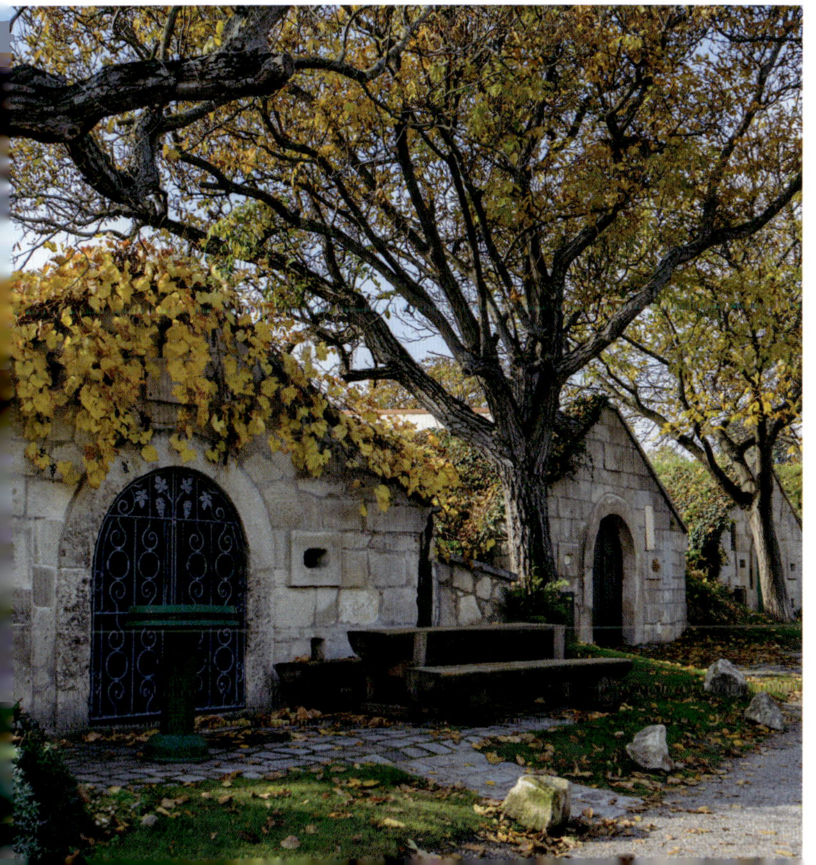

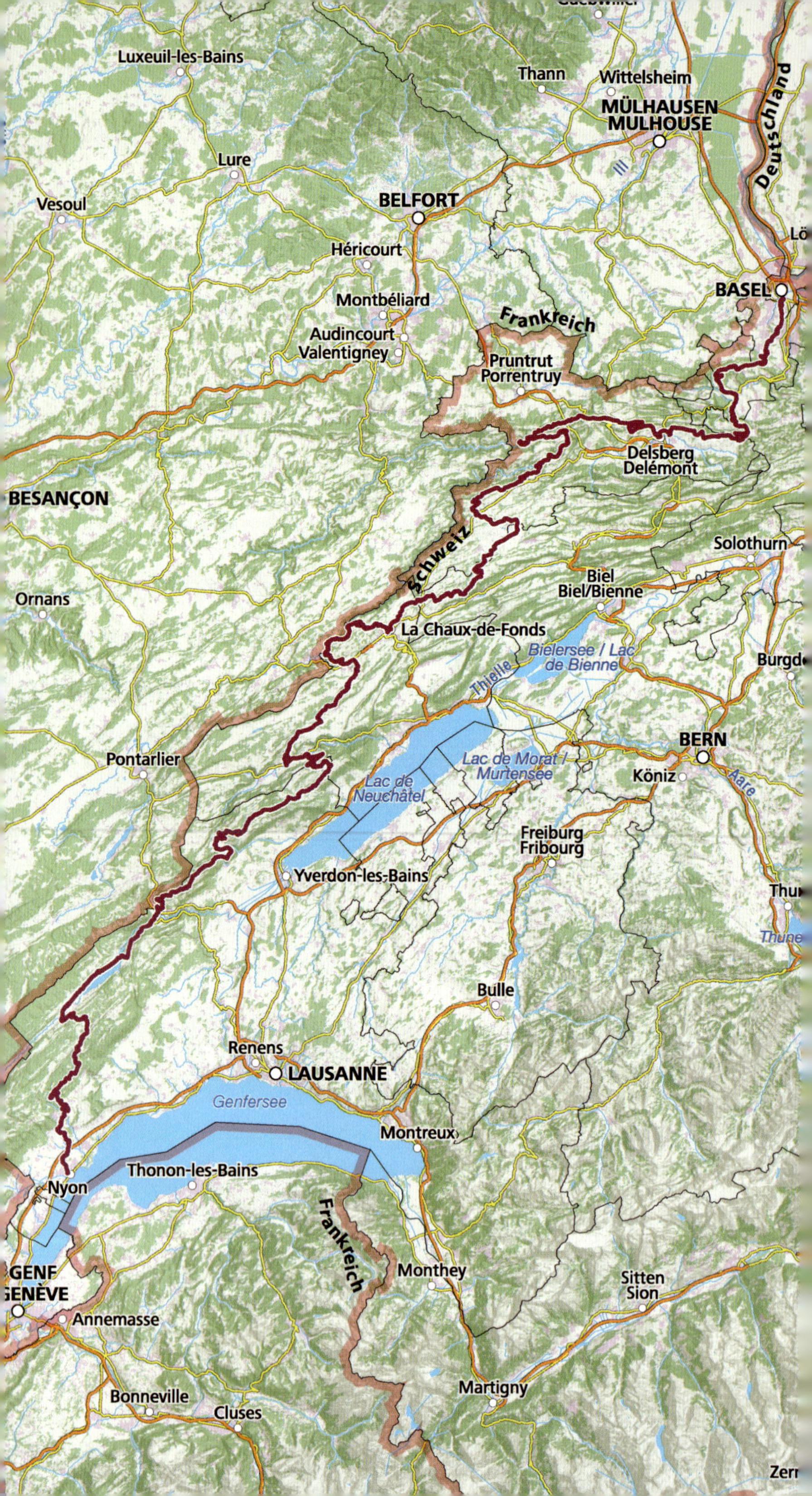

Luxeuil-les-Bains
Thann
Wittelsheim
MÜLHAUSEN
MULHOUSE
Deutschland
Lure
Vesoul
BELFORT
Héricourt
BASEL
Montbéliard
Frankreich
Audincourt
Valentigney
Pruntrut
Porrentruy
Delsberg
Delémont
BESANÇON
Schweiz
Solothurn
Biel
Biel/Bienne
Ornans
La Chaux-de-Fonds
Bielersee / Lac de Bienne
Thielle
BERN
Pontarlier
Lac de Morat / Murtensee
Köniz
Aare
Lac de Neuchâtel
Freiburg
Fribourg
Yverdon-les-Bains
Bulle
Renens
LAUSANNE
Genfersee
Montreux
Thonon-les-Bains
Nyon
Frankreich
GENF
GENÈVE
Annemasse
Monthey
Sitten
Sion
Martigny
Bonneville
Cluses

Jura-Route (Schweizer Fernradweg 7)

Distanz: 280 km
Start/Ziel: Basel/Nyon
Gelände: zahlreiche Steigungen
Besonders geeignet für: MTB

№ 28

Die Fahrt durch den Schweizer Jurabogen nach Nyon am Genfersee begeistert mit einer Vielfalt an Landschaften. Über die wellenförmigen Höhenzüge und einsamen Hochebenen des Jura fahrend rückt der Genfersee mit seinem schon südländischen Flair und einer grandiosen Sicht auf die Savoyer Alpen immer näher. Die Höhenmeter hinauf auf die Hochebene der Franches-Montagnes sind schweißtreibend, belohnen aber mit weitem Blick. Vom Étang de Gruère (dem größten Moorsee der Schweiz) genießt man herrliche Blicke auf die Gipfel des Mont-Soleil. Mit La Chaux-de-Fonds ist die größte Stadt des Hochjura erreicht. Die Stadt liegt auf 1.000 m auf einer kargen Hochfläche. Bekannt ist die Stadt für ihre Uhrmachertradion, ihre imposanten Steinhäuser und den schachbrettartigen Stadtgrundriss, für den man sich nach einem Stadtbrand 194 entschied. Das Waadtländer Jura präsentiert sich mit parkähnlichen Landschaften, zum Sprung ins kühle Nass lädt der in ein Hochtal eingebettete Lac de Joux ein. Vom Vallée de Joux geht es ab Le Brassus auf den 1.447 m hohen Col du Marchairuz hinauf. Den ruhige Parc naturel ré gional Jura vaudois nördlich von Nyon prägt das Nebeneinander von Wald- und Weidewirtschaft. Er ist bekannt für seine hunderte Ameisenhaufen und kunstvoll aufgeschichteten Steinmäuerchen. Zum Finale rollt man entspannt bergab durch bekannte Schweizer Weinlagen in die historische Altstadt von Nyon am Genfersee (Lac Léman).

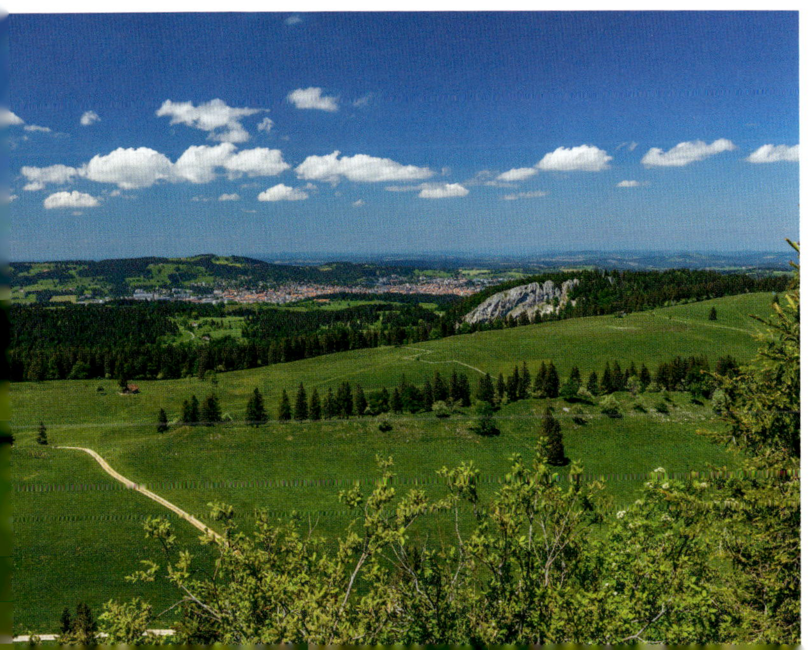

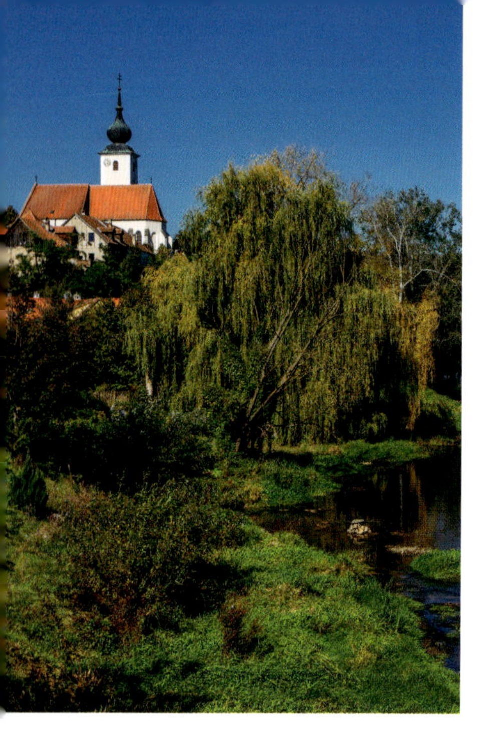

Wie vielfältig die Landschaften des Kamptals sind, erfährt man bei der Fahrt flussaufwärts von der Mündung des Kamp in die Donau bis Zwettl-Niederösterreich im Waldviertel. Der Weinbau prägt das untere Kamptal – Langenlois ist die größte Weinstadt Österreichs. Hier wird der Wein in der Loisium Weinwelt als Erlebnis zelebriert. Auf der Fahrt flussaufwärts reichen die Weinterrassen bis ins Flusstal. Nostalgisches Bade-

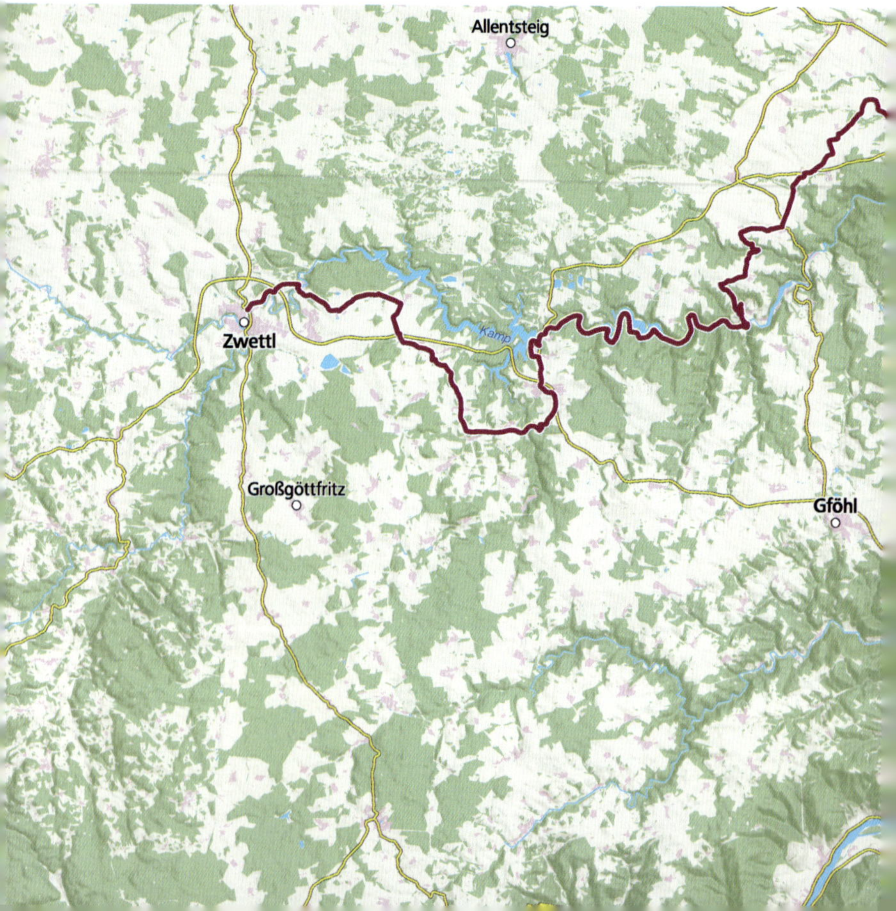

Kamptal-Radweg

Distanz: 118 km
Start/Ziel: Altenwörth/Zwettl
Gelände: mit deutlicher Steigung
Besonders geeignet für: MTB

№ 29

feeling verströmt das Strandbad Plank am Kamp mit seinem rot-weiß gestrichenen Badehaus. Zu den kulturellen Höhepunkten zählt Schloss Rosenburg, es bietet nicht nur sehenswerte Schlossräume, sondern auch den Falkenhof mit Greifvogelflugshow und bunte Schlossgärten. Und dann ändert sich die Landschaft markant und so manch einer fühlt sich bei der Fahrt entlang der Stauseen Dobra und Ottenstein an die Fjorde Norwegens erinnert. Stift Zwettl in einer Flussschleife des Kamp ist das drittältesten Zisterzienserkloster der Welt, hier leben seit über 875 Jahren Benediktinermönche. Im Zielort Zwettl findet man die Altstadt von einer mittelalterlichen Stadtmauer (917 m mit 6 Türmen) umschlossen. Freunde eines guten Biers können sich freuen: Hier wird seit 300 Jahren die Bierbraukunst verfeinert, seit 2000 darf sich Zwettl ganz offiziell „Braustadt" nennen.

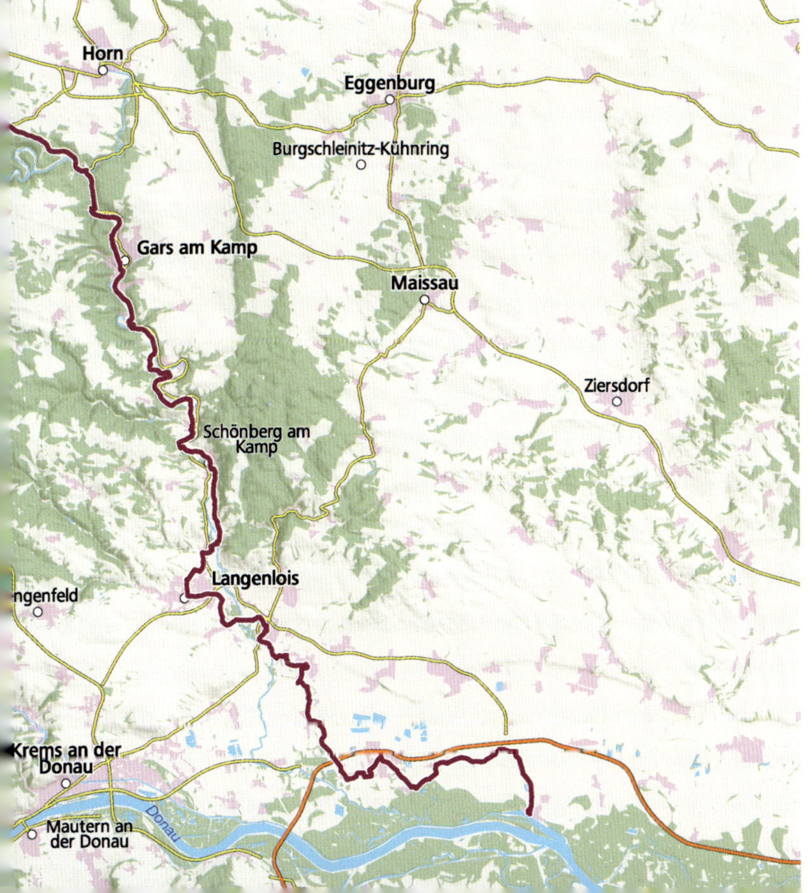

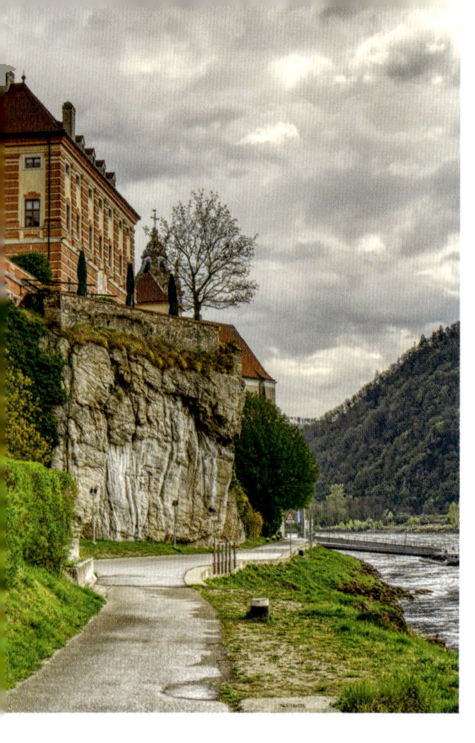

Was für ein toller „Abstecher" weg von der Donau! Vom Donauradweg zweigt der Kamp-Thaya-March-Radweg ab und folgt den Flüssen Kamp, Thaya und March in einem weiten Bogen durch das Wald- und Weinviertel in die Auenlandschaft der March und erreicht schließlich nach über 400 km wieder bei Stopfenreuth die Donau. Zwi-

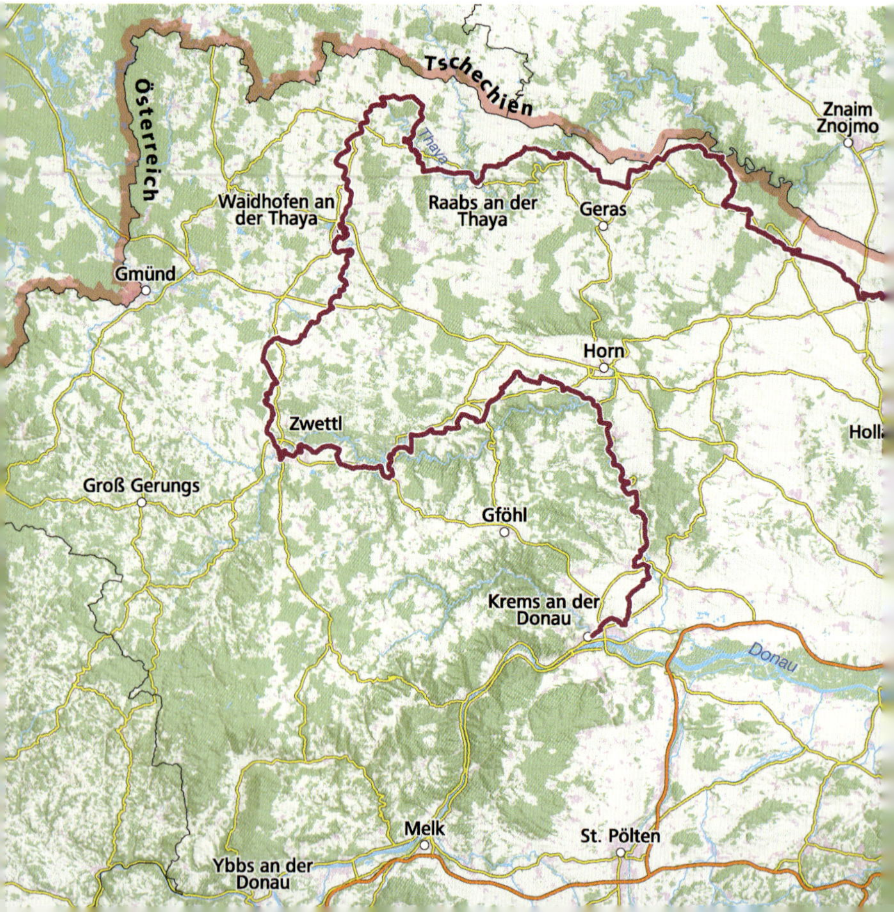

Kamp-Thaya-March-Radweg

Distanz: 425 km
Start/Ziel: Krems an der Donau/ Stopfenreuth
Gelände: mit deutlicher Steigung
Besonders geeignet für: MTB

№ 30

schen Start- und Zielort liegen dagegen nur 160 Flusskilometer! Von Krems am östlichen Rand der Wachau geht es durch die idyllische Fluss- und Weinlandschaft des Kamps nach Rosenburg und weiter zu den an skandinavische Fjorde erinnernden Stauseen. Ab Zwettl-Niederösterreich folgt der Radweg der Thaya durch das nördliche Waldviertel. Anschließend geht es abwärts ins sanft gewellte Weinviertel mit seinen Heurigenschenken und Kellergassen. Von den 1.100 Kellergassen Niederösterreichs liegen die meisten im Weinviertel. Wo früher der Wein gelagert wurde, wird heute gefeiert und Wein verkostet. Bei Hohenau an der March wird die March erreicht, über weite Strecken markiert sie die Grenze zur Slowakei.

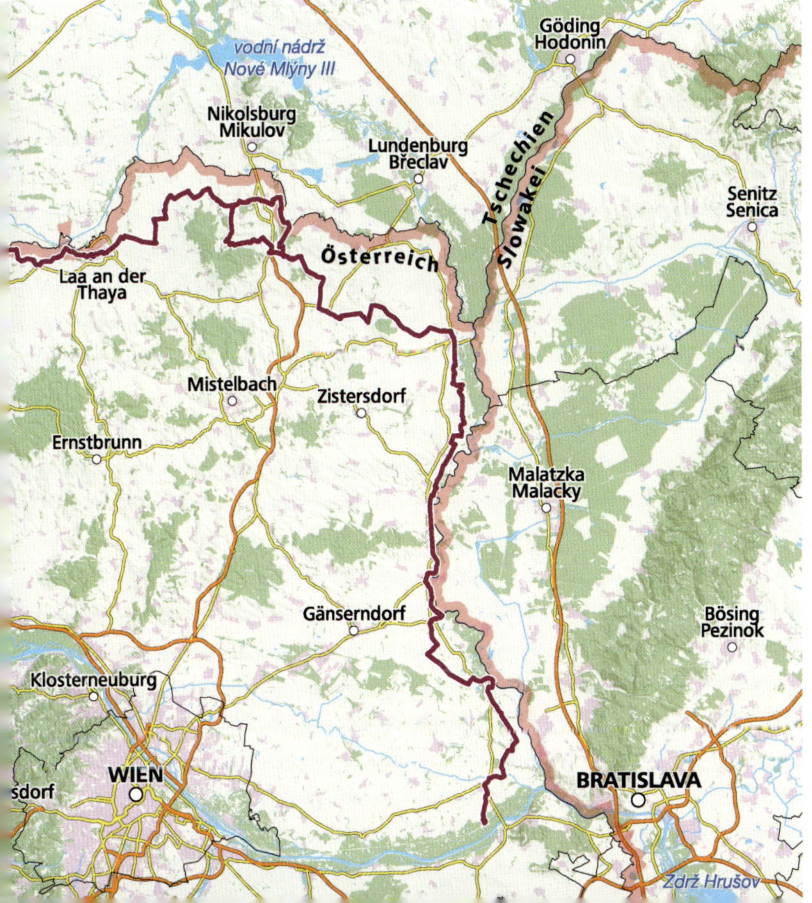

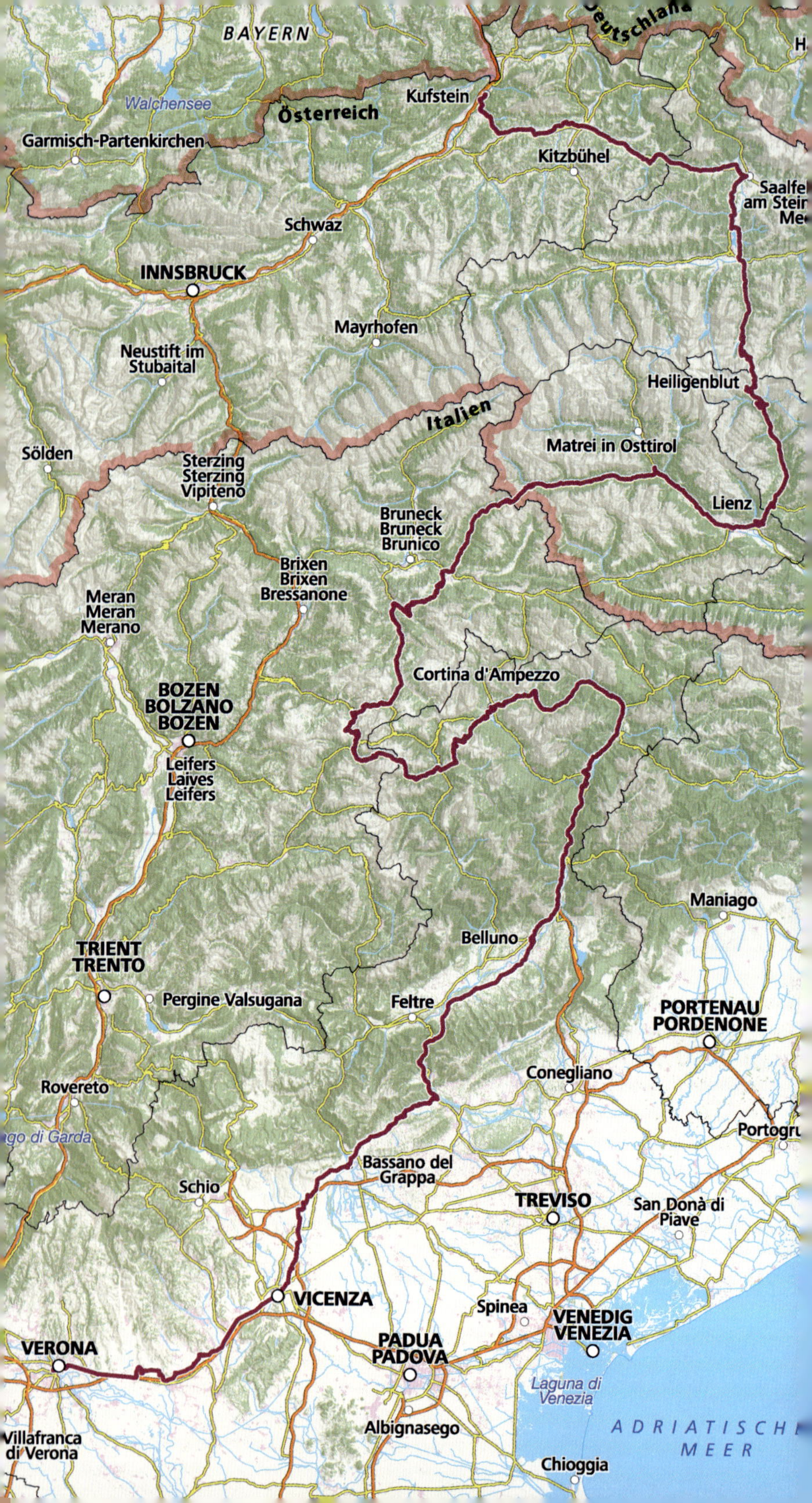
BAYERN
Deutschland
Walchensee
Österreich
Kufstein
Garmisch-Partenkirchen
Kitzbühel
Saalfel
am Stein
Me
Schwaz
INNSBRUCK
Mayrhofen
Neustift im
Stubaital
Heiligenblut
Italien
Sölden
Matrei in Osttirol
Sterzing
Sterzing
Vipiteno
Lienz
Bruneck
Bruneck
Brunico
Brixen
Brixen
Bressanone
Meran
Meran
Merano
Cortina d'Ampezzo
BOZEN
BOLZANO
BOZEN
Leifers
Laives
Leifers
Maniago
Belluno
TRIENT
TRENTO
Pergine Valsugana
Feltre
PORTENAU
PORDENONE
Conegliano
Rovereto
Portogru
ago di Garda
Bassano del
Grappa
Schio
TREVISO
San Donà di
Piave
VICENZA
Spinea
VENEDIG
VENEZIA
VERONA
PADUA
PADOVA
Laguna di
Venezia
Albignasego
ADRIATISCHE
MEER
Villafranca
di Verona
Chioggia

Radtour Kufstein - Vicenza

Distanz: 608 km
Start/Ziel: Kufstein/Vicenza/Verona
Gelände: vorwiegend asphaltierte Straßen, deutlicher Steigung
Besonders geeignet für: Rennrad

№ 31

Dieser Transalp beginnt direkt mit einem Höhepunkt: der Befahrung der Großglockner Hochalpenstraße. Danach warten die Dolomiten, die für Rennrad-Fans ein echtes Highlight sind. Hier sind auf wenigen Quadratkilometern zahlreiche bedeutende Alpenpässe des Rennradsports vereint. Über Cortina d'Ampezzo und einen letzten Pass lässt du schließlich die Dolomiten hinter dir und rollst über Belluno auf flachem Terrain hinein ins warme Venetien bis nach Vicenza mit seinem typisch italienischen Flair.

Bei dieser Tour handelt es sich um eine Tour von Fabian Hartmann aus dem KOMPASS-Team, erschienen im Radführer „Endlich Fahrtwind - Transalp" (KOMPASS-Verlagsnummer: 3523). Dort sind eine ausführliche Tourenbeschreibung und weitere wertvolle Hinweise zu den im Folgenden angesprochenen Punkten zu finden.

Beim Kufsteiner Bahnhof startend geht es auf welligem bis ebenem Terrain entlang der traumhaften Berge rund um den Wilden Kaiser bis nach Fusch an der Großglocknerstraße. Hier beginnt am zweiten Tag die Befahrung der Großglockner Hochalpenstraße, mit Österreichs höchstem Berg als Blickfang, welche uns über den Alpenhauptkamm nach Lienz führt. Am Tag drei verlassen wir Osttirol in Richtung Südtirol über den Staller Sattel und kommen in das Antholzer Tal. Die Dolomiten rücken nun immer näher und somit auch jede Menge Rennrad-Pässe. Das Grödner Joch, der Passo Sella, der Passo Fedaia, der Passo di Giau sowie der Passo Tre Croci werden in den nächsten drei Tagen in Angriff genommen und damit wechseln sich quälende Höhenmeter bergauf mit rasanten Abfahrten stetig ab. Der Giro d'Italia, die bekannte italienische Radrundfahrt, lässt hier grüßen, denn auch bei diesem Radrennen sind die Dolomiten oftmals ein besonderes Highlight. Zum einen aufgrund ihrer landschaftlichen Schönheit, zum anderen werden bei diesen Bergetappen oft auch die entscheidenden Attacken im Kampf um den Gesamtsieg gesetzt und entschieden. Diese Transalp Tour ist daher für alle Giro d'Italia-Liebhaberinnen und -Liebhaber, die sich die oben genannten Pässe ebenso wie das Peloton hochkämpfen wollen, ein Muss.

Durch die beschauliche und faszinierende Region rund um den Fluss Piave geht es weiter Richtung Süden, wo wir noch einen Übernachtungsstopp in dem Städtchen Belluno einlegen. Am letzten Tag der Transalp Tour treten wir dann nochmals ordentlich in die Pedale, auf 112 km Länge geht es von Belluno durch Weinanbaugebiete hinein ins italienisch geprägte Venetien, wo die Tour direkt an der Piazza dei Signori von Vicenza endet. Wer mag verlängert nach Verona für die Heimfahrt via Innsbruck.

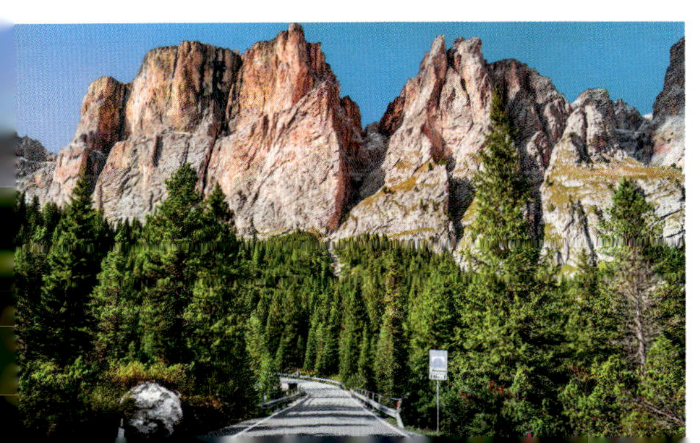

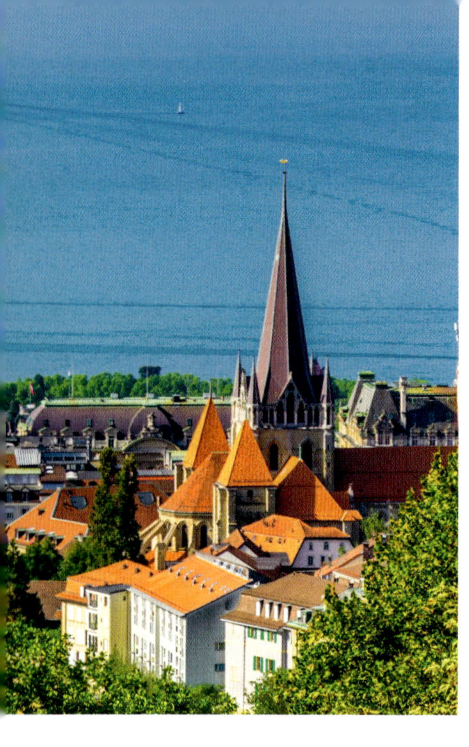

Entlang von Bergseen und Flüssen, durch weite Ebenen und stille Täler, Städte und Dörfer führt die Route vom Bodensee zum Genfer See. Durch das sanft gewellte Oberthurgau folgt die Route der Thur und dann der Töss, mit Stopp im hübschen Winterthur. Der Großraum Zürich wird nördlich umfahren, ab Brugg AG folgt die

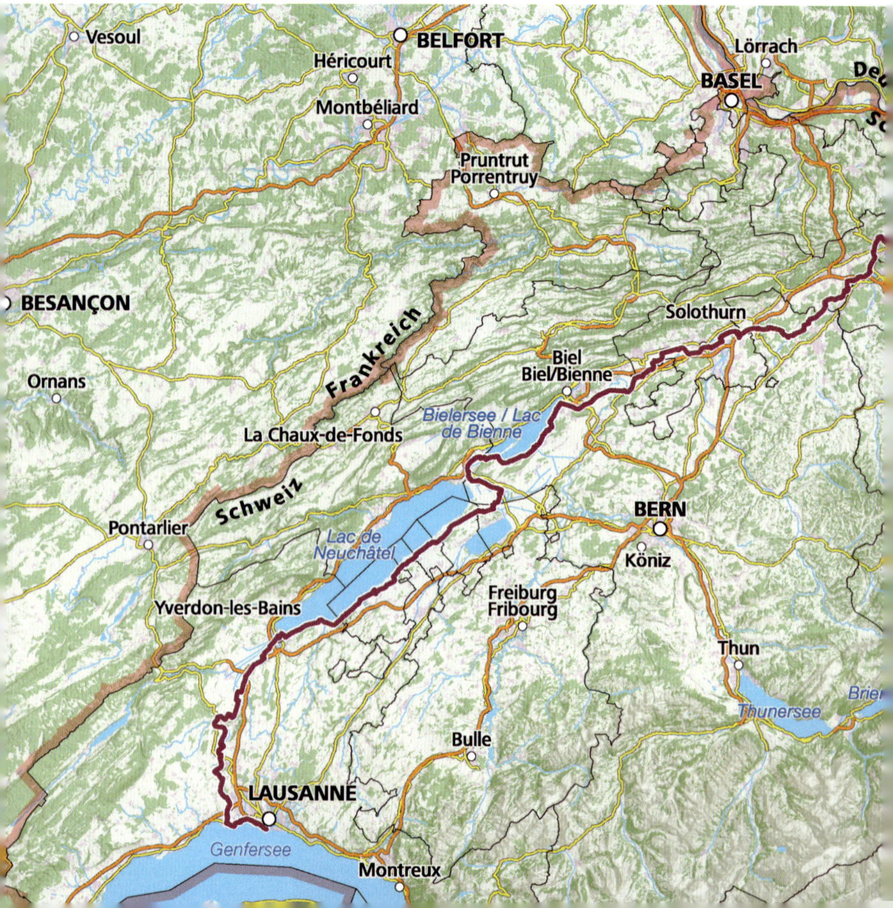

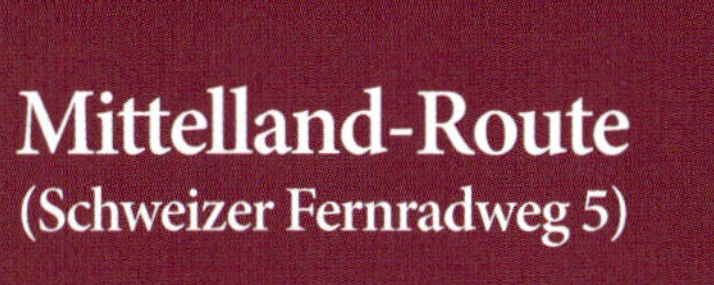

Mittelland-Route
(Schweizer Fernradweg 5)

Distanz: 375 km
Start/Ziel: Romanshorn/Lausanne
Gelände: Straßen und Wege
Besonders geeignet für: MTB

№ 32

Route der Aare nach Aarau und Aarburg und weiter nach Solothurn. Zunächst noch entlang der Aare wird schließlich Biel am Bielersee erreicht. Das Seenland (Region Trois-Lacs) war früher ein Feuchtgebiet, dass heute ein wichtiges Gemüseanbaugebiet ist. Herrlich ist die Fahrt entlang des Ostufers von Bielersee und Neuenburgersee (Lac de Neuchâtel). Zum Schluss geht es zum Genfer See, den man in der sehenswerten Stadt Lausanne erreicht. Umgeben von namhaften Weinlagen begeistert die auf drei Hügeln erbaute Hauptstadt des Kanton Waadt mit ihrer Lage am See und dem grandiosen Blick über das glitzernde Wasser auf die schneebedeckten Gipfel der französischen Alpen.

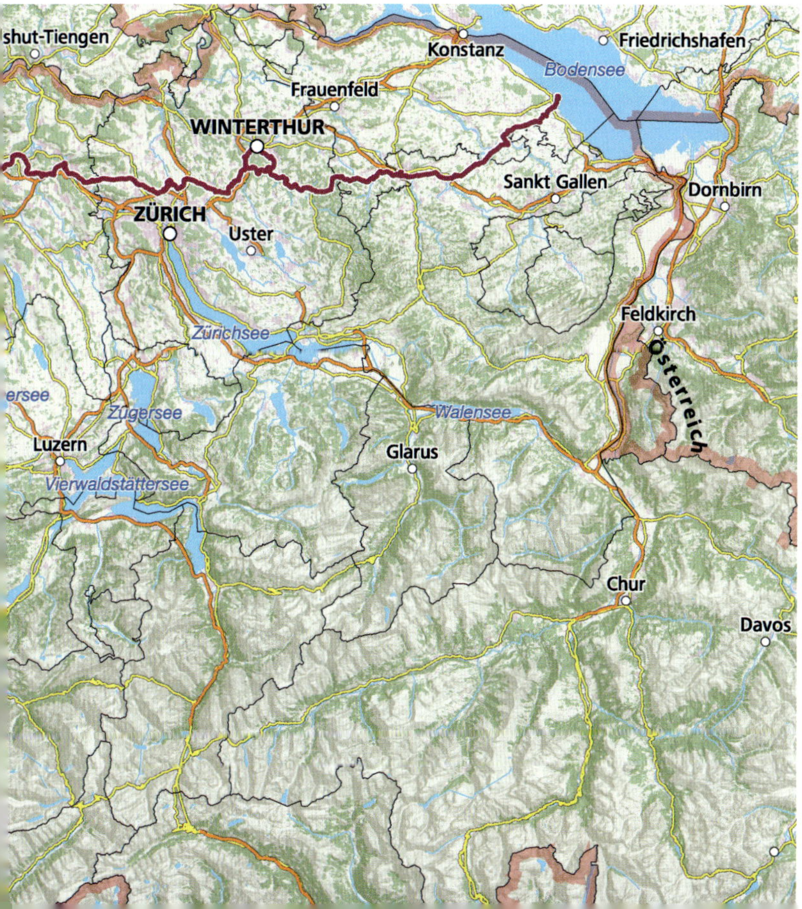

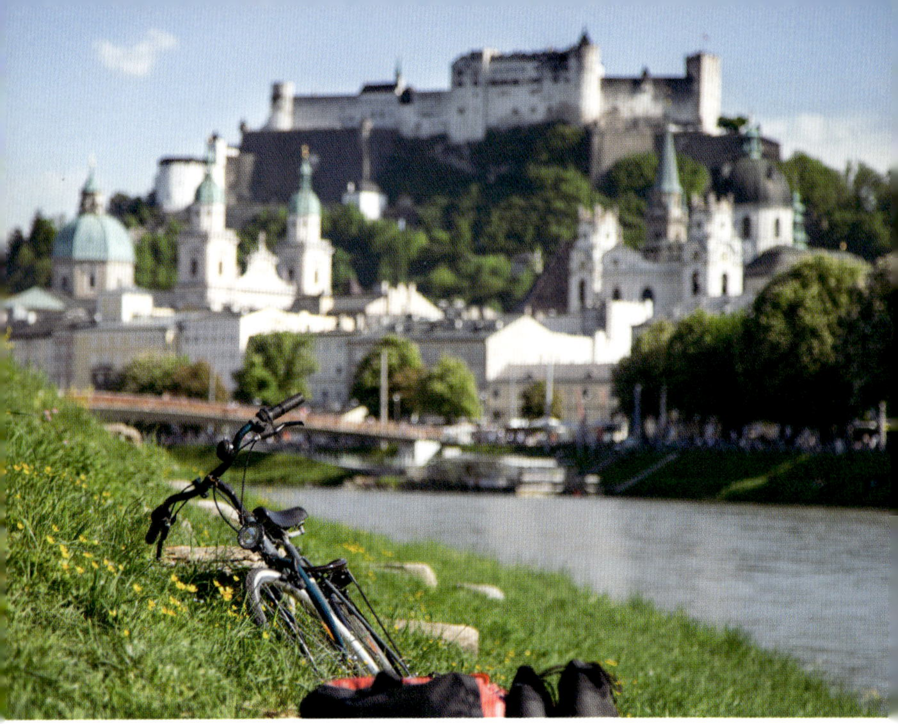

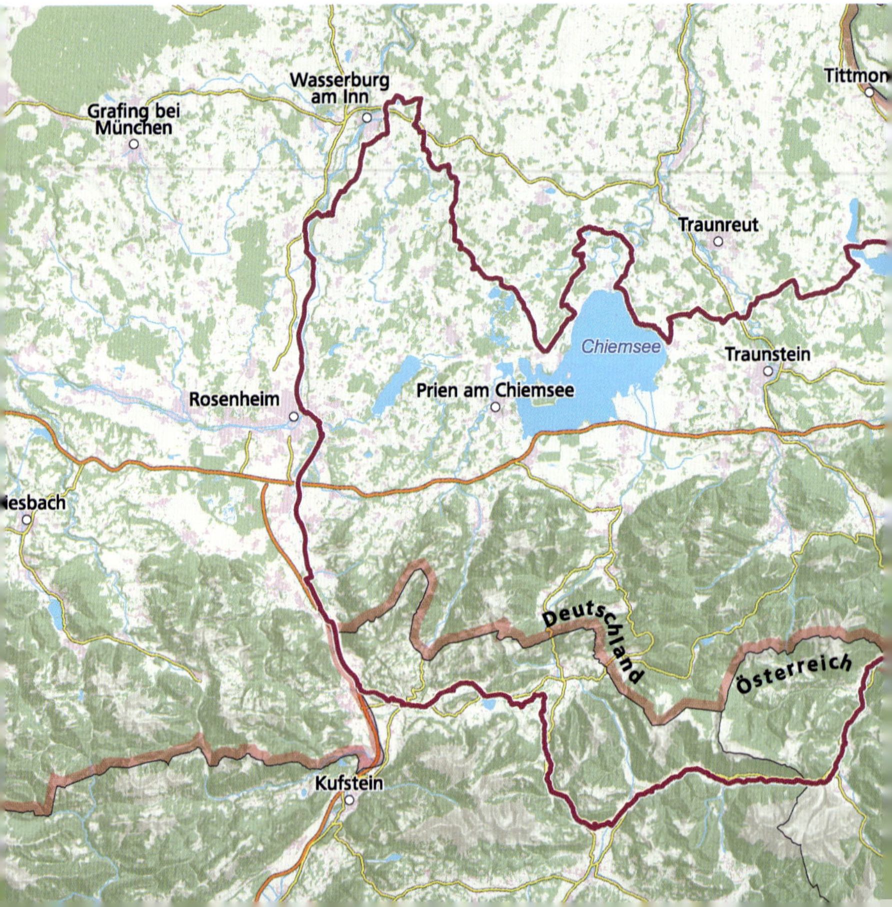

Wasserburg am Inn
Tittmon
Grafing bei München
Traunreut
Chiemsee
Traunstein
Rosenheim
Prien am Chiemsee
iesbach
Deutschland
Österreich
Kufstein

Mozart-Radweg

Distanz: 448 km
Start/Ziel: Salzburg/Salzburg
Gelände: hügelig
Besonders geeignet für: Familien

№ 33

Wolfgang Amadeus Mozart ist wohl Salzburgs berühmtester Sohn, aber auch in der näheren Umgebung stößt man immer wieder auf Erinnerungen an den berühmten österreichischen Komponisten. Der grenzüberschreitende Mozart-Radweg reicht von Salzburg nach Bayern und passiert dort den Waginger See sowie den Chiemsee (mit den Inseln Herren- und Frauenchiemsee). Sehenswert sind das Salzbergwerk Bad Dürrnberg, das Römermuseum Bedaium in Seebruck und die Alte Saline in Bad Reichenhall. Und immer wieder trifft man auf Mozart, der z. B. in Wasserburg öfter Halt machte.

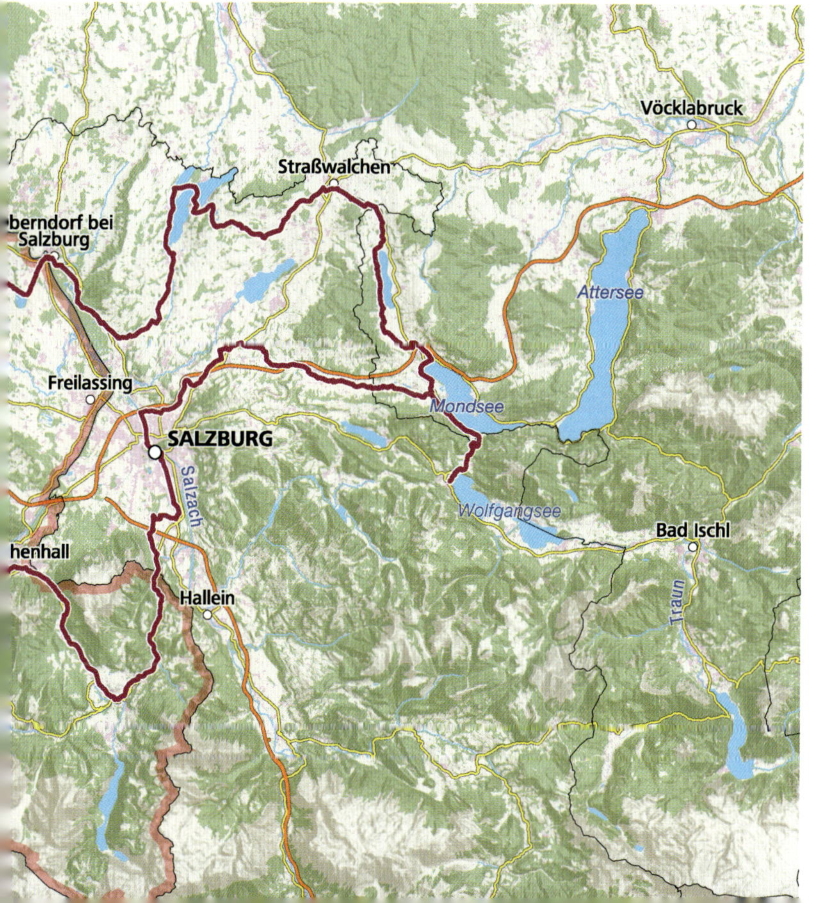

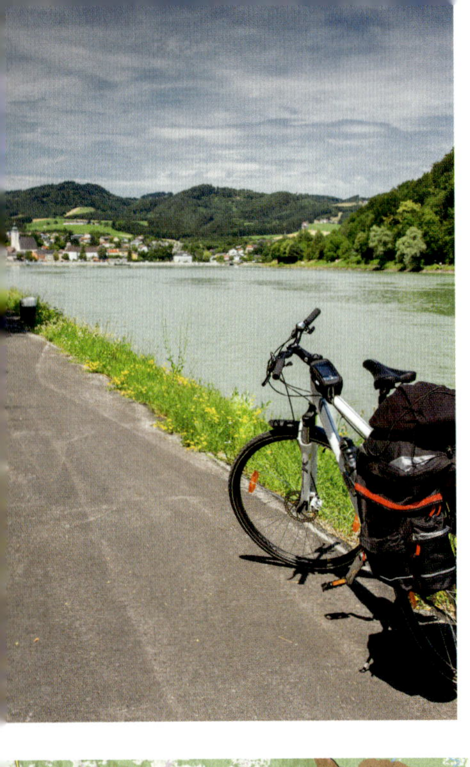

Geheimnisvoll ist die Granitlandschaft nördlich der Donau, geprägt von sattgrünen Wiesen und mystischen dunklen Wäldern. Hier wird in kleinen Museen und Dörfern das alte Handwerk lebendig gehalten. Die Weberei ist hier genauso zuhause wie die Technik des Blaudrucks auf Textilien. So erinnert etwa das Textile Zentrum Haslach an der Mühl an die lange Tradition der Leinenweberei im Mühlviertel. Wer gerne Bier trinkt, findet unterwegs die eine oder andere Craftbrauerei. Die steigungsreiche

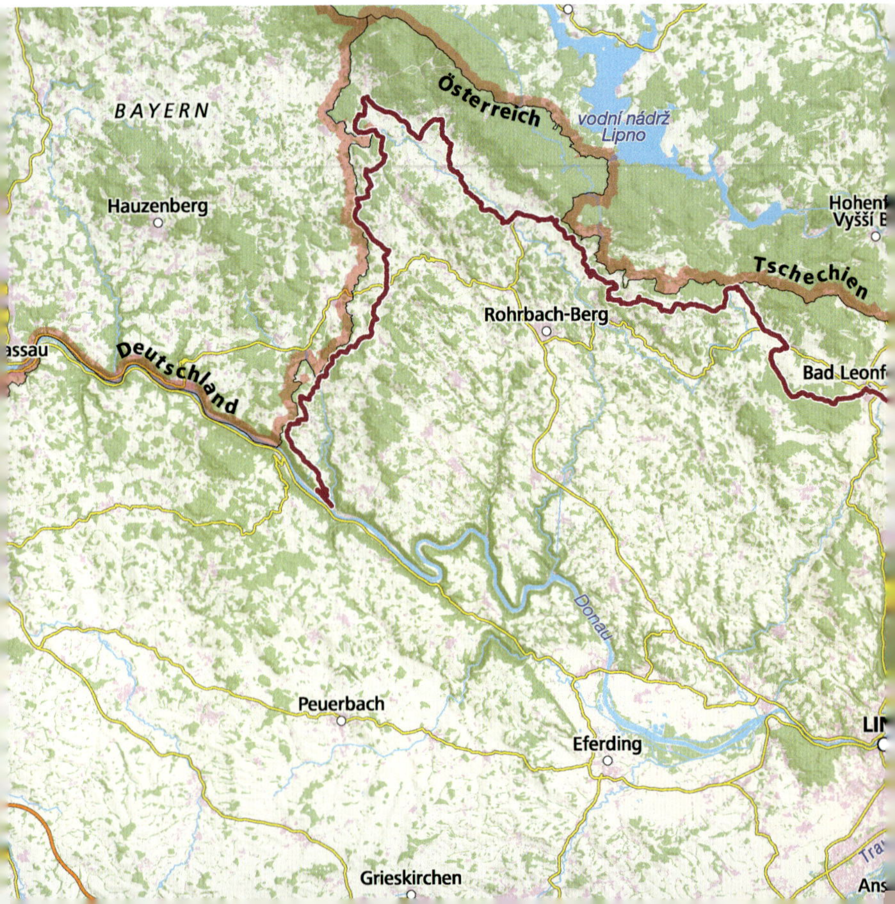

Mühlviertel-Radweg

Distanz: 239 km
Start/Ziel: Kramesau/Grein
Gelände: zahlreiche Steigungen
Besonders geeignet für: MTB

№ 34

Route beginnt am Donauradweg, vom Start weg muss man aus der Donauniederung hinauf ins Hochland des Mühlviertels ordentlich in die Pedalen treten.

Über weite Strecken folgt der Radweg der Grenze, zunächst der zu Deutschland, dann der tschechischen. Kurz vor Schwarzenberg im Böhmerwald, am Fuß des Plöckensteins, wendet sich der Radweg nach Südosten. Einen „musikalischen" Halt lohnt Windhaag bei Freistadt: Hier arbeitete Anton Bruckner als Lehrer, das Brucknerstüberl im Alten Schulhaus erinnert an ihn. Sandl ist das Zentrum der bäuerlichen Hinterglasmalerei mit einem sehenswerten Hinterglasmuseum. Von Sandl lohnt sich auch der Abstecher zum Schloss Rosenhof mit seinen malerischen Teichen. Die Fahrt durch das teils raue Granitland endet im romantischen Donaustädtchen Grein mit dem sehenswerten Schloss Greinburg und dem alten Stadttheater. Hier hat man wieder Anschluss an den Donauradweg.

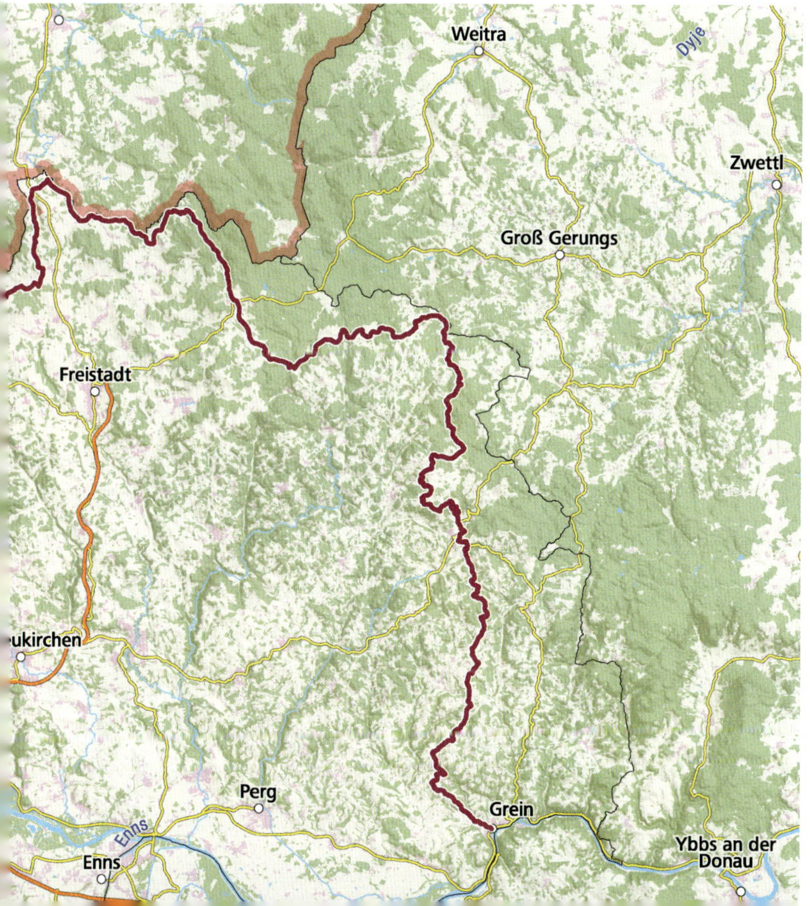

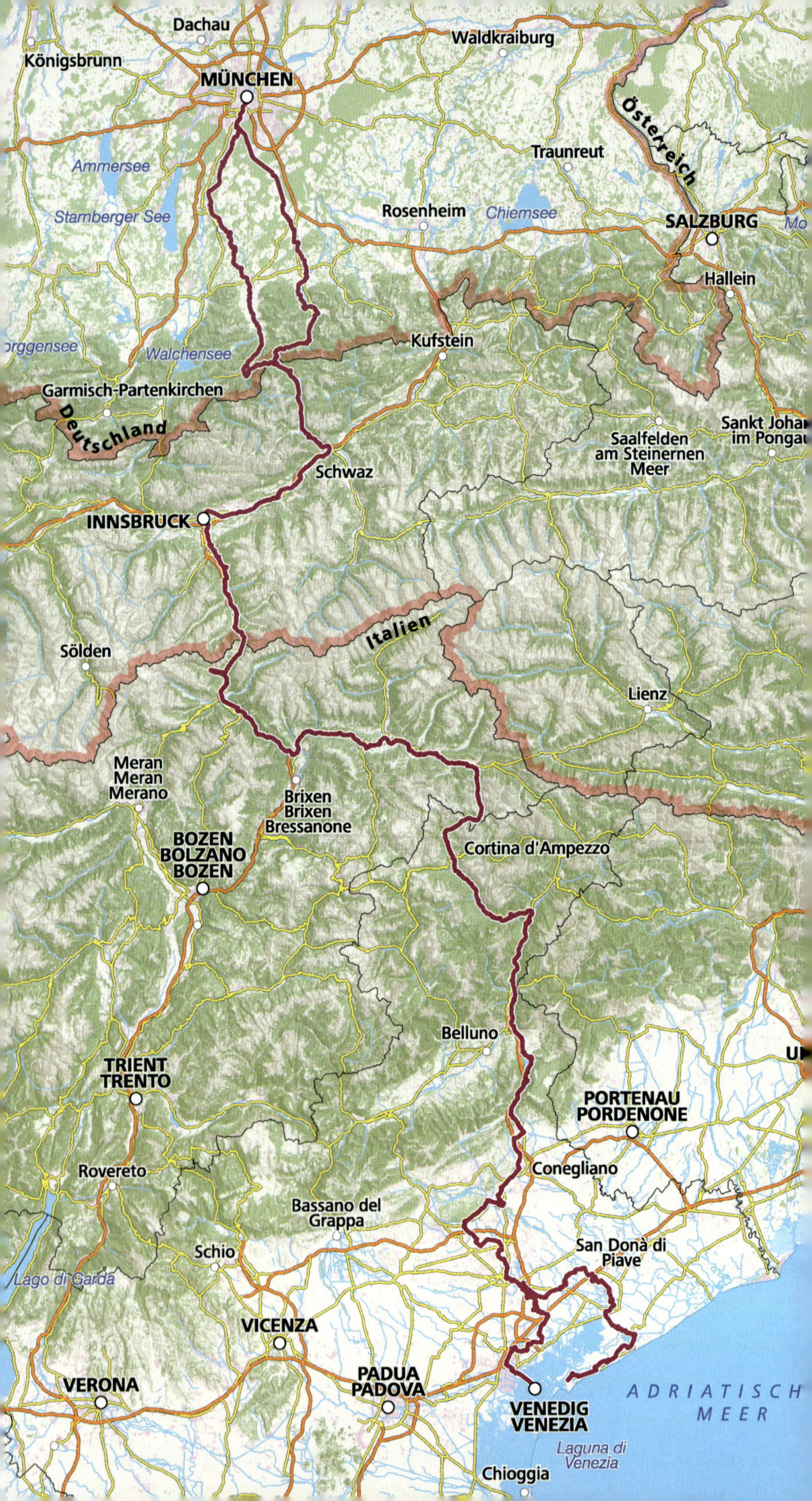

Dachau
Königsbrunn
Waldkraiburg
MÜNCHEN
Österreich
Ammersee
Traunreut
Starnberger See
Rosenheim
Chiemsee
SALZBURG
Hallein
Kufstein
Walchensee
Garmisch-Partenkirchen
Deutschland
Saalfelden
am Steinernen
Meer
Schwaz
INNSBRUCK
Italien
Sölden
Lienz
Meran
Meran
Merano
Brixen
Brixen
Bressanone
BOZEN
BOLZANO
BOZEN
Cortina d'Ampezzo
Belluno
TRIENT
TRENTO
PORTENAU
PORDENONE
Conegliano
Rovereto
Bassano del
Grappa
San Donà di
Piave
Schio
Lago di Garda
VICENZA
VERONA
PADUA
PADOVA
VENEDIG
VENEZIA
MEER
Laguna di
Venezia
Chioggia

München – Venezia

Distanz: 660 km
Start/Ziel: München/Venedig
Gelände: mit deutlicher Steigung
Besonders geeignet für: MTB

№ 35

Der neue Fernradweg schließt endlich die Lücke der Alpenquerungen für den östlichen Alpenraum. Von Deutschlands südlichster Metropole zur berühmtesten Stadt Italiens – vom Bayerischen Voralpenland zur Adria. Klangvolle Namen liegen auf der Strecke nach Nordtirol: Tegernsee, Achensee, Innsbruck. Dort verlassen wir das Inntal Richtung Süden und fahren über den Brenner nach Sterzing. Dem Eisack flussabwärts folgend wendet sich der Radweg noch vor Brixen nach Osten und führt durch das Pustertal nach Toblach. Dort wendet sich die Route wieder nach Süden. Der Toblacher See ist ein ganz besonderes Juwel unter den Südtiroler Naturseen, unweit der Drei Zinnen liegt er am Eingang ins eindrucksvolle Höhlensteintal (Valle di Landro). Die Route führt durch die Belluneser Dolomiten, zu denen so klangvolle Gebirgsgruppen wie die Drei Zinnen, die Marmolata und die Tofanen zählen, alle Teil des UNESCO-Weltnaturerbes Dolomiten. Treviso mit seiner gut erhaltenen Stadtbefestigung und einer schönen Altstadt wird wegen seiner vielen Kanälen auch „città delle acque“ – „Wasserstadt“ genannt. Und dann ist das Sehnsuchtsziel erreicht: Die prachtvollen Paläste, die glitzernden Kanäle mit ihren unzähligen Booten und die imposanten Kirchen ziehen jeden in ihren Bann. Die Fahrt durch die Kanäle gleicht einer Zeitreise und lässt ahnen, wie reich und mächtig die Seerepublik einmal gewesen ist.

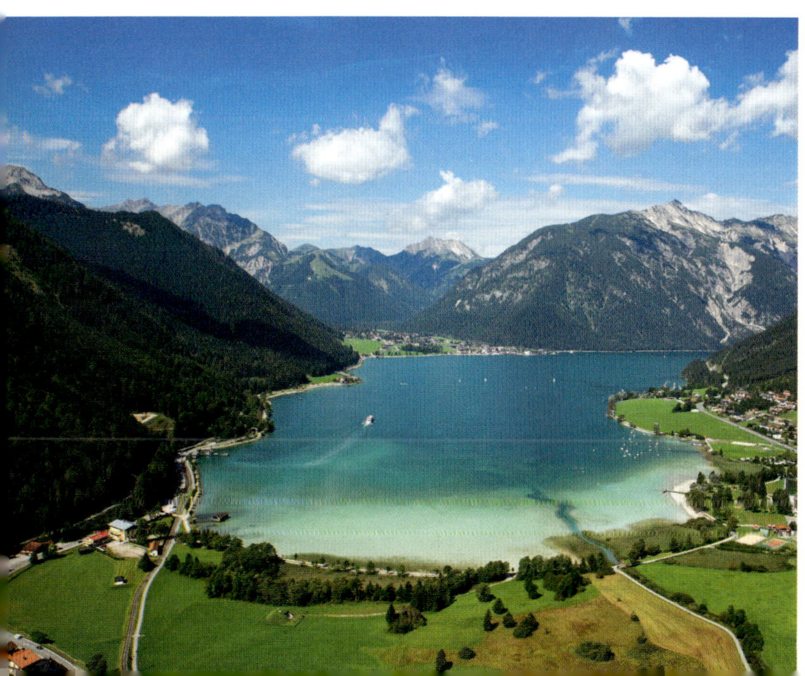

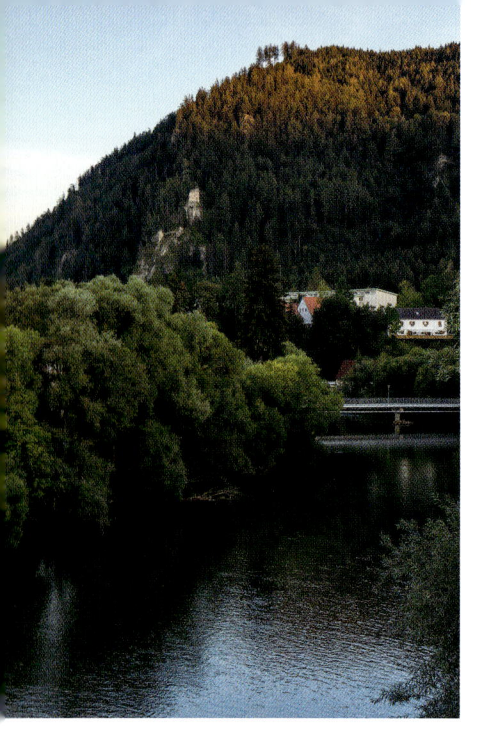

Der Murradweg führt von Österreich über Slowenien bis nach Kroatien und folgt dabei Österreichs fünftlängstem Fluss bis zu seiner Mündung in die Drau bei Legrad in Kroatien. Die Route des Radwegs entlang der Mur ist landschaftlich ausgesprochen abwechslungsreich. Der Startpunkt liegt inmitten des Nationalparks

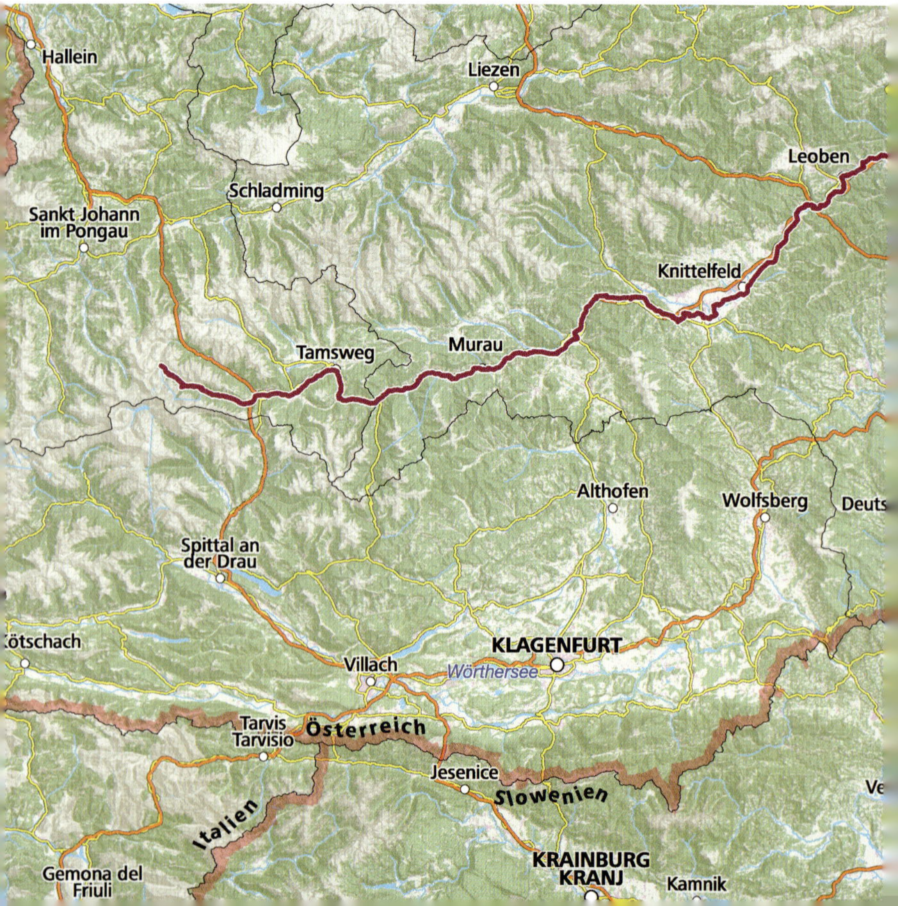

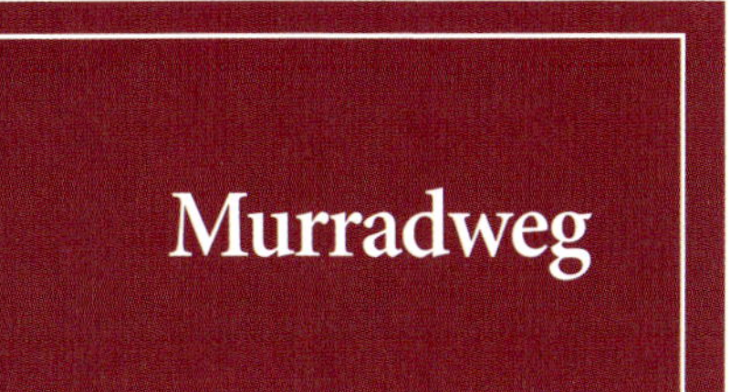

Murradweg

Distanz: 475 km
Start/Ziel: Sticklerhütte/Legrad (HR)
Gelände: vorwiegend bergab
Besonders geeignet für: Genießer

№ 36

Hohe Tauern auf einer Seehöhe von 1.750 m, der Murursprung ist nicht weit davon auf rund 1.898 m zu finden. Großteils bergab geht es durch die schöne hochalpine Gebirgslandschaft, später vorbei an schönen Orten und Städten, die mit kulturellen und kulinarischen Highlights aufwarten. Herausragend in kultureller Hinsicht ist natürlich die steirische Landeshauptstadt Graz mit Schlossberg, Kulturhaus, Oper und sehenswerter Altstadt. Weiter geht es anschließend durch die südsteirische Weinregion mit den bekannten Heilthermen, ehe die Grenze zu Slowenien und schließlich zu Kroatien passiert wird, wo die Mur in die Drau mündet und der Murradweg endet.

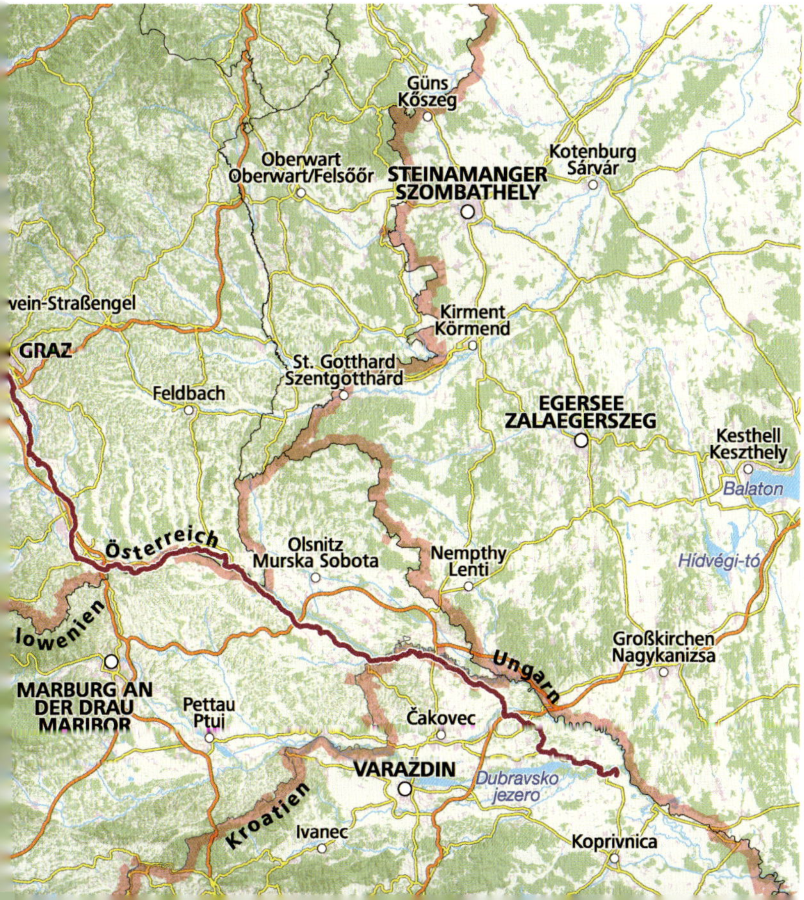

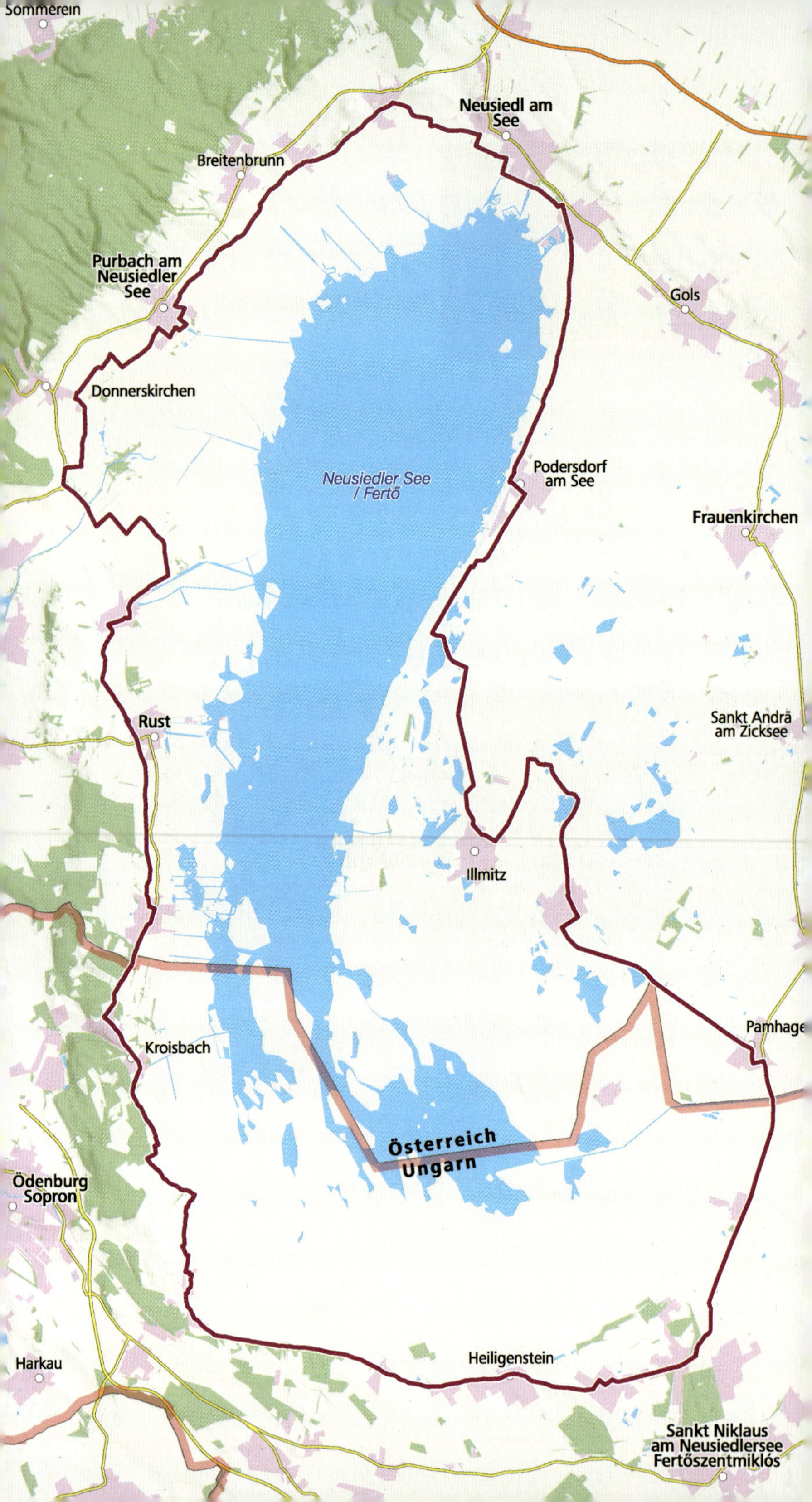
Sommerein
Neusiedl am See
Breitenbrunn
Purbach am Neusiedler See
Gols
Donnerskirchen
Neusiedler See / Fertő
Podersdorf am See
Frauenkirchen
Rust
Sankt Andrä am Zicksee
Illmitz
Pamhage
Kroisbach
Österreich
Ungarn
Ödenburg Sopron
Harkau
Heiligenstein
Sankt Niklaus am Neusiedlersee Fertőszentmiklós

Neusiedler See-Radweg

Distanz: 125 km
Start/Ziel: beliebig (Rundweg)
Gelände: geringe Steigungen
Besonders geeignet für: Familien

№ 37

Der Neusiedler-See-Radweg ist ein Rundweg, der Ausgangspunkt kann also beliebig gewählt werden. Es empfiehlt sich allerdings, die gewählte Richtung mit der aktuellen Windrichtung abzustimmen – mit Rückenwind geht's schließlich deutlich leichter. Die österreichische Segelwetterzentrale informiert online tagesaktuell über die Verhältnisse. Der großteils asphaltierte, zum Teil geschotterte Weg führt durch traumhafte Landschaften, es geht entlang des Schilfgürtels mit traumhaften Ausblicken zum See und idyllischen Wegen zwischen Weingärten, Feuchtwiesen und Salzlacken. Durch die Fährverbindungen zwischen West- und Ostufer lässt sich die Tour abkürzen. Bei einer kompletten Seeumrundung passiert man die Grenze nach Ungarn – eine EU-Binnengrenze, für die man trotzdem zur Vorsicht den Reisepass dabei haben sollte. In Ungarn gilt übrigens Warnwestenpflicht in der Dämmerung, bei Dunkelheit und bei schlechter Sicht.

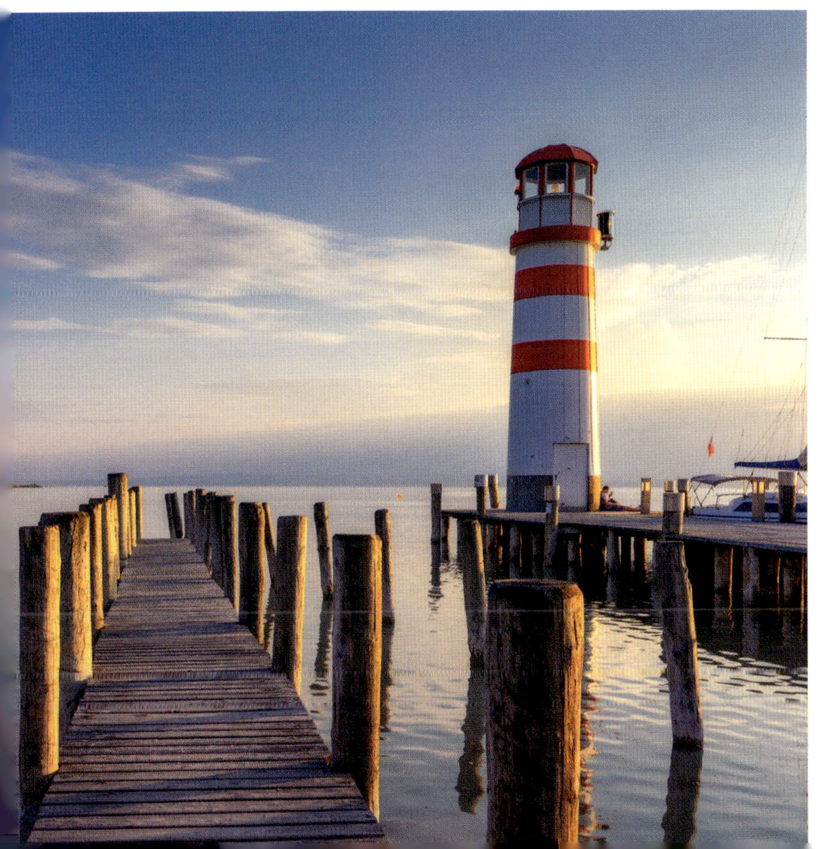

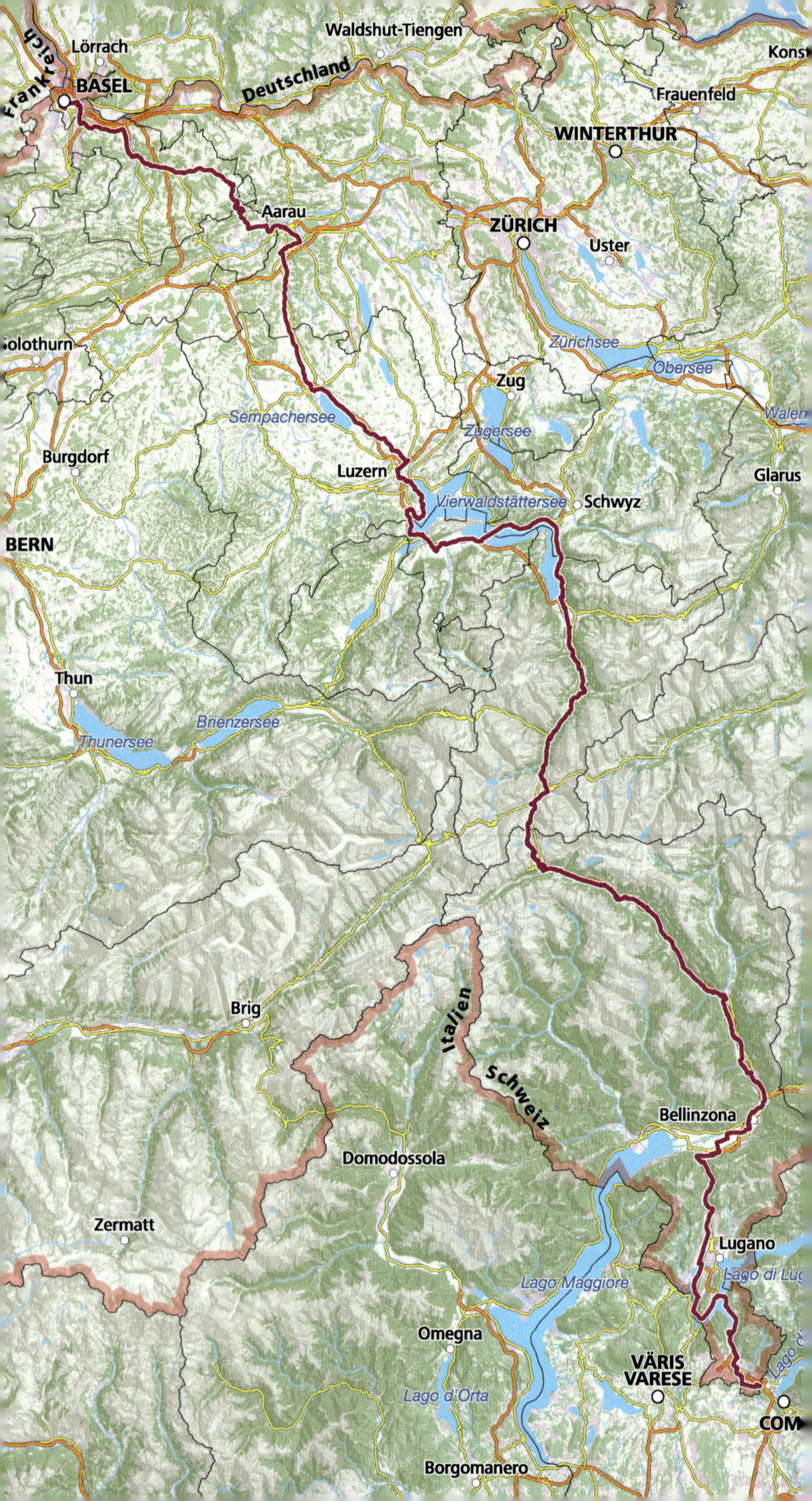

Lörrach
Waldshut-Tiengen
Konst
Frankreich
BASEL
Deutschland
Frauenfeld
WINTERTHUR
Aarau
ZÜRICH
Uster
Solothurn
Zürichsee
Obersee
Zug
Walen
Sempachersee
Zugersee
Burgdorf
Luzern
Glarus
Vierwaldstättersee
Schwyz
BERN
Thun
Brienzersee
Thunersee
Brig
Italien
Schweiz
Bellinzona
Domodossola
Zermatt
Lugano
Lago di Lug
Lago Maggiore
Omegna
VÄRIS
VARESE
COM
Lago d'Orta
Borgomanero

Nord-Süd-Route (Schweizer Radfernweg 3)

Distanz: 365 km
Start/Ziel: Basel/Chiasso
Gelände: mit deutlicher Steigung
Besonders geeignet für: sportlich Ambitionierte

№ 38

Die Nord-Süd-Route führt durch die großen Schweizer Landschaftsräume Jura, Mittelland, Zentralschweiz und über die Alpen in die Südschweiz. Sie folgt dabei zahlreichen historisch und kulturell bedeutenden Verkehrswegen und Ortschaften. Von der aus kultureller Sicht sehr interessanten Stadt Basel geht es durch das größte Kirschenanbaugebiet der Schweiz. Von Aarau, der Stadt mit den spätgotischen und barocken Reihenhäusern mit den reich verzierten Giebel-Dächern führt der Weg weiter über Luzern, dem Tor zur Zentralschweiz, nach Stans. Ab hier steigen die Anforderungen. Es geht durchs Urnerland, der bedeutensten Alpentransitroute zwischen Norden und Süden, über den Gotthardpass durchs Tessin und schließlich zum südlichsten Punkt der Schweiz, nach Chiasso.

Knapp 5.000 Höhenmeter sind im Verlauf der Route zu bewältigen, für die Bewältigung der gesamten Nord-Süd-Route sollte man also durchaus etwas Kondition mitbringen.

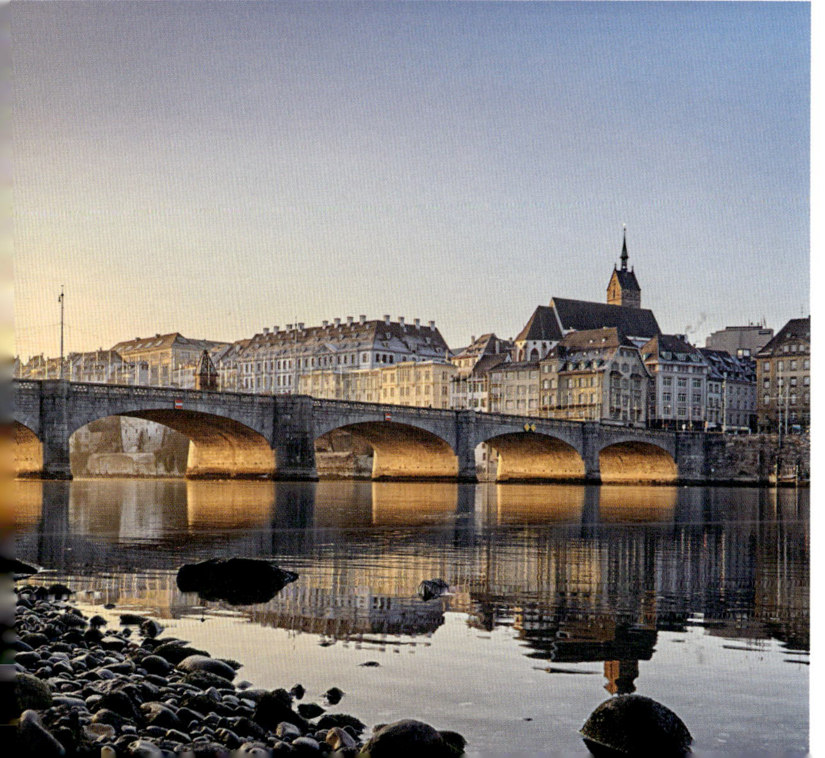

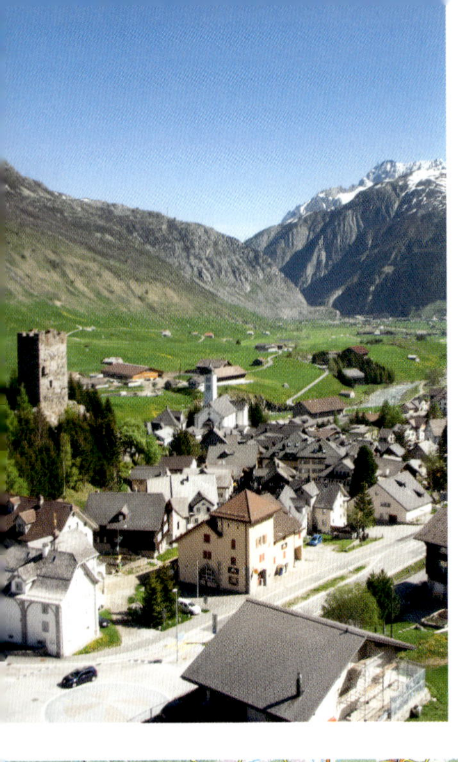

Der Rhein ist einer der eindrucksvollsten Flüsse Europas. Entlang seiner Ufer führt der Rhein-Radweg über rund 1.230 km von Andermatt in der Schweiz bis ins niederländische Hoek van Holland an der Nordsee, fast immer mit Blick auf den Fluss. Der Schweizer Abschnitt des Radfern-

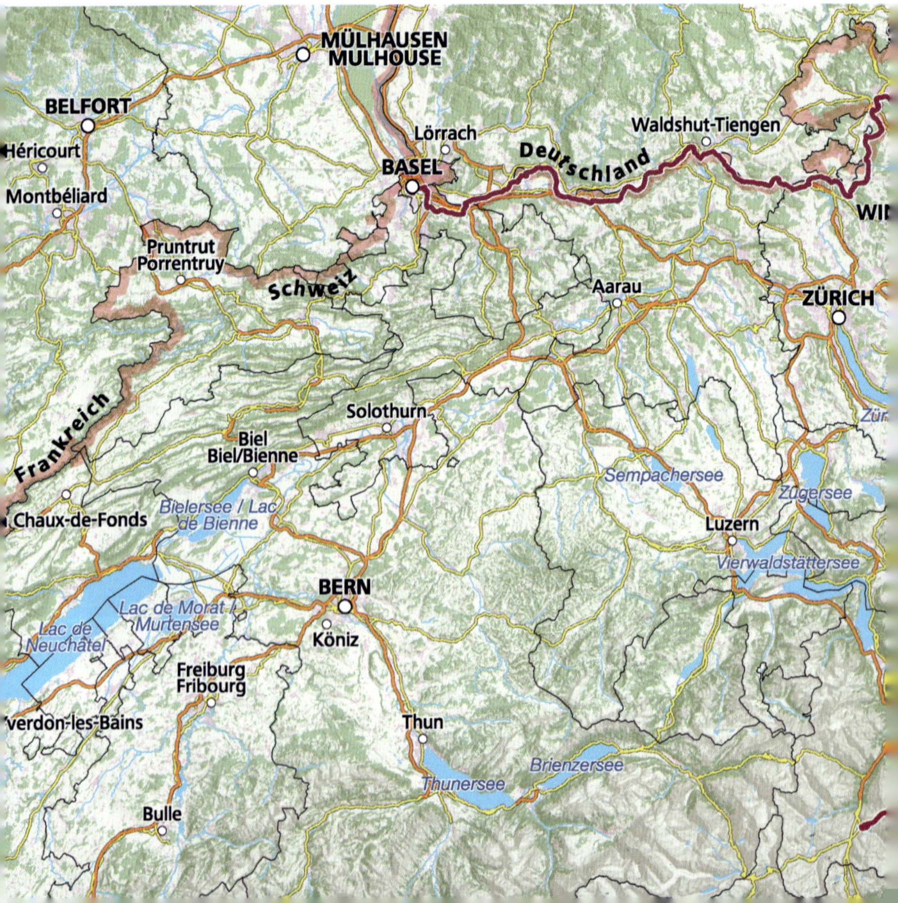

Rhein-Route (Schweizer Radfernweg 2)

Distanz: 475 km
Start/Ziel: Sticklerhütte/Legrad (HR)
Gelände: vorwiegend bergab
Besonders geeignet für: Genießer

№ 39

wegs umspannt den Osten der Schweiz in einem großen Bogen und begleitet den Alpenfluss von seinem Ursprung im Gebirge zu den großen Rheinhäfen von Basel. Auf abwechslungsreichen Wegen führt die Fahrt durch viele Landschaften, die dieser kraftvolle Fluss im Laufe der Zeit geschaffen hat. Wie ein Puzzle fügen sich die Eindrücke entlang des Weges zusammen: romantische Uferweglein, schnurgerade Spargelfelder, putzige Riegelhäuser (Fachwerkhäuser), endlose Strommasten, stoische Fischersleute, sonnenverbrannte Salztürme, beeindruckende Brückenstädte und aufsehenerregende römische Ruinen.

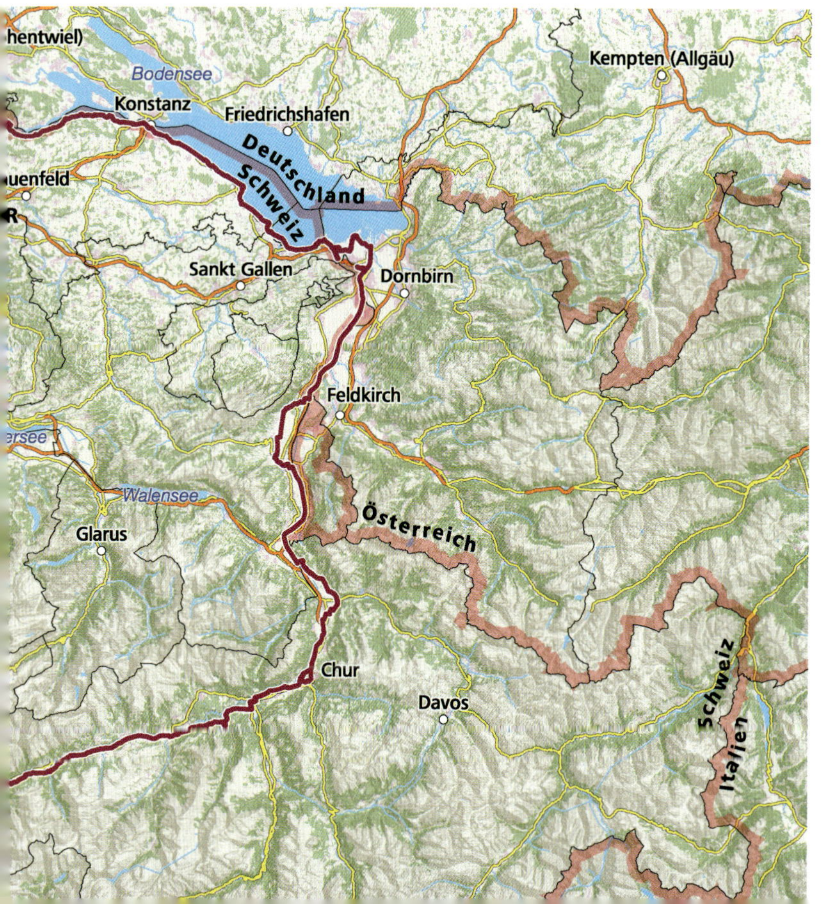

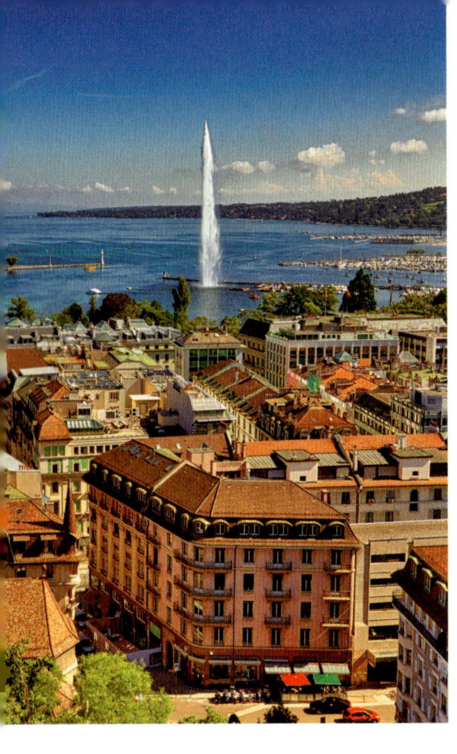

Die Rhône-Route beginnt mit einer kräftezehrenden Auffahrt von den baumlosen Alpweiden des Urserentals hinauf auf den Furkapass. Dort sind die meisten Höhenmeter bereits geschafft. Die Abfahrt führt vorbei an den Eistürmen des Rhônegletschers, anschließend geht es gemütlich durchs Goms (wer sich die Steigung

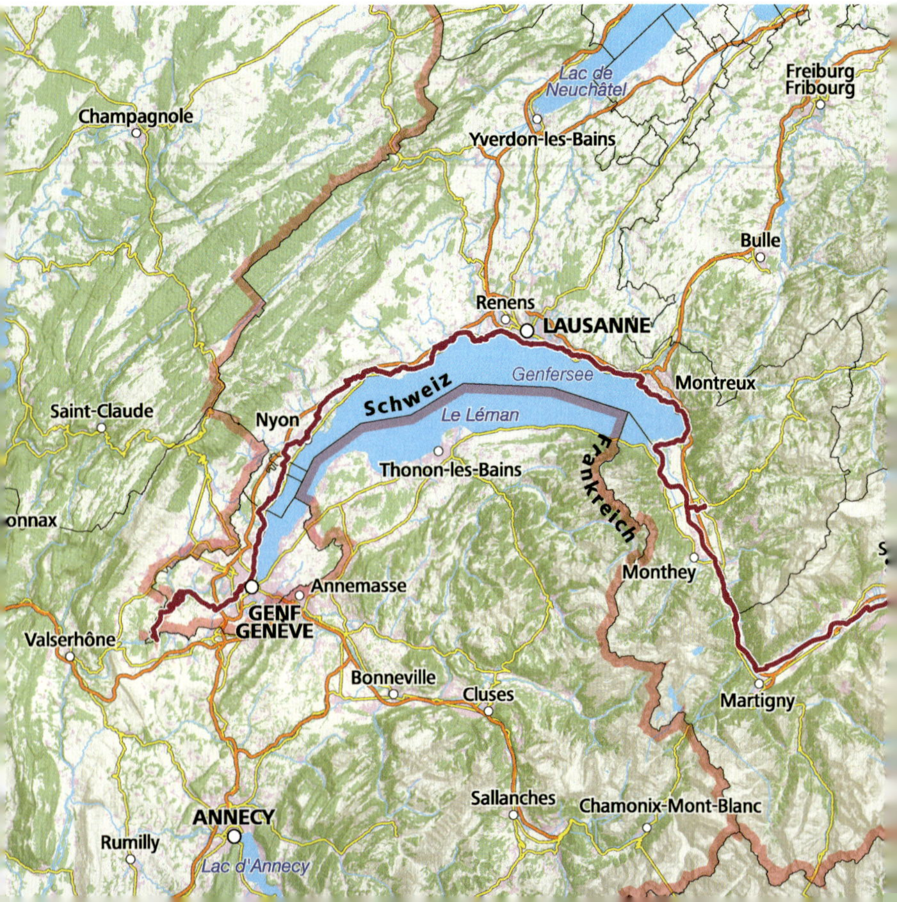

Rhône-Route (Schweizer Radfernweg 1)

Distanz: 350 km
Start/Ziel: Andermatt/Genf
Gelände: mit deutlicher Steigung
Besonders geeignet für: Genießer

№ 40

sparen möchte, beginnt die Tour erst hier), ein weites sonniges Hochtal mit Blumenwiesen bis nach Brig. Das Haupttal wird breiter, der Weg führt entlang trockener Bergflanken. Vor den lebensfrohen Städten Sierre und Sion breitet sich auf einem gewaltigen Schuttkegel das Naturreservat „Pfynwald" aus. Die Dents du Midi dominieren die Bergkulisse im unteren Rhônetal, während es entlang von Obstgärten und Weinbergen geht. Der Lac Léman (Genfersee) ist umgeben von Schneegipfeln und den Reblandschaften Lavaux und La Côte. Am Ufer entlang passiert man die Städte Vevey, Montreux, die lebhafte Waadtländer Metropole Lausanne, Nyon und die Weltstadt Genf.

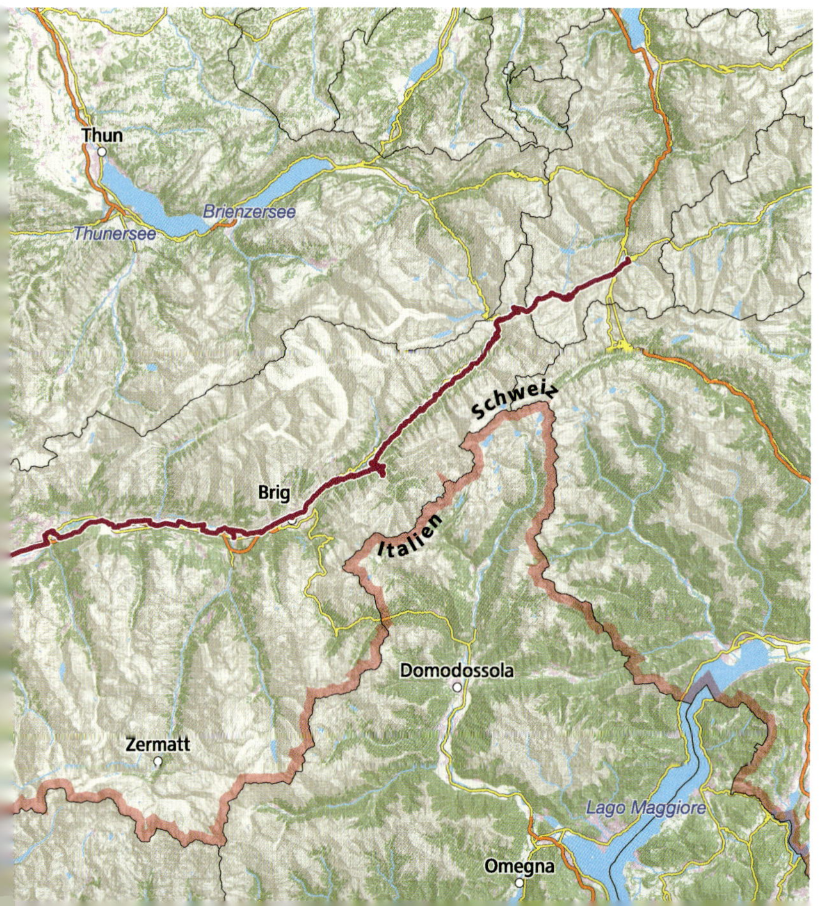

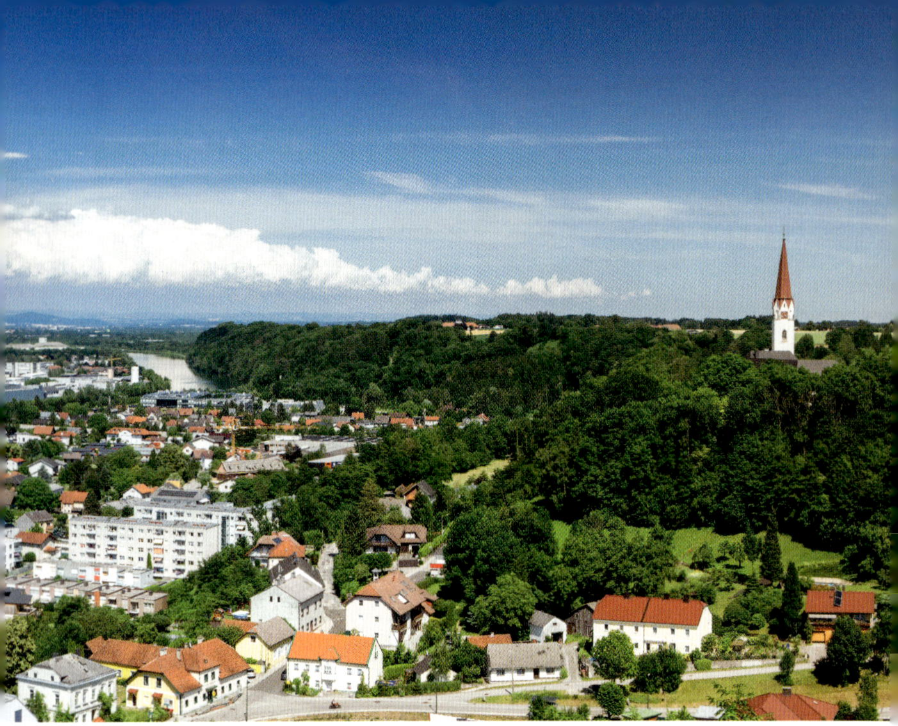

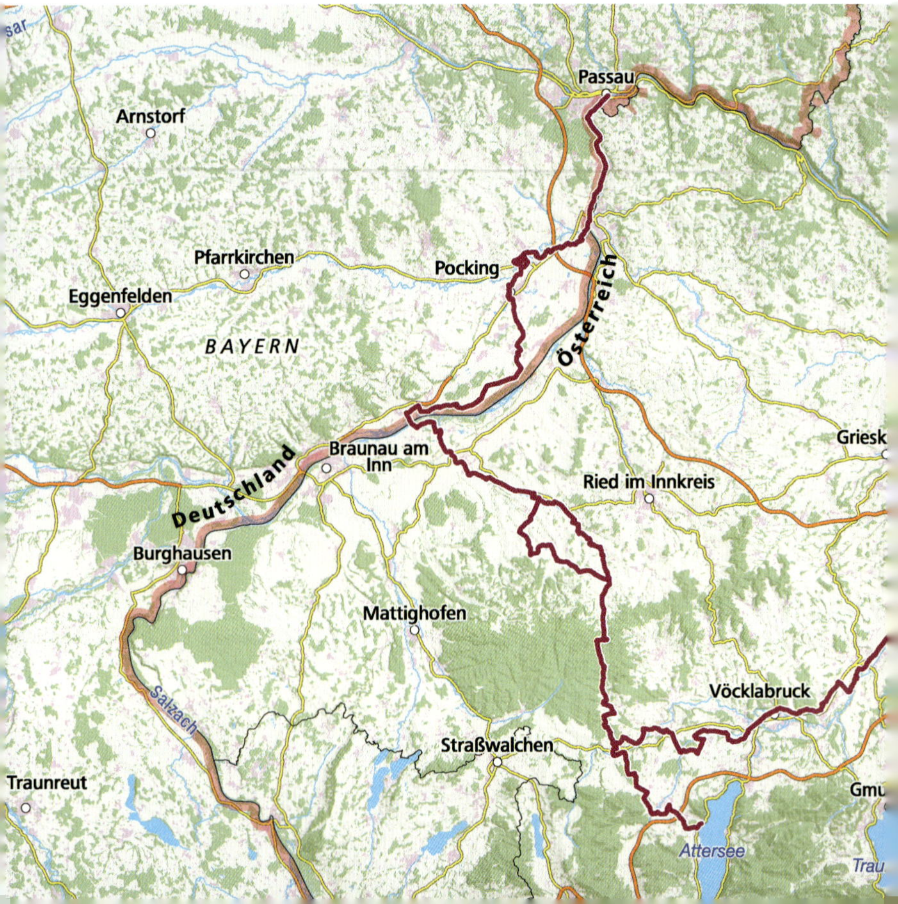

Passau
Arnstorf
Pfarrkirchen
Pocking
Eggenfelden
BAYERN
Österreich
Deutschland
Braunau am Inn
Grieskirchen
Ried im Innkreis
Burghausen
Mattighofen
Vöcklabruck
Salzach
Straßwalchen
Traunreut
Attersee

Römerradweg

Distanz: 242 km
Start/Ziel: Passau/Enns
Gelände: nur geringe Höhenunterschiede
Besonders geeignet für: Kultur-interessierte

№ 41

Die Römer ließen sich vor über 2.000 Jahren auch in Bayern und Oberösterreich nieder. Fast ein halbes Jahrtausend lang besiedelten sie die Provinzen Noricum und Raetien, zu denen auch Teile von Oberösterreich und Bayern gehörten. Sie hinterließen interessante Fundstücke und Reste von Gebäuden, die erahnen lassen, wie die Römer damals in der Region gelebt haben. Diese Fundstücke werden unter anderem in Museen gezeigt und lassen sich im Verlauf des Römerradweg erfahren. Pedaltritt für Pedaltritt stößt man auf Zeugen der einstigen römischen Besiedelung, Infotafeln entlang des Weges bereiten die jahrtausendealte Geschichte auf. Zurück nach Passau kann man über den Donau-Radweg (Nord- oder Südvariante) fahren oder man setzt sich gemütlich in den Zug und erholt sich von der Radlerei. Die grundsätzlich gemächliche Tour weist nur geringe Höhenunterschiede auf.

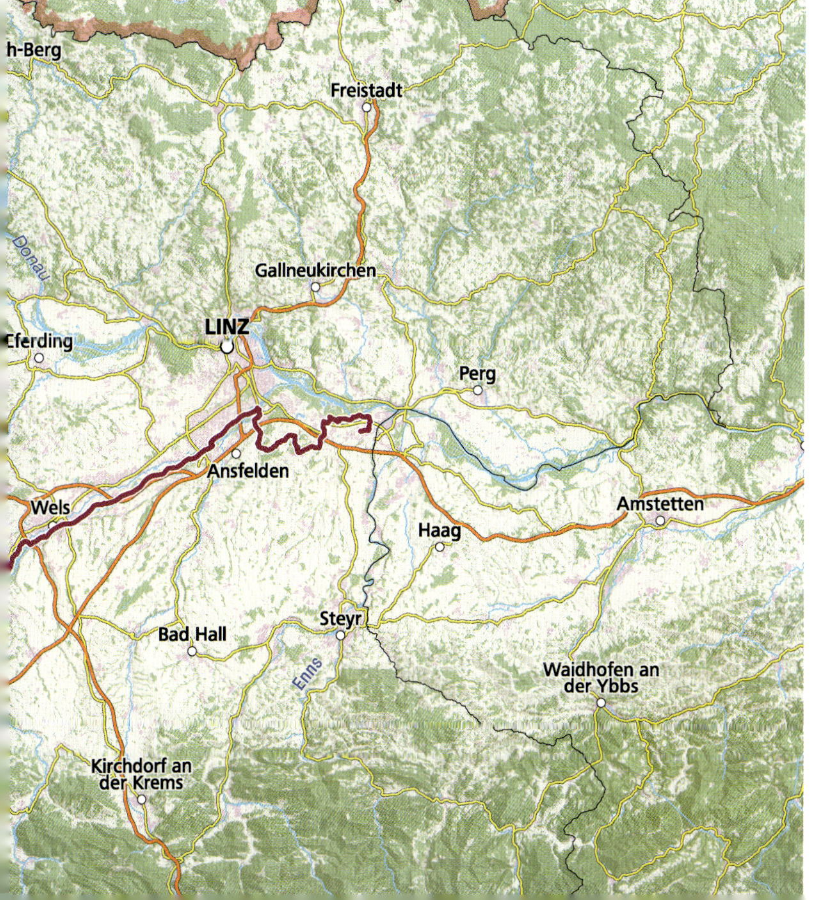

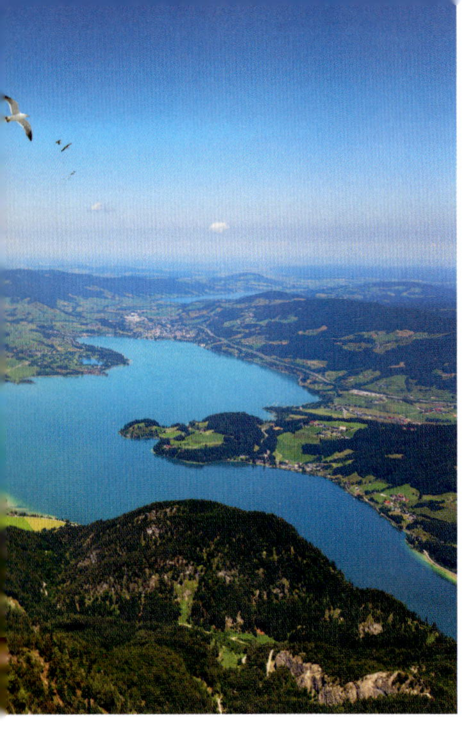

Der Salzkammergut-Radweg führt mit dem Salzkammergut durch eine der schönsten Landschaften Österreichs. Das Gebiet ist aufgeteilt auf die Bundesländer Oberösterreich, Salzburg und Steiermark. Vom Radweg werden 13 Seen des Salzkammergutes berührt. Die thematischen Fixpunkte des Weges sind die Fest-

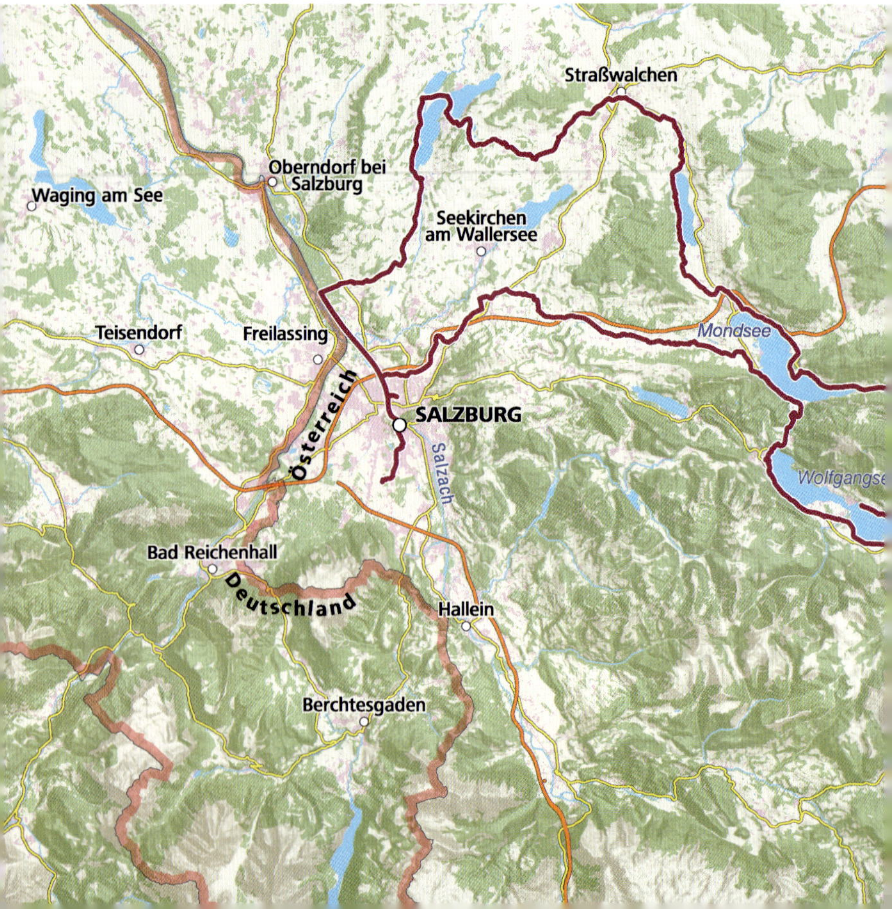

Salzkammergut-Radweg

Distanz: 328 km
Start/Ziel: beliebig (Rundweg)
Gelände: geringe Steigungen
Besonders geeignet für: Tourenrad

№ 42

spiel- und Mozartstadt Salzburg, Mondsee mit der Stiftskirche, der Attersee mit seinen Villen, die Kaiserstadt Bad Ischl, die Saline in Ebensee, die Therme in Bad Aussee und Bad Mitterndorf, der Wolfgangsee mit dem Wallfahrtsort St. Wolfgang, das Mozartdorf St. Gilgen, die Weltkulturerberegion Hallstättersee mit Hallstatt, der Grundlsee, Gmunden und Schloss Ort. Die besten Monate sind der Mai, Juni, September und Oktober. Im Juli und August haben die Orte an den Salzkammergut-Seen Hochsaison, was mehr Verkehr an den Straßen und Probleme bei den Quartieren für eine Nacht bedeutet. Im Juli und August wird empfohlen, tageweise im Vorraus zu reservieren.

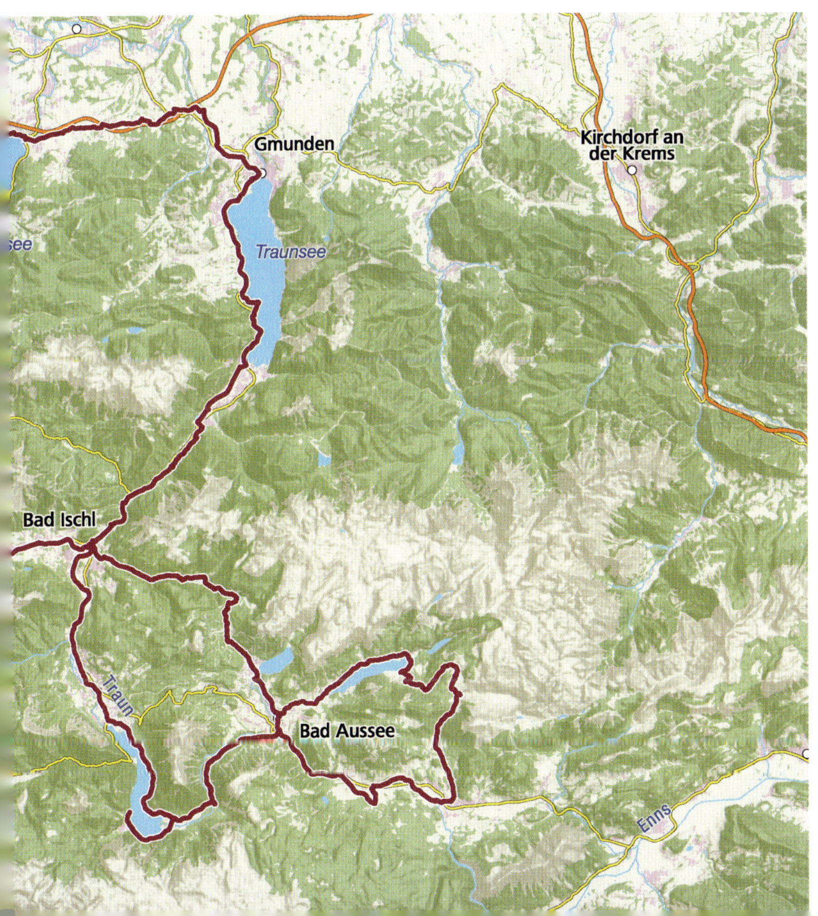

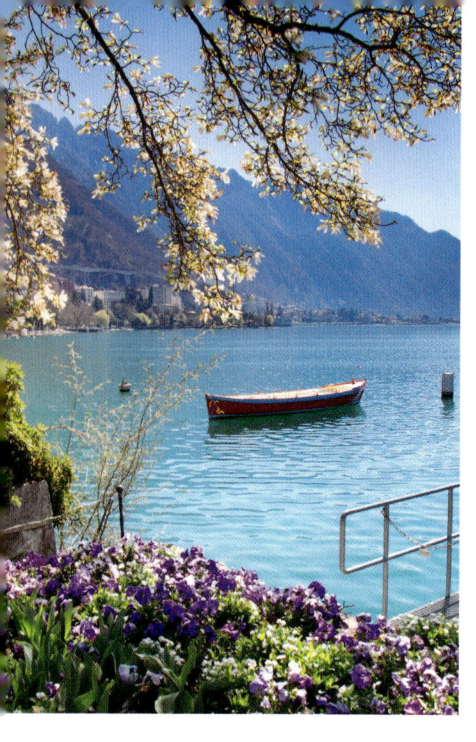

Das mondäne Montreux bildet den Startpunkt zur Seen-Route, die, wie der Name schon vermuten lässt, entlang zahlreiche Schweizer Seen führt. Für die ersten paar Kilometer verläuft die Seen-Route auf der selben Route wie die Rhône-Route, die hier ebenfalls vorbei kommt. In Vevey verlässt die

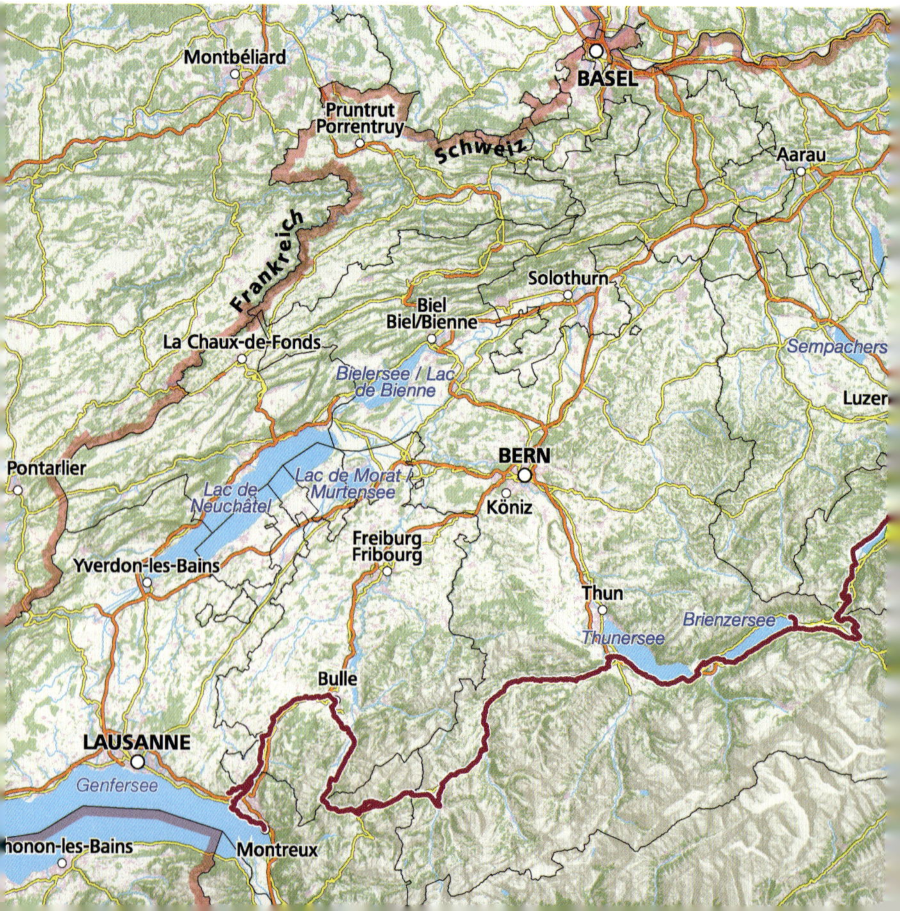

Seen-Route (Schweizer Radfernweg 9)

Distanz: 505 km
Start/Ziel: Montreux/Rorschach
Gelände: mit deutlicher Steigung
Besonders geeignet für: Naturliebhaber

№ 43

Seen-Route den Verlauf der Rhône-Route und gelangt als nächstes zum Thuner- und zum Brienzersee. Sie bestechen mit grandiosen Panoramen, auf den Seen tanzen Segelschiffchen und die Schneegipfel spiegeln sich in tiefblaugrünem Wasser. Der Brünigpass trennt Berner Oberland und die Innerschweiz, wo der vielarmige Vierwaldstättersee die Berge förmlich umschlingt. Dann liegen die Seen aneinandergereiht wie auf einer Perlenschnur: Zugersee, Ägerisee, Sihlsee, Zürichsee, Walensee und schließlich der Bodensee, wo in Rorschach das Ende der Seen-Route zu finden ist.

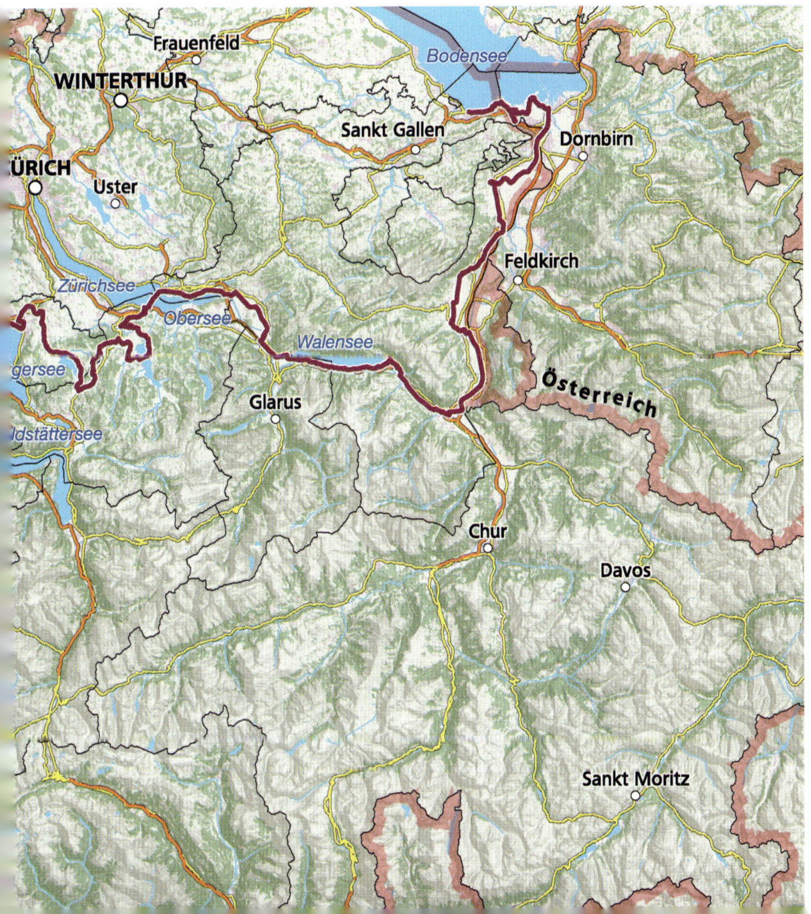

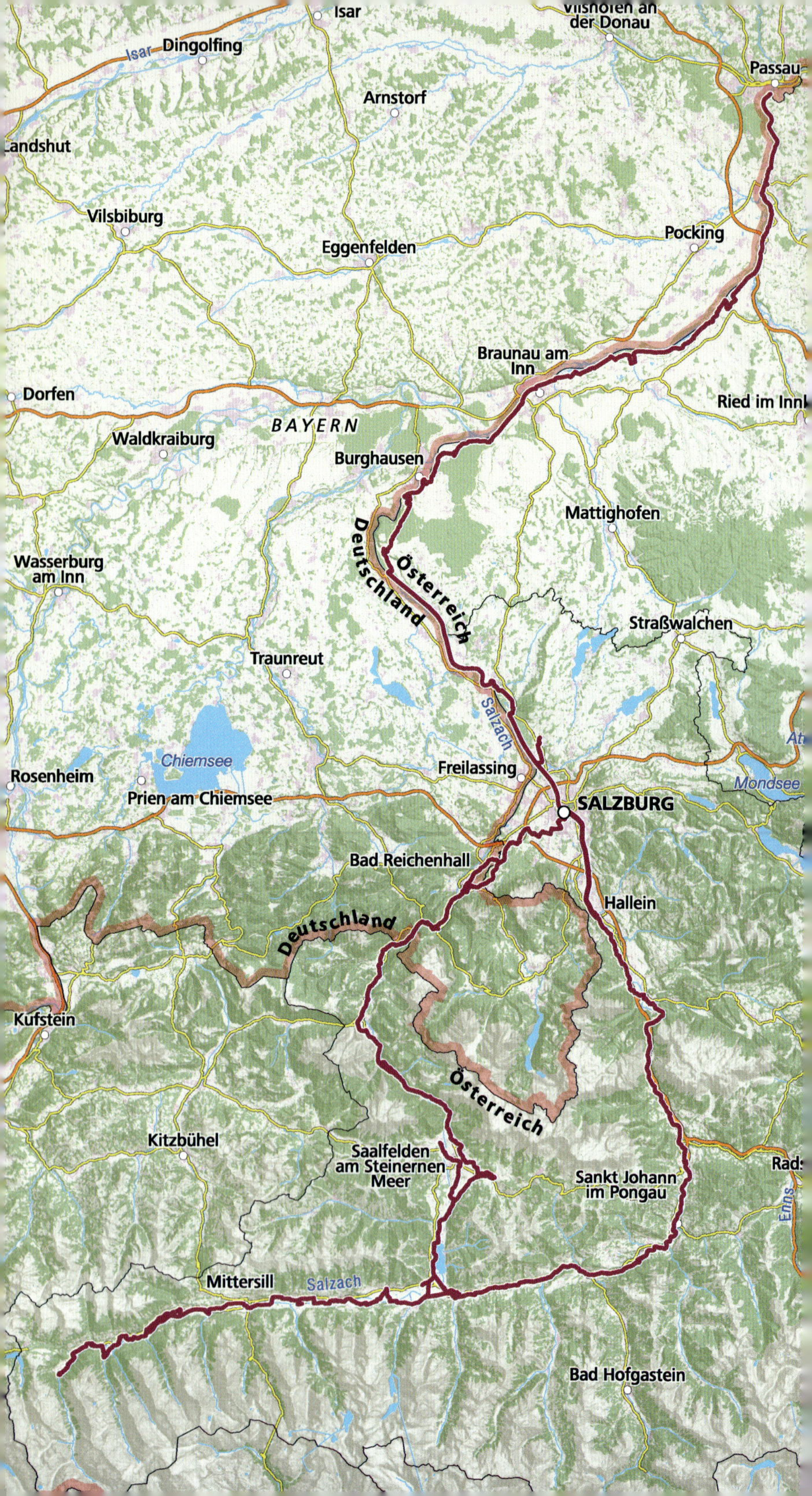
Isar
Vilshofen an der Donau
Isar
Dingolfing
Passau
Arnstorf
Landshut
Vilsbiburg
Eggenfelden
Pocking
Braunau am Inn
Dorfen
Ried im Innkreis
BAYERN
Waldkraiburg
Burghausen
Mattighofen
Wasserburg am Inn
Deutschland
Österreich
Straßwalchen
Traunreut
Salzach
Chiemsee
Freilassing
Mondsee
Rosenheim
Prien am Chiemsee
SALZBURG
Bad Reichenhall
Hallein
Deutschland
Kufstein
Österreich
Kitzbühel
Saalfelden am Steinernen Meer
Sankt Johann im Pongau
Enns
Mittersill
Salzach
Bad Hofgastein

Tauernradweg

Distanz: 310 km
Start/Ziel: Krimml (Ö)/Passau
Gelände: hügelig
Besonders geeignet für: Familien

№ 44

Eine Grenzerfahrung bietet der Tauernradweg, der ausgehend von Krimml im österreichischen Salzburg, wo der fünfthöchste Wasserfall der Welt sich zu Tal stürzt, nach Passau führt. Die Strecke ab Salzburg in das oberösterreichische Innviertel schlängelt sich zwischen österreichischer und deutscher Seite der Grenze hin und her. Der Weg orientiert sich zunächst an der Salzach, später am Inn, der schließlich bei Passau, ebenso wie die Ilz, in die Donau mündet.

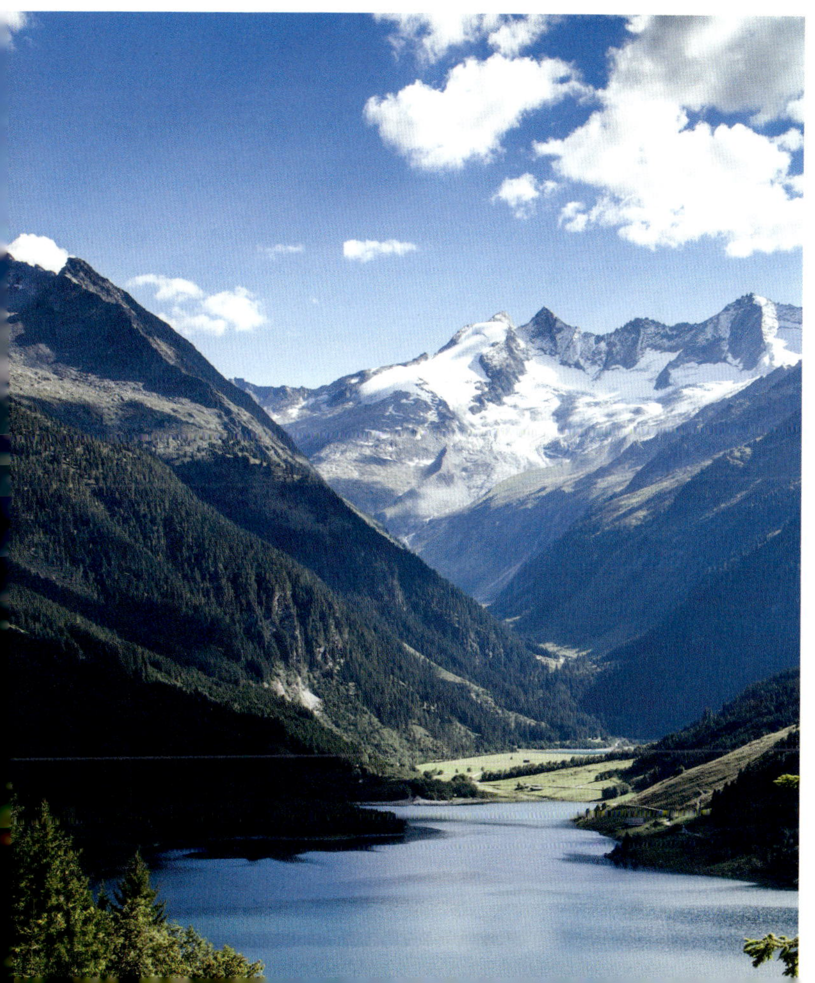

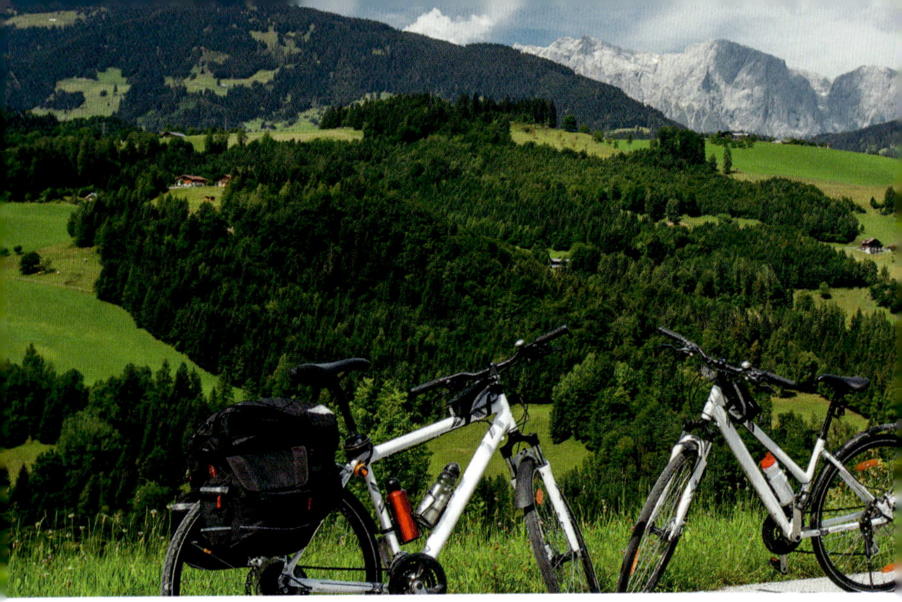

Gebirgspanorama und Auenwälder

Namensgeber des Tauernradwegs ist die eindrucksvolle Gebirgskette der Hohen Tauern. Der Radweg führt aber entspannt durchs Salzachtal, wo nur ab und zu kleine Steigungen zu überwinden sind. Plattentektonik und Eiszeiten sind das Architektenteam der Alpen. Das Salzachtal ist da keine Ausnahme, aber ein besonders eindrückliches Alpental, das die Jahrmillionen alte Geschichte der Auffaltung der Alpen sehr augenscheinlich nacherzählen kann. 130

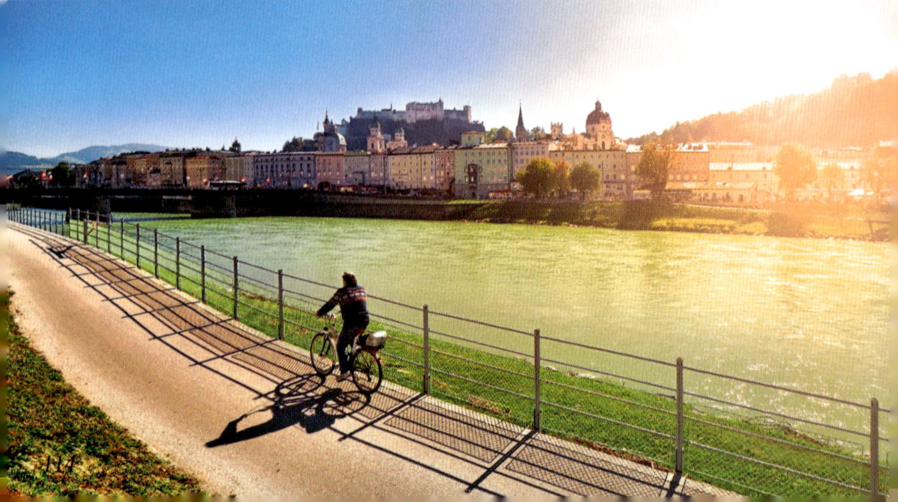

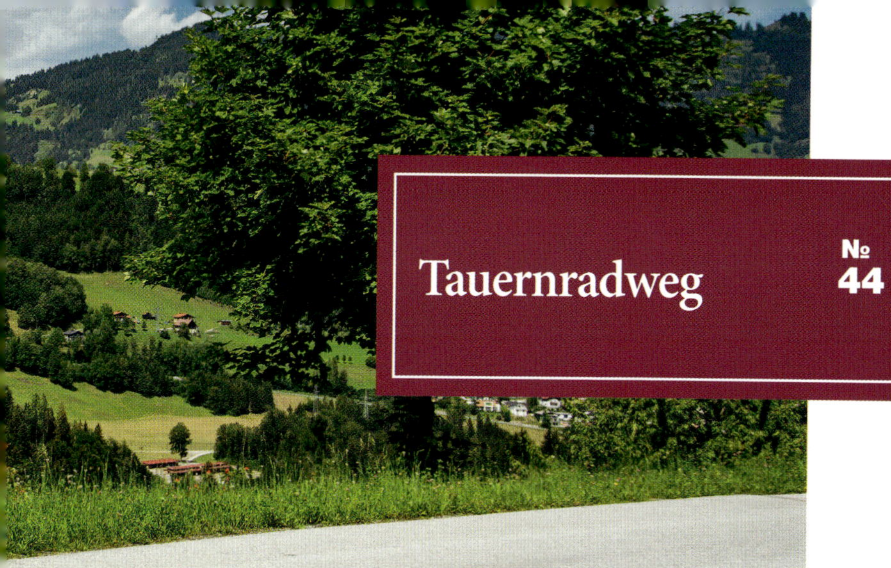

Tauernradweg

№ 44

Kilometer lang ist das Flusstal, dessen Namen sich von der Salzach ableitet. Es erstreckt sich von Krimml bis kurz vor Hallein bei Salzburg. Zu Beginn prägen schneebedeckte Dreitausender das Panorama.

Höhepunkt ist ein Besuch der Mozartstadt Salzburg. Was die Stadt so besonders macht? Mit aller Wahrscheinlichkeit der Mix aus Geschichte, Kultur und einer Lebensfreude, die man in einer solchen Konzentration nur selten an einem Ort findet. Da treffen Festspiele, Fine Dining, Tracht und Chucks aufeinander. Prägend sind die Stadtberge, die durch das Stadtgebiet fließende Salzach und die von Weitem sichtbare Festung Hohensalzburg.

Am Unterlauf der Salzach und am Unteren Inn radelt man durch ausgedehnte Auwälder. Der Abschnitt von der Salzachmündung bei Haiming bis zur Mündung der Rott in den Inn bei Neuhaus steht unter Schutz. Durch Aufstauen des Inns im oberösterreichisch-bayerischen Grenzgebiet haben sich große Wasserflächen gebildet, die von Vögeln als neuer Lebensraum genutzt werden. Unzählige Arten brüten hier, darunter auch seltene.

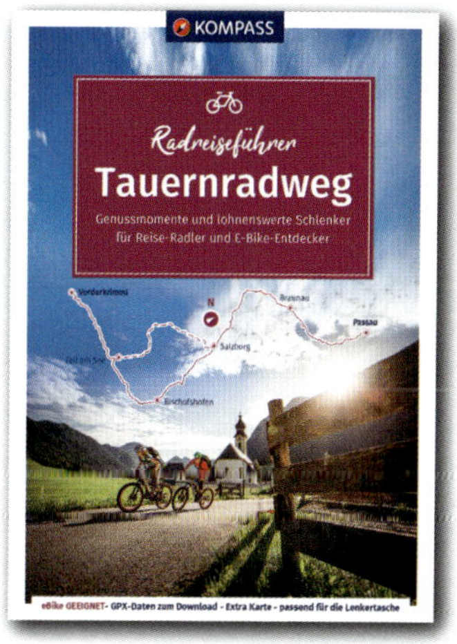

Der passende Begleiter.
Radreiseführer Tauernradweg
mit extra Karte
Verlagsnummer: 6934

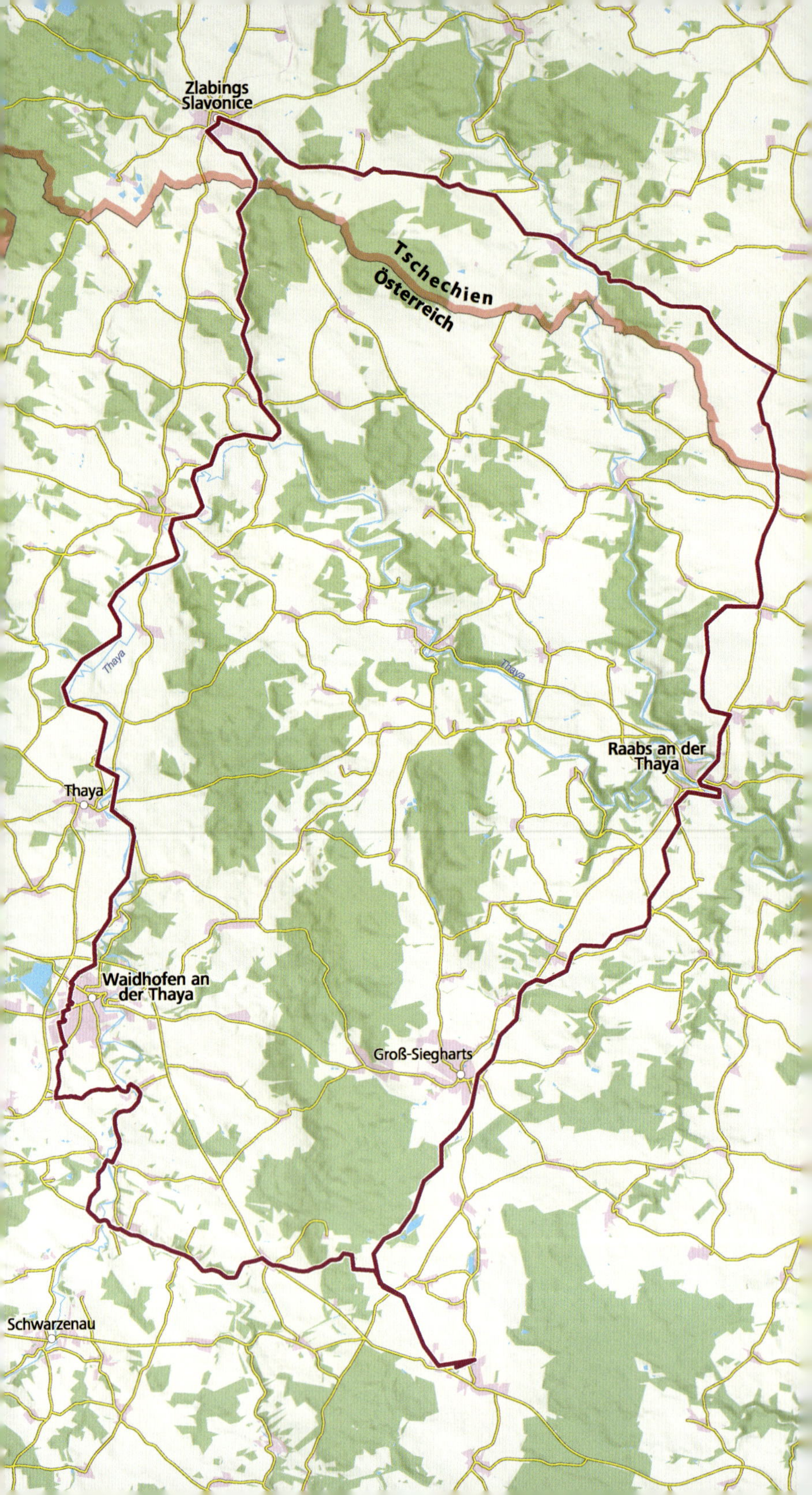
Zlabings
Slavonice
Tschechien
Österreich
Thaya
Thaya
Raabs an der
Thaya
Thaya
Waidhofen an
der Thaya
Groß-Siegharts
Schwarzenau

Radweg Thayarunde

Distanz: 111 km
Start/Ziel: beliebig (Rundweg)
Gelände: flach
Besonders geeignet für: Familien

№ 45

Die grenzüberschreitende Thayarunde verläuft großteils auf den ehemaligen Bahntrassen Waidhofen/Thaya, Slavonice und Göpfritz/Wild-Raabs/Thaya. Liebevoll schmiegt sich diese Strecke an die sanften Geländeformen. Die Dampfloks konnten damals keine großen Steigungen bewältigen und die Eisenbahningenieure glätteten die Landschaft – das sind heute ideale Voraussetzungen, vor allem für Familien. Die Verbindungswege zwischen den beiden ehemaligen Bahntrassen führen über kaum befahrene Straßen durch die wunderbare Landschaft des Waldviertels. Auf der Strecke gibt es viel zu entdecken: beispielsweise die alten Relikte der Bahnstrecke, die steinernen Zeugen der Wegmarkierung, die exakt die gefahrenen Kilometer ankündigen, oder die Wildobsthecken, die zu kleinen Naschpausen einladen. Die großen Brücken geben Draufsicht und Einblick in den stillen, gemächlichen Thayafluss, der ein Nebenfluss der March ist und sich durch einen stark gewundenen Verlauf auszeichnet.

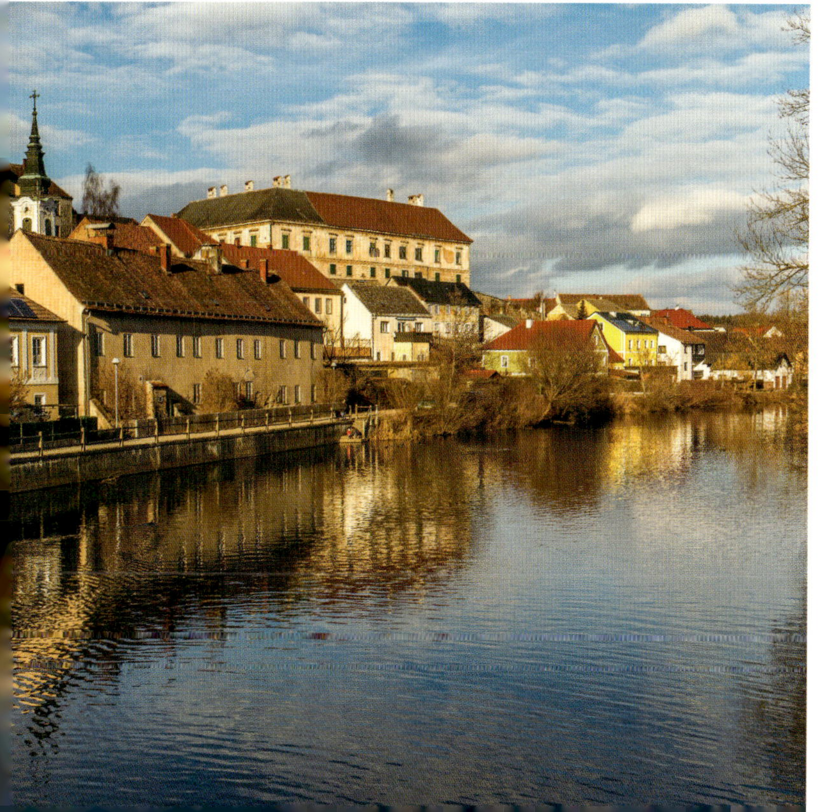

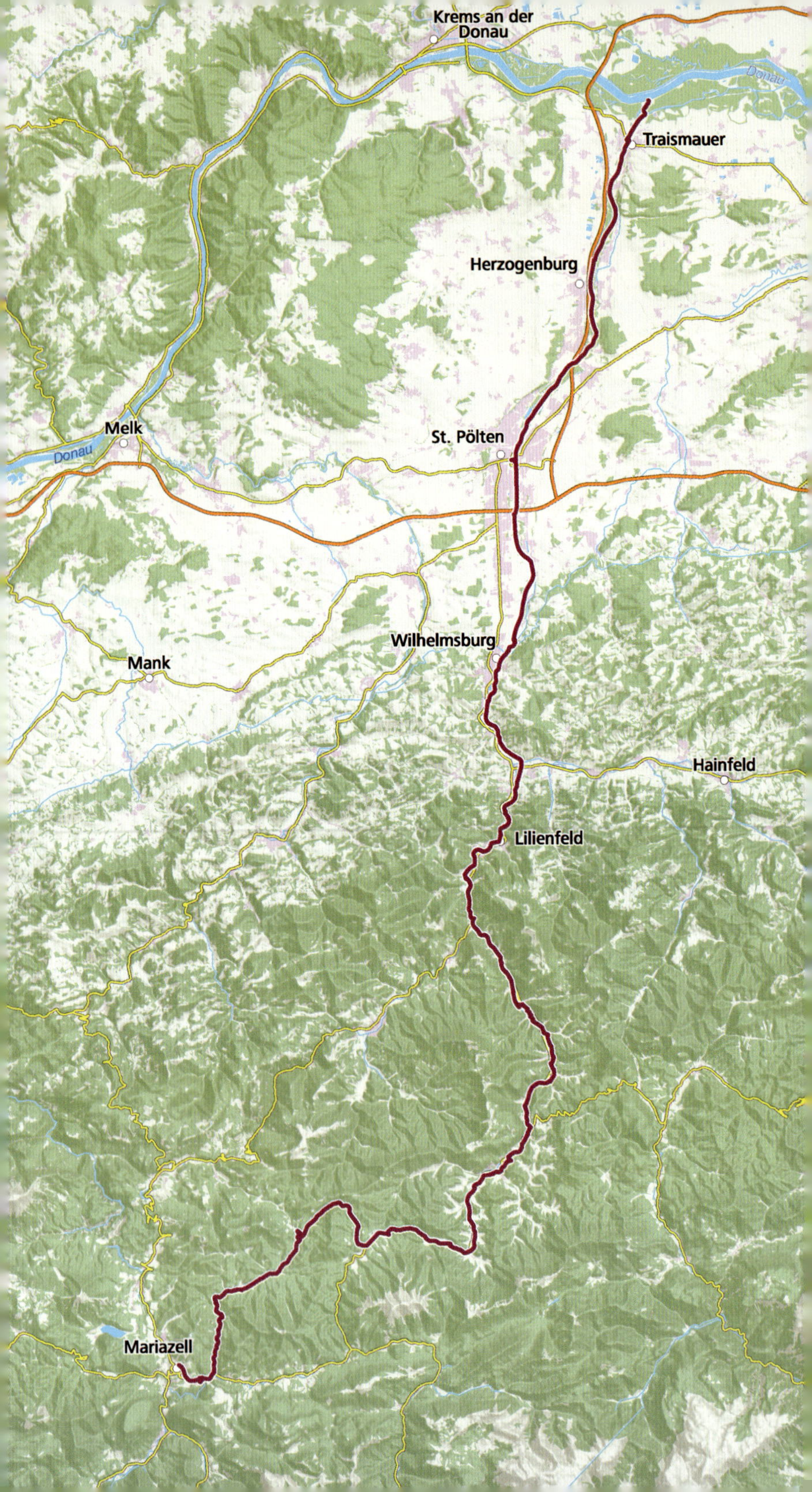

Krems an der Donau
Donau
Traismauer
Herzogenburg
Melk
Donau
St. Pölten
Wilhelmsburg
Mank
Hainfeld
Lilienfeld
Mariazell

Traisental Radweg

Distanz: 111 km
Start/Ziel: beliebig (Rundweg)
Gelände: flach
Besonders geeignet für: Familien

№ 46

Der Traisental-Radweg zählt aus mehreren Gründen zu den beliebtesten Radrouten im Mostviertel. Das Wechselspiel der Landschaften bezaubert, auch abseits der Strecke wird besonders für aktive Familien jede Menge geboten. Erfrischende Seen, interessante Museen oder tierische Erlebnisse: Am niederösterreichischen Traisental-Radweg gibt es vieles zu sehen und zu erleben. Der Weg verläuft bis ins obere Traisental schön eben und durchgehend auf Asphalt. Die Routenschilder sind grün mit „Traisentalweg 4". Von der Donau bis Hohenberg steigt die Strecke kaum merkbar an. Wirklich anspruchsvoll, weil steil, ist einzig der 4 km lange Abschnitt von Kernhof auf das Gscheid (970 m). Danach folgen zwei weitere, etwa 2 km lange mittlere Steigungen, einmal nach dem Gscheid und einmal kurz vor Mariazell. Bis Lilienfeld ist der Radweg gut an das ÖBB-Bahnnetz angebunden. Täglich verkehrt auch der Radtramper-Bus von St. Pölten nach Kernhof. Für die Rückfahrt von Mariazell nach St. Pölten bietet sich die Mariazellerbahn an.

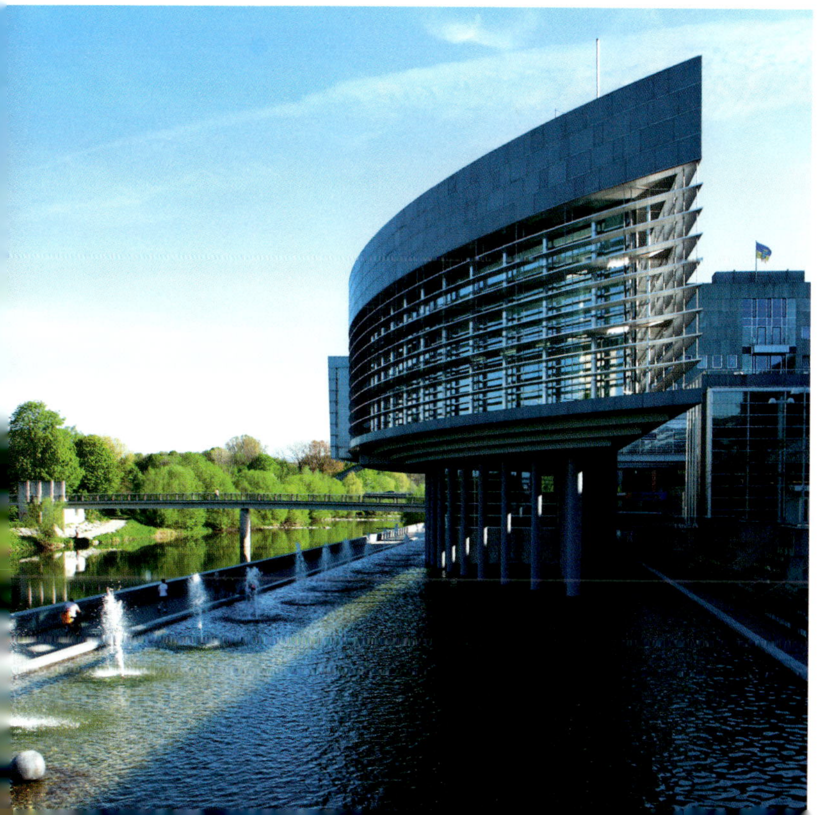

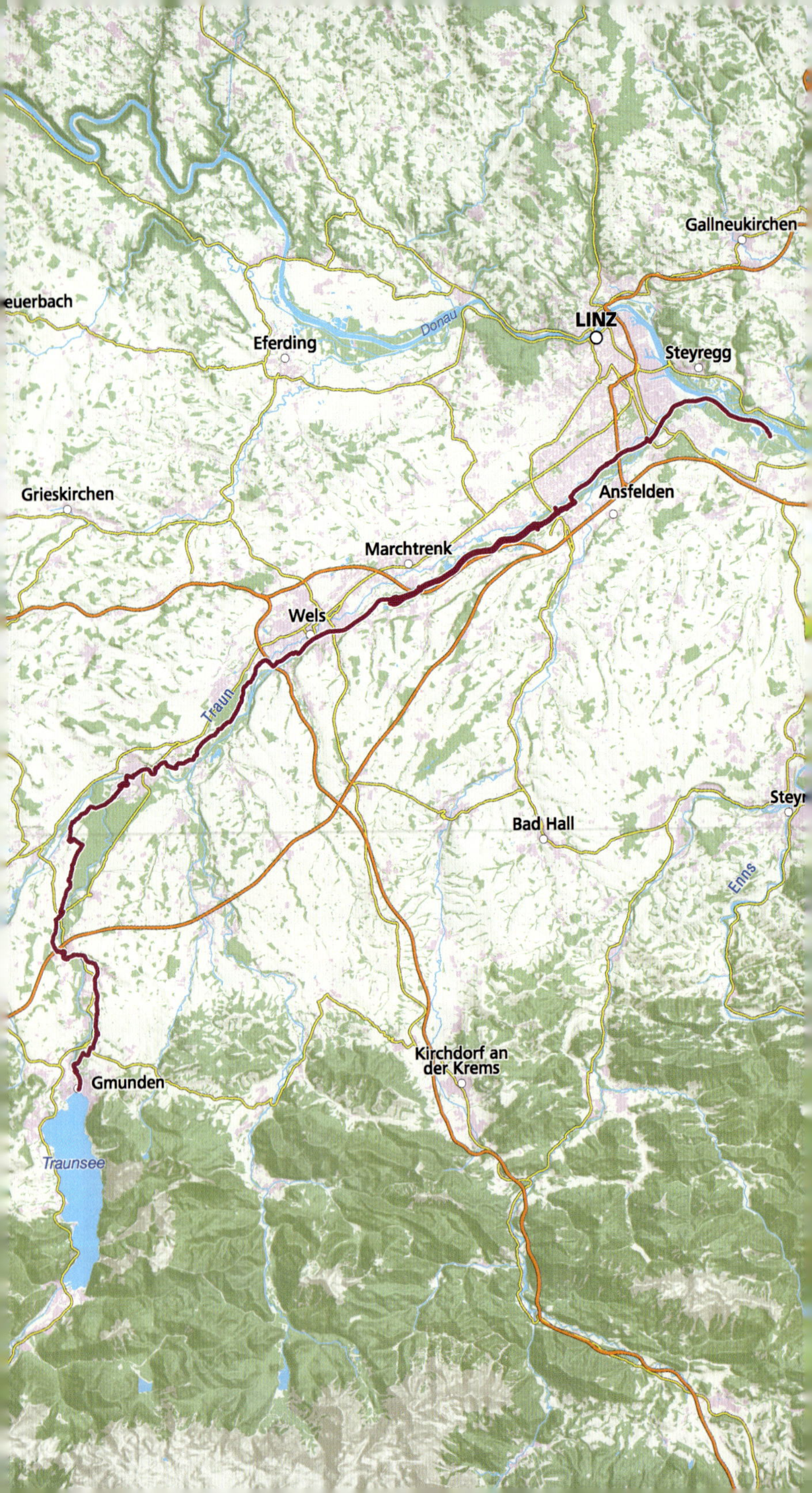
Gallneukirchen
euerbach
LINZ
Donau
Eferding
Steyregg
Grieskirchen
Ansfelden
Marchtrenk
Wels
Traun
Bad Hall
Steyr
Enns
Kirchdorf an der Krems
Gmunden
Traunsee

Traunradweg

Distanz: 85 km
Start/Ziel: Gmunden/Asten
Gelände: hügelig
Besonders geeignet für: Familien

№ 47

Der Traunradweg ist für Radfahrer in Oberösterreich eine der wichtigsten Nord-Süd-Verbindungen. Vom malerischen Gmunden am Nordufer des Traunsees folgt der Radweg über weite Strecken dem Fluss nach Linz, wo dieser östlich der Stadt in die Donau mündet. Zu den kulturellen Highlights an der Strecke zählen die historischen Altstädte von Gmunden und Wels, das Benediktinerstift Lambach sowie die Schlösser Traun in Traun und Ebelsberg in Linz. Zu den landschaftlichen Höhepunkte gehört neben den von Bergen eingerahmten Traunsee der Traunfall zwischen Steyrermühl und Roitham. Hier stürzt das Wasser auf einer Länge von 200 m rund 12 m tief.

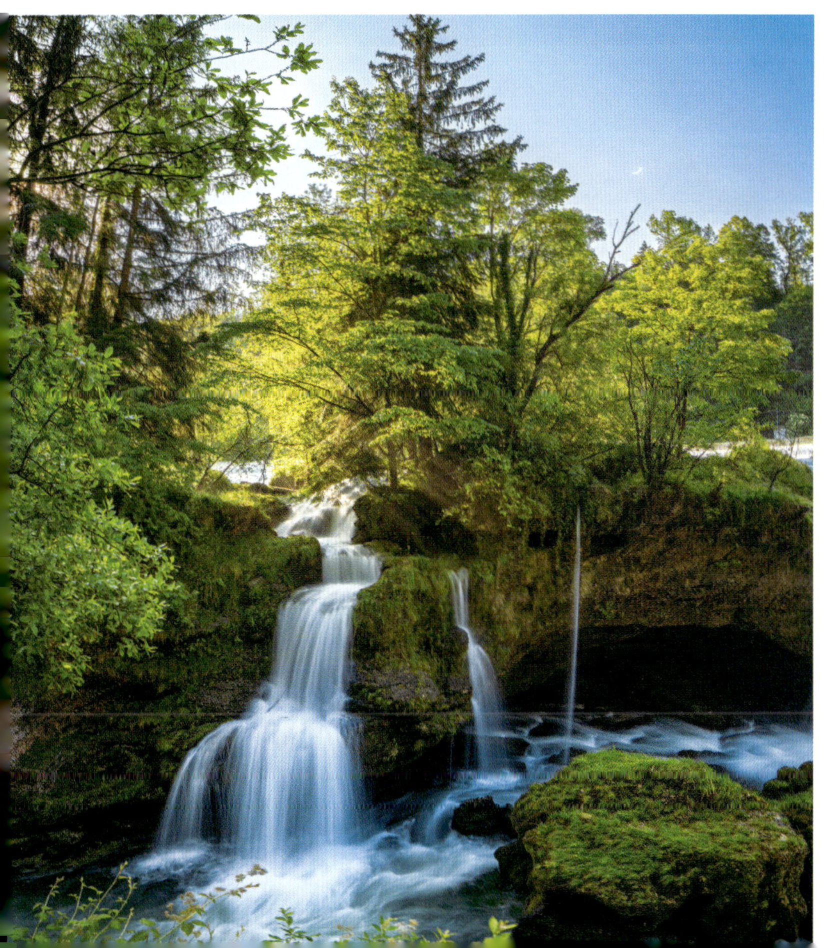

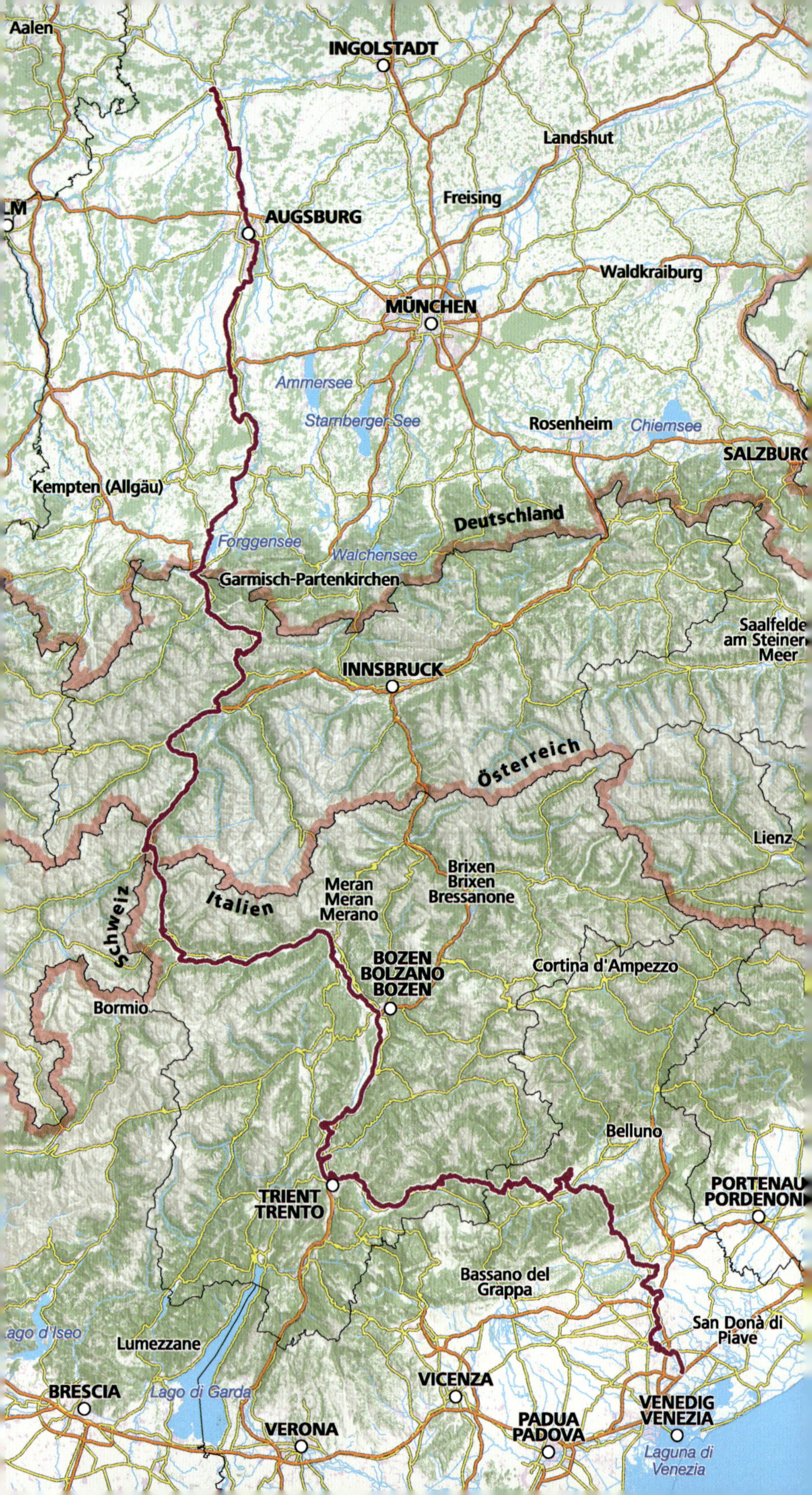
Aalen
INGOLSTADT
Landshut
LM
AUGSBURG
Freising
Waldkraiburg
MÜNCHEN
Ammersee
Starnberger See
Rosenheim
Chiemsee
SALZBURG
Kempten (Allgäu)
Deutschland
Forggensee
Walchensee
Garmisch-Partenkirchen
Saalfelden am Steinernen Meer
INNSBRUCK
Österreich
Lienz
Brixen
Brixen
Bressanone
Meran
Meran
Merano
Italien
Schweiz
BOZEN
BOLZANO
BOZEN
Cortina d'Ampezzo
Bormio
Belluno
PORTENAU
PORDENONE
TRIENT
TRENTO
Bassano del Grappa
Lago d'Iseo
Lumezzane
San Donà di Piave
BRESCIA
Lago di Garda
VICENZA
VENEDIG
VENEZIA
PADUA
PADOVA
VERONA
Laguna di Venezia

Via Claudia Augusta

Distanz: 770 km (Altino)/700 km (Ostiglia)
Start/Ziel: Donauwörth/Quarto d'Altino oder Ostiglia am Po
Gelände: hügelig
Besonders geeignet für: E-Bike

№ 48

Die alte römische Straße, die Kaiser Claudius errichten ließ, stellt den angenehmsten Alpenübergang für Radfahrer dar, um von Deutschland über Österreich nach „Bella Italia" zu gelangen. Einen hohen Erlebnisfaktor für die Tour bis nach Füssen an der Grenze zu Österreich bieten nicht nur die historischen Relikte, sondern auch das malerische Donauwörth, das Römische Museum Augsburg oder das Schloss Neuschwanstein. Nach dem Donauradweg ist die Via Claudia Augusta der zweitbeliebteste ausländische Radfernweg.

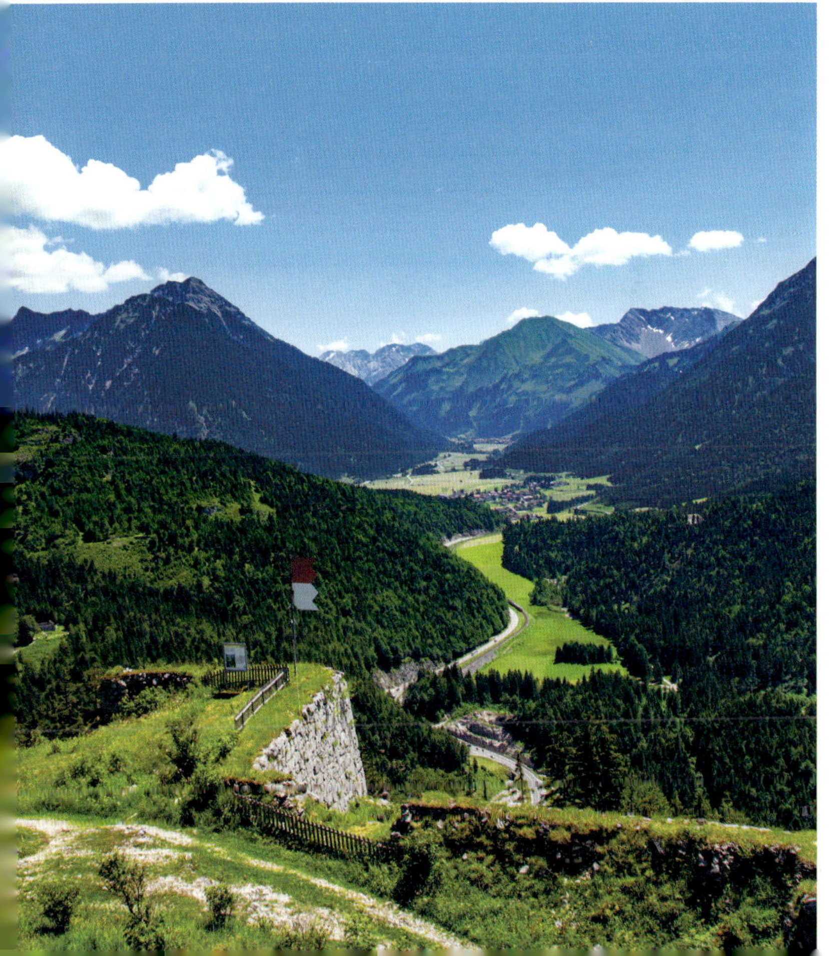

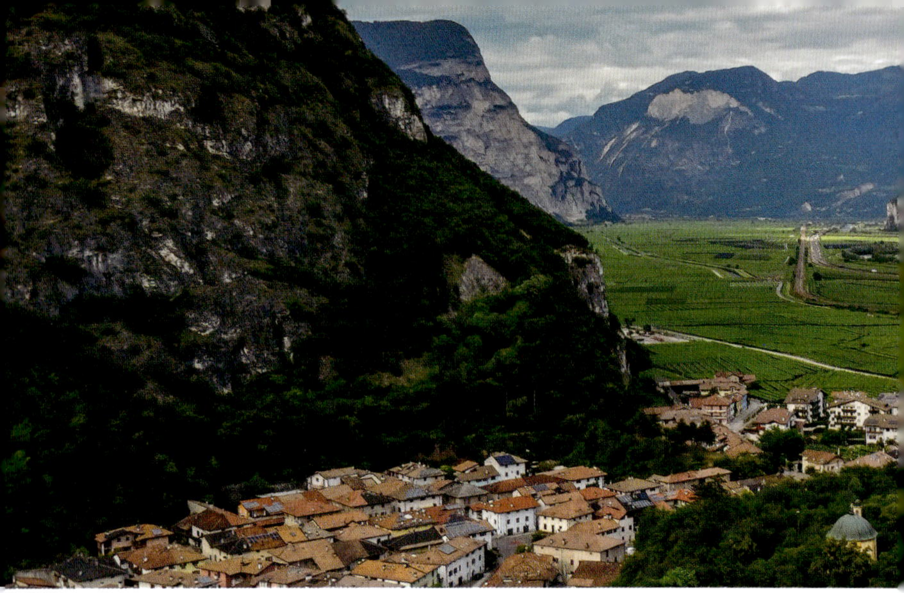

Über die Alpen quer durch Europa

Es gibt keine bessere Möglichkeit, Europas Ursprünge zu erleben als die Via Claudia Augusta, kommentierten die Kulturstraßen des Europarates in einem Film. Die Römer bauten die frühgeschichtlichen Wege zur antiken „Alpenautobahn“ aus, die den Norden und Süden des Reichs verband. Sie blieb auch in Mittelalter und Neuzeit bedeutsam und die laufende Begegnung mit Menschen aus aller Herren Länder prägte Regionen, Zeitalter, Menschen und ihre Kulturen.

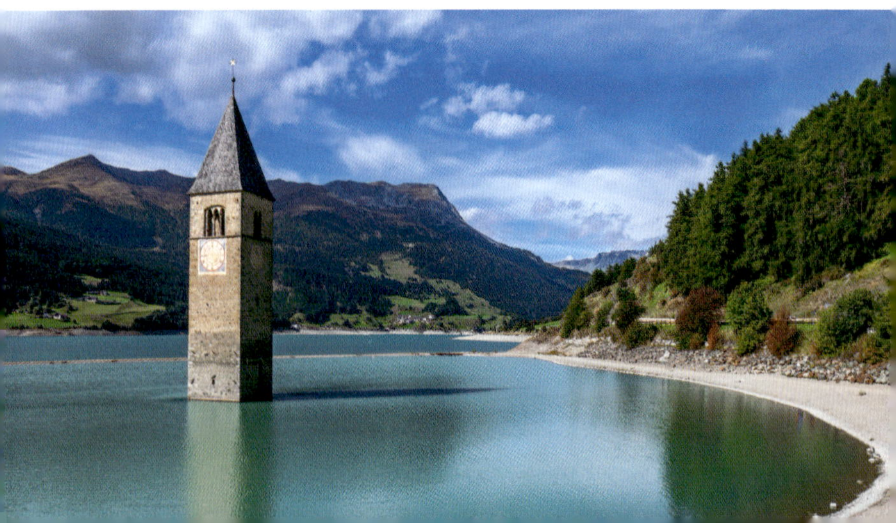

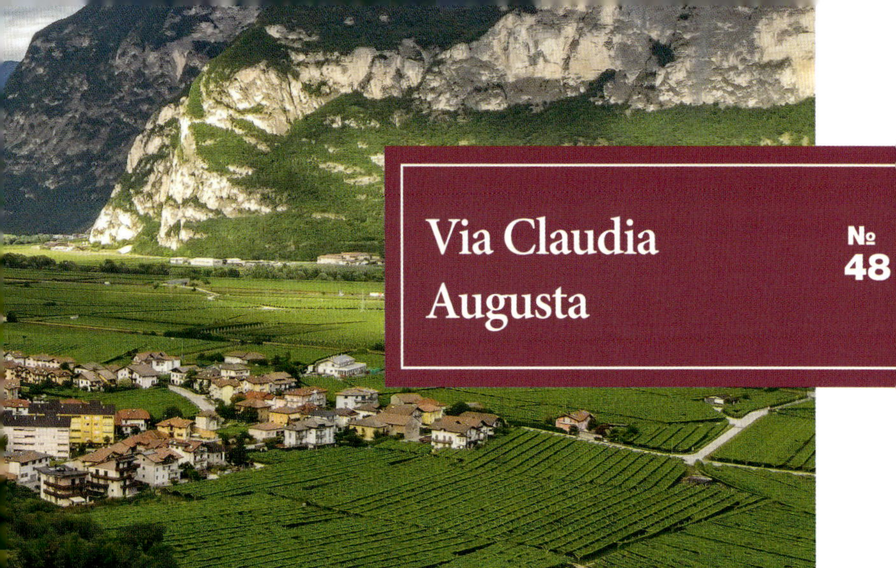

Via Claudia Augusta

№ 48

Die Via Claudia Augusta sollte die Wasserwege Donau und Po sowie die Adria über die Alpen verbinden. De facto verbindet sie den Norden und Süden Europas, Deutschland, Österreich und Italien, rund 30 Regionen. Nördlichster Punkt ist Donauwörth. In Trento gabelt sich die Route und führt nach Altino, wo sich der antike Vorläufer der Hafenstadt Venedig befand, oder nach Ostiglia, einst römischer Flusshafen am Po. Am Weg liegen Bayern, Tirol, Südtirol, Dolomiten, Gardasee, Verona …

Vielfalt ist der Trumpf der Via Claudia Augusta. Der Verlauf quer durch Europa, über die Alpen und durch drei Klimazonen bringt alle paar Kilometer eine neue Landschaft mit sich, dazwischen malerische Orte und quirlige Städte, Menschen mit unterschiedlichen Kulturen, Zeugnisse der Geschichte... Im Frühjahr kann man sogar drei Jahreszeiten auf einer Radreise erleben: den letzten Schneeball am Fernpass, ein erstes Sonnenbad an der Adria und alle Schattierung der erblühenden Natur.

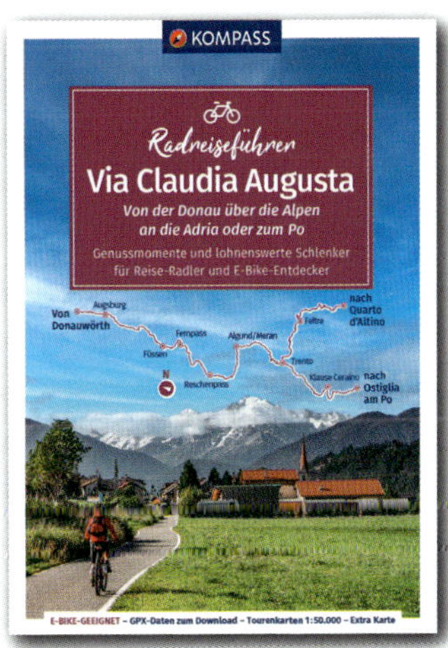

Der passende Begleiter:

Radreiseführer Via Claudia Augusta
mit extra Karte
Verlagsnummer: 6936

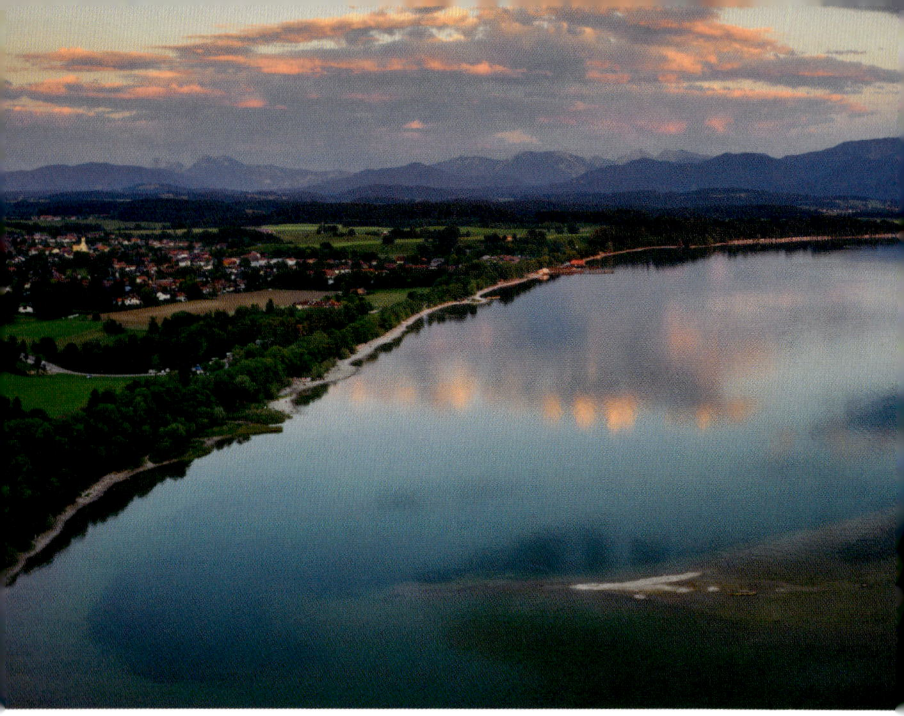

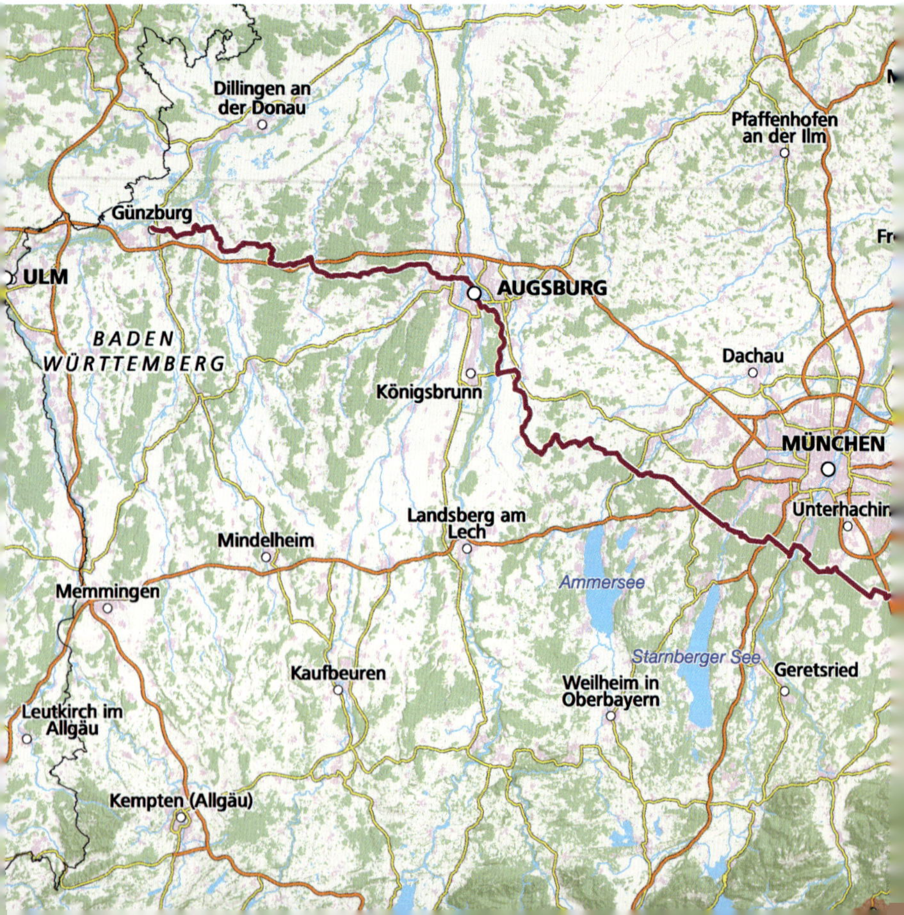

Dillingen an der Donau
Pfaffenhofen an der Ilm
Günzburg
ULM
AUGSBURG
BADEN WÜRTTEMBERG
Dachau
Königsbrunn
MÜNCHEN
Unterhachin
Landsberg am Lech
Mindelheim
Ammersee
Memmingen
Starnberger See
Geretsried
Kaufbeuren
Weilheim in Oberbayern
Leutkirch im Allgäu
Kempten (Allgäu)

Via Julia

Distanz: 302 km
Start/Ziel: Günzburg/Salzburg
Gelände: hügelig
Besonders geeignet für: Genießer

№ 49

Auf der Trasse der einstigen Römerstaße verläuft die Via Julia durch Bayerns Süden zwischen Donau und Alpenrand. Erfahre römische Geschichte, entdecke Siedlungsreste, Altar- und Meilensteine. Verpassen Sie nicht das Naturjuwel der Route: Der Chiemsee war bereits bei den Römern als Badeort beliebt und erfreut sich auch heute noch regen Zustroms. Neben dem Römermuseum Bedaium solltest du einen Schiffsausflug auf die Herreninsel mit dem Schloss König Ludwigs II. und auf die Fraueninsel mit der Künstlerkolonie unternehmen, ehe du in der alpenvorländischen Landschaft des Rupertiwinkels die Tour ausklingen lassen.

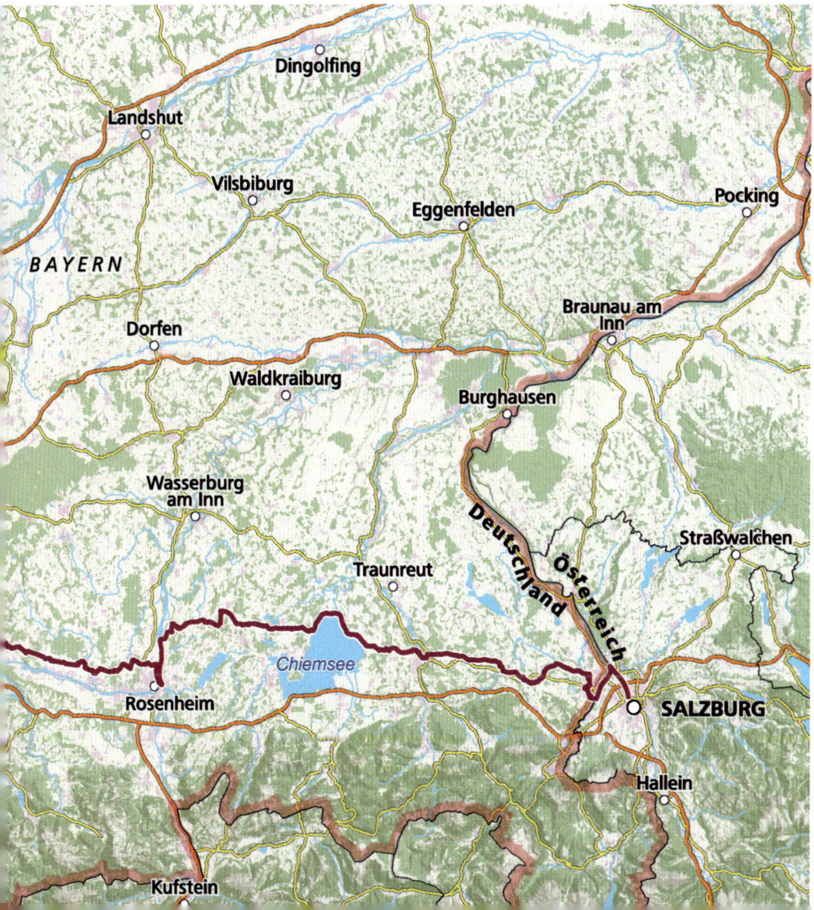

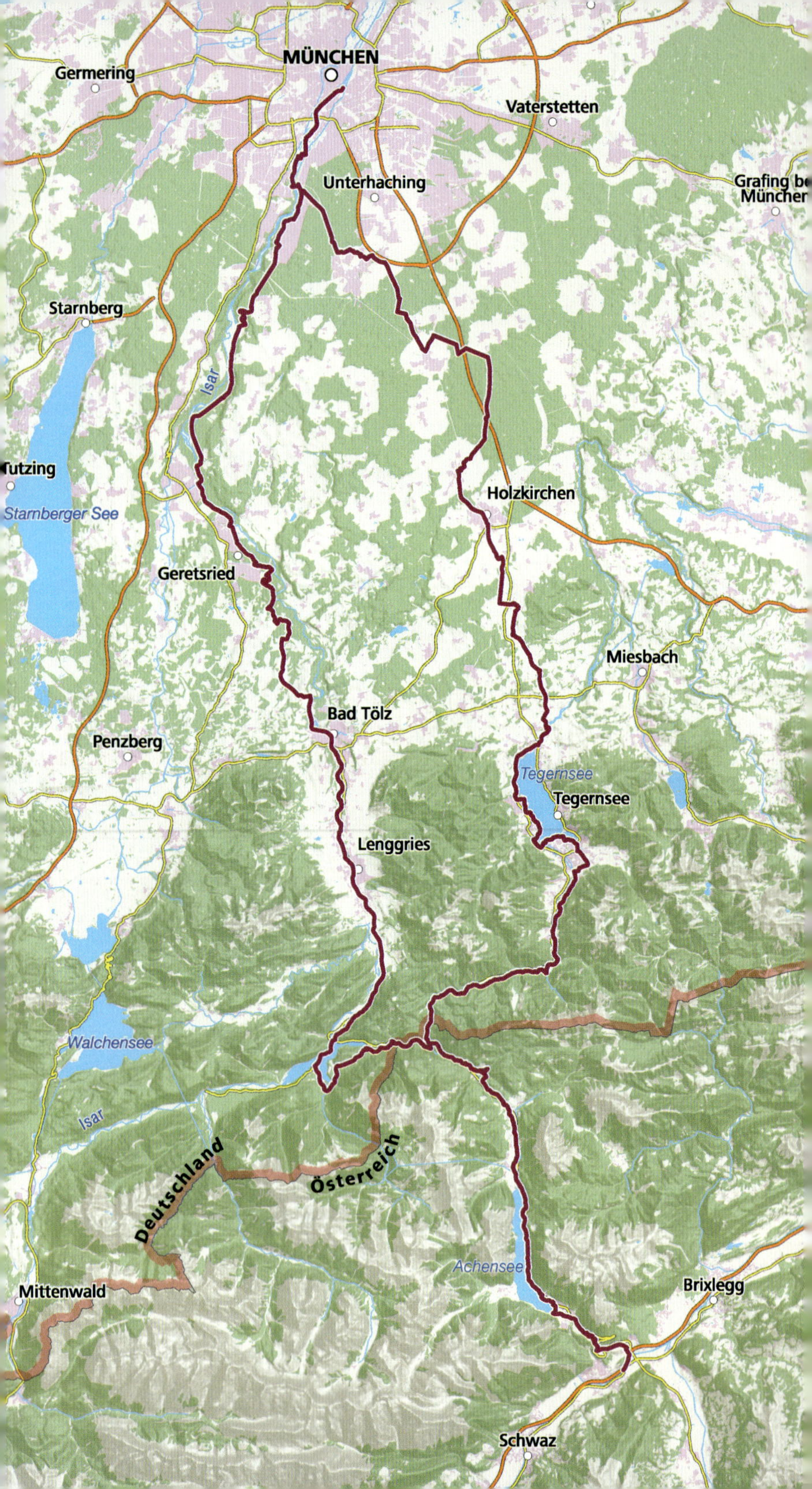

MÜNCHEN
Germering
Vaterstetten
Unterhaching
Grafing bei München
Starnberg
Isar
Tutzing
Starnberger See
Holzkirchen
Geretsried
Miesbach
Bad Tölz
Penzberg
Tegernsee
Tegernsee
Lenggries
Walchensee
Isar
Deutschland
Österreich
Achensee
Mittenwald
Brixlegg
Schwaz

Via Bavarica Tyrolensis

Distanz: 225 km
Start/Ziel: München/Wiesing
Gelände: mit deutlicher Steigung
Besonders geeignet für: eBike

№ 50

München ist der Startpunkt der Via Bavarica Tyrolensis, die – der Name verrät es – zum österreichischen Nachbarn nach Tirol führt. In Pullach teilt sich der Weg in zwei Varianten auf, eine führt durch das Isartal über das sehenswerte Bad Tölz und Lenggries zum Sylvensteinsee, die andere über Oberhaching und Holzkirchen zum gerne besuchten Tegernsee, der auch beidseitig umfahren werden kann. Dann geht es wieder auf der gemeinsamen Route zum Achenpass an die Grenze. Unterwegs laden, umgeben von der bayerischen Voralpenlandschaft, die gemütlichen Biergärten zur Rast. Die Via Bavarica Tyrolensis ist Teil des Fernradwegs „München Venezia“, auf dem die Alpen in Nord-Süd-Richtung überquert werden.

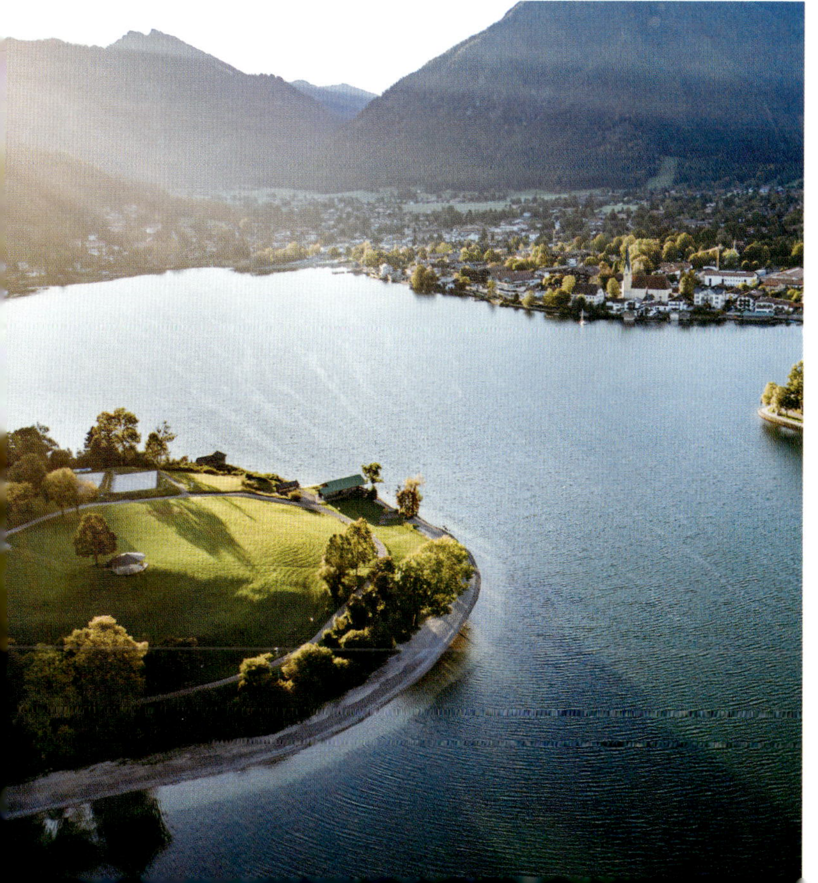

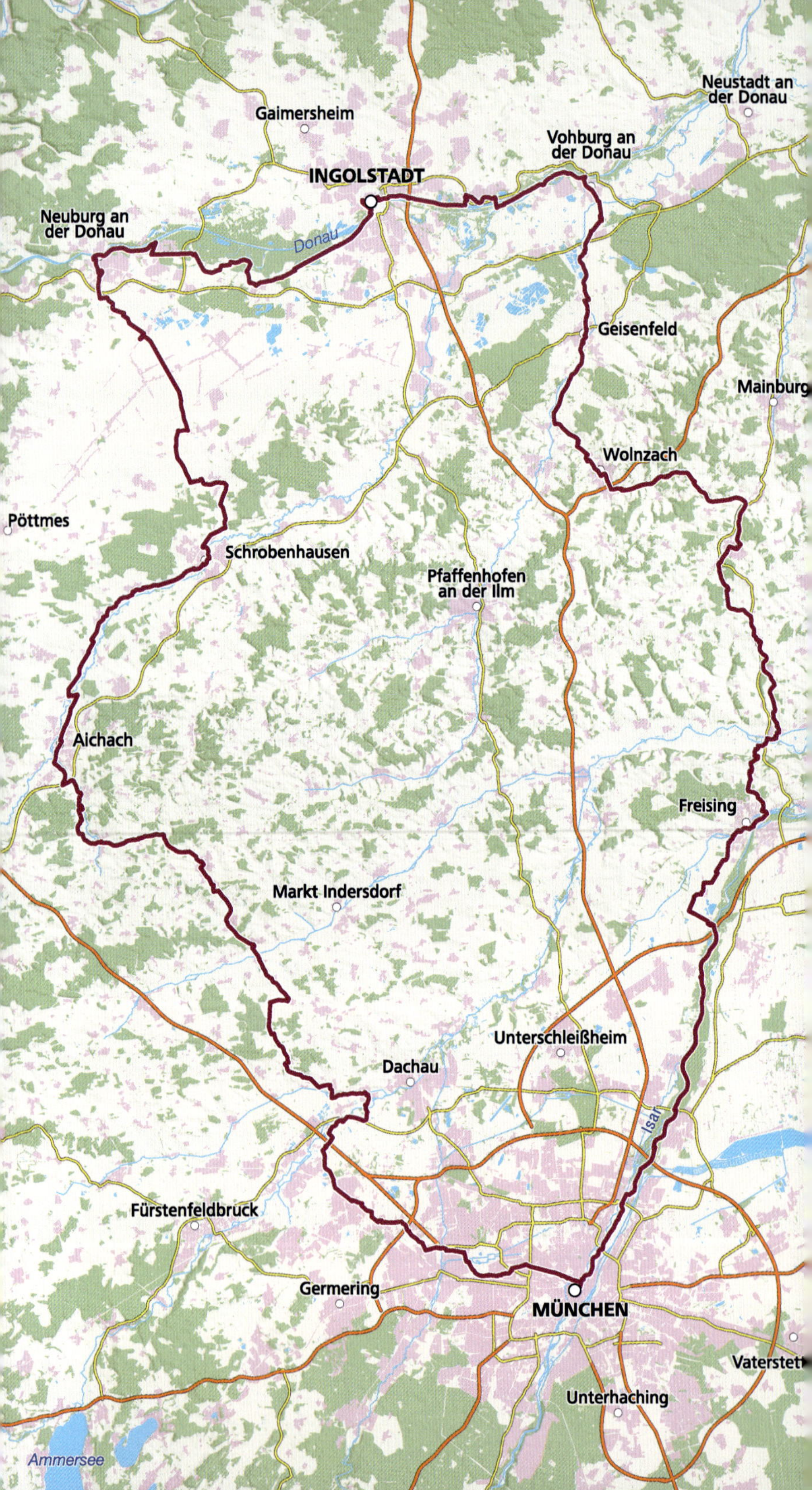

Gaimersheim
Neustadt an der Donau
Vohburg an der Donau
INGOLSTADT
Neuburg an der Donau
Donau
Geisenfeld
Mainburg
Wolnzach
Pöttmes
Schrobenhausen
Pfaffenhofen an der Ilm
Aichach
Freising
Markt Indersdorf
Unterschleißheim
Dachau
Isar
Fürstenfeldbruck
Germering
MÜNCHEN
Vaterstetten
Unterhaching
Ammersee

Wasser-Radlwege Hopfenschleife

Distanz: 272 km
Start/Ziel: beliebig (Rundweg)
Gelände: geringe Steigungen
Besonders geeignet für: Tourenrad

№ 51

Seit 2018 laden die Wasser-Radlwege zum Radeln durch Oberbayern ein. Rund 1.200 km werden von dem Radfernweg abgedeckt, der sich über drei Hauptschleifen durch ganz Oberbayern erstreckt. Zentraler Dreh- und Angelpunkt aller Touren ist die Landeshauptstadt München. Aber unabhängig davon, auf welcher Schleife man sich befindet, das Wasser ist ein steter Begleiter. So können Radler auf allen Streckenabschnitten besondere Wassererlebnispunkte entdecken und genießen.

Die drei Teilrouten machen sich dabei die regionalen Besonderheiten zu Eigen: Im Norden ist der Radweg geprägt von Hopfen & Bier. Ob Leopoldineninsel in Neuburg an der Donau, des Eisbachs wilde Surferwelle, die älteste aktive Brauerei der Welt in Freising oder das weltgrößte Hopfenanbaugebiet in der Hallertau: Die Nordschleife „Hopfen & Bier“ vereint so bekannte und unbekannte Wassererlebnispunkte mit geschichtsträchtigen und kulinarischen Hopfenerlebnissen.

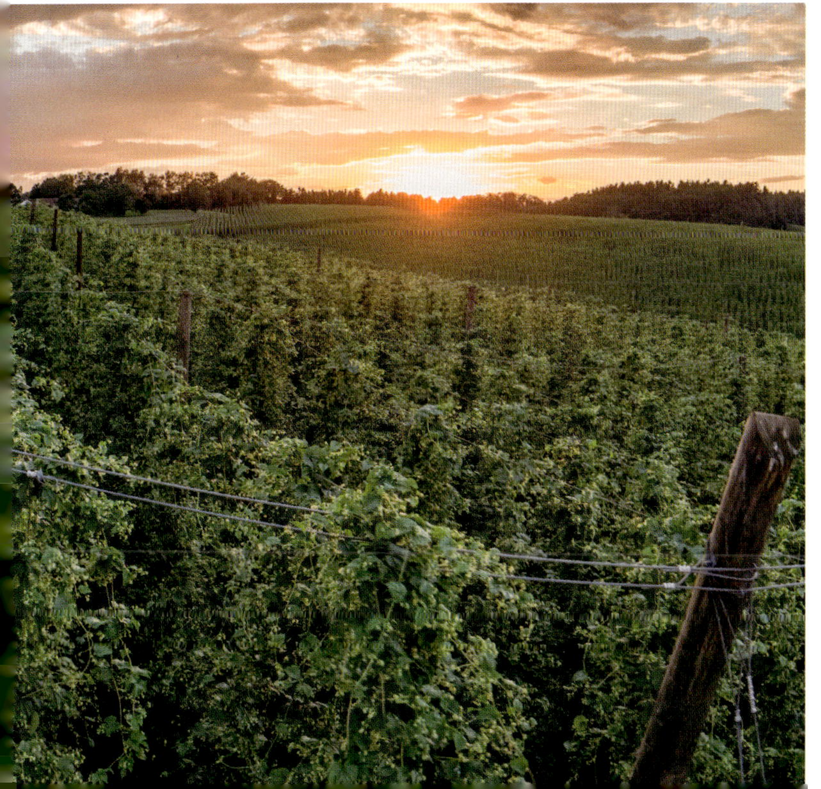

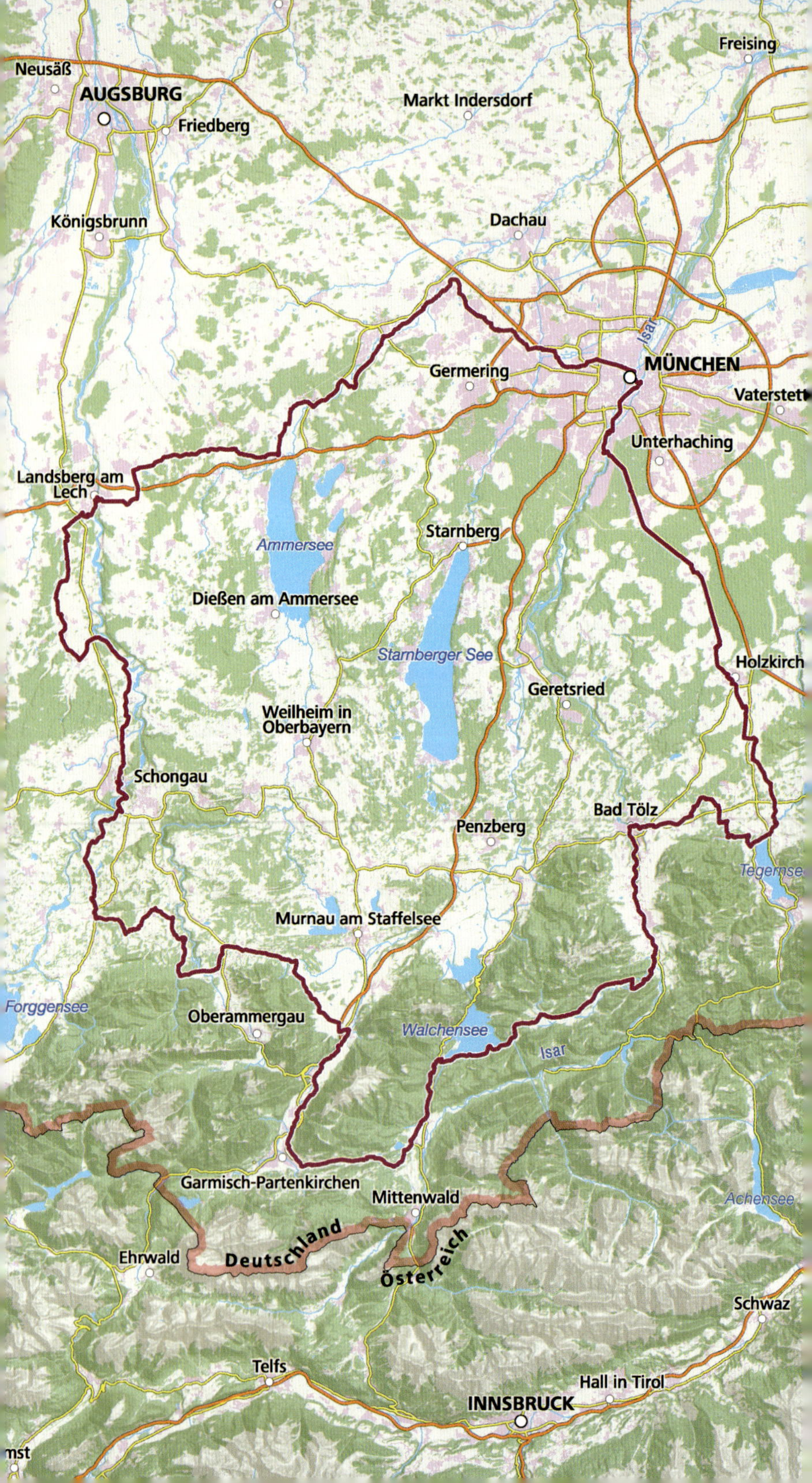

Neusäß
AUGSBURG
Friedberg
Markt Indersdorf
Freising
Königsbrunn
Dachau
Isar
MÜNCHEN
Germering
Vaterstett
Unterhaching
Landsberg am Lech
Ammersee
Starnberg
Dießen am Ammersee
Starnberger See
Holzkirch
Geretsried
Weilheim in Oberbayern
Schongau
Bad Tölz
Penzberg
Tegernse
Murnau am Staffelsee
Forggensee
Oberammergau
Walchensee
Isar
Garmisch-Partenkirchen
Mittenwald
Achensee
Ehrwald
Deutschland
Österreich
Schwaz
Telfs
Hall in Tirol
INNSBRUCK
mst

Wasser-Radlwege Kunstschleife

Distanz: 346 km
Start/Ziel: beliebig (Rundweg)
Gelände: deutliche Steigungen
Besonders geeignet für: Tourenrad

№ 52

Seit 2018 laden die Wasser-Radlwege zum Radeln durch Oberbayern ein. Die drei Teilrouten machen sich dabei die regionalen Besonderheiten zu Eigen: Im Südwesten zwischen München und Garmisch-Partenkirchen ist der Radweg geprägt von Kunst & Kultur. Der Radfernweg führt direkt durch das Murnauer Moos, dem Ursprung des Blauen Reiters. Gabriele Münter, Wassily Kandinsky, Marianne von Werefkin, Alexej von Jawlensky, Franz Marc, August Macke und weitere KünstlerInnen revolutionierten zwischen 1908 und 1914 die Malerei des 20. Jahrhunderts, inspiriert wurden sie von der Bilderbuchlandschaft rund um Murnau am Staffelsee, der bayerischen Volkskunst sowie der idyllischen Fluss- und Seenlandschaft rund um den Ammersee.

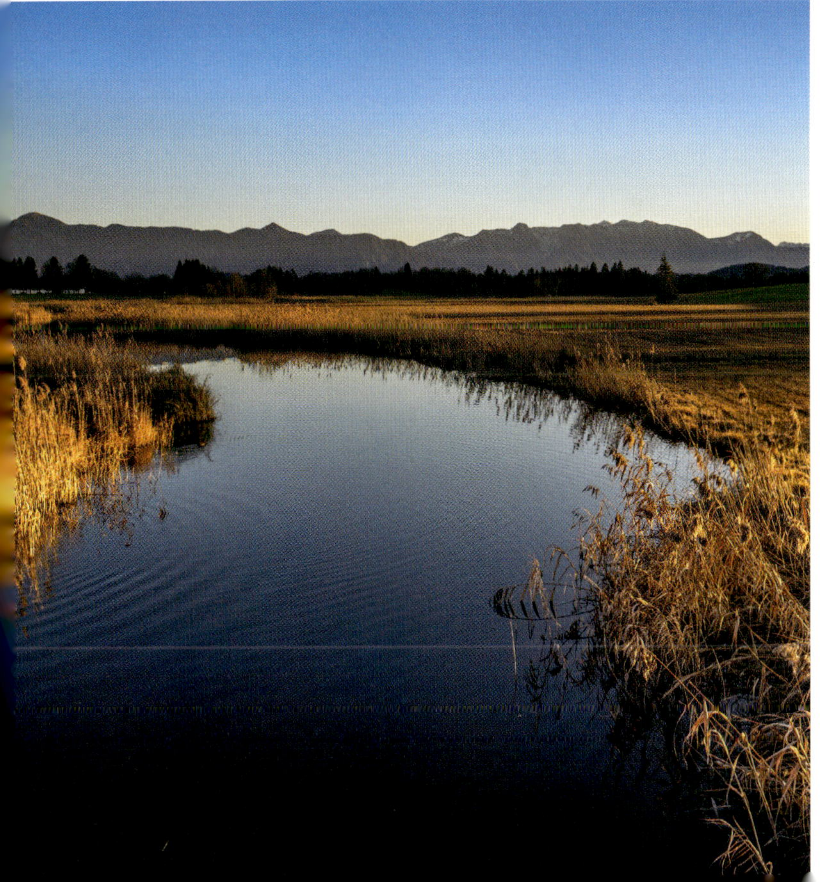

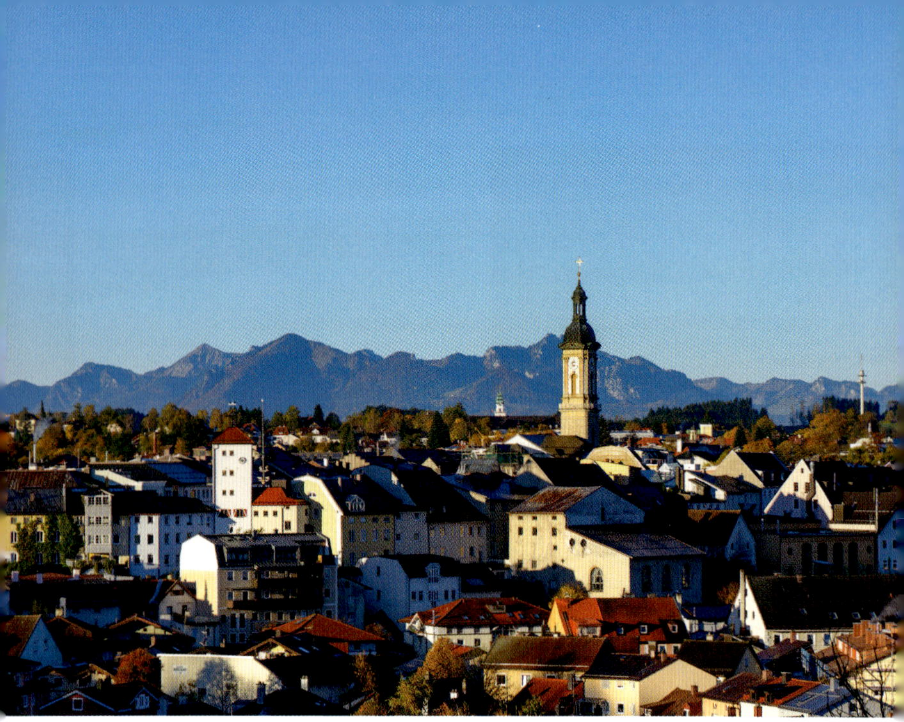

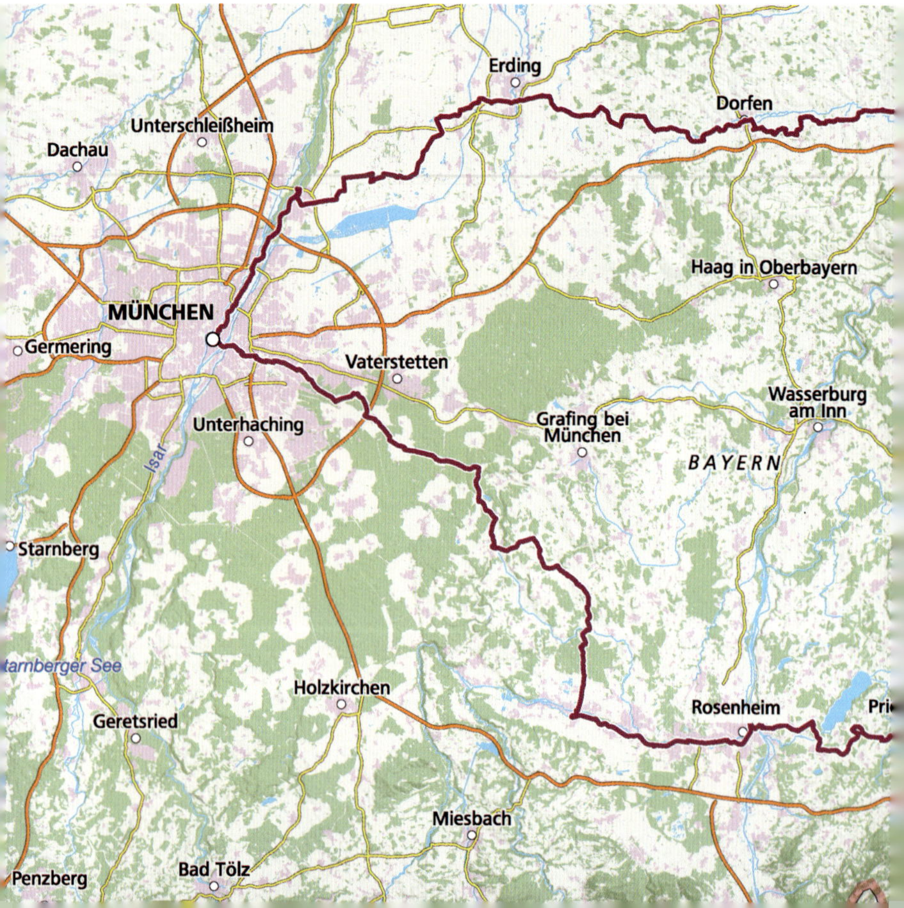

Erding
Dorfen
Unterschleißheim
Dachau
Haag in Oberbayern
MÜNCHEN
Germering
Vaterstetten
Wasserburg am Inn
Unterhaching
Grafing bei München
Isar
BAYERN
Starnberg
tarnberger See
Holzkirchen
Rosenheim
Pri
Geretsried
Miesbach
Penzberg
Bad Tölz

Wasser-Radlwege Salzschleife

Distanz: 382 km
Start/Ziel: beliebig (Rundweg)
Gelände: deutliche Steigungen
Besonders geeignet für: Tourenrad

№ 53

Seit 2018 laden die Wasser-Radlwege zum Radeln durch Oberbayern ein. Die drei Teilrouten machen sich dabei die regionalen Besonderheiten zu Eigen: Im Südosten ist der Radweg geprägt vom Thema Salz; Orte wie Mühldorf, Traunstein, Altötting und Burghausen liegen auf dem Weg. Das Salz ist allgegenwärtig und die Spuren des weißen Goldes lassen sich entlang der Salzach bis zu seinem Ursprung in Bad Reichenhall auf dem Fahrradsattel zurückverfolgen.

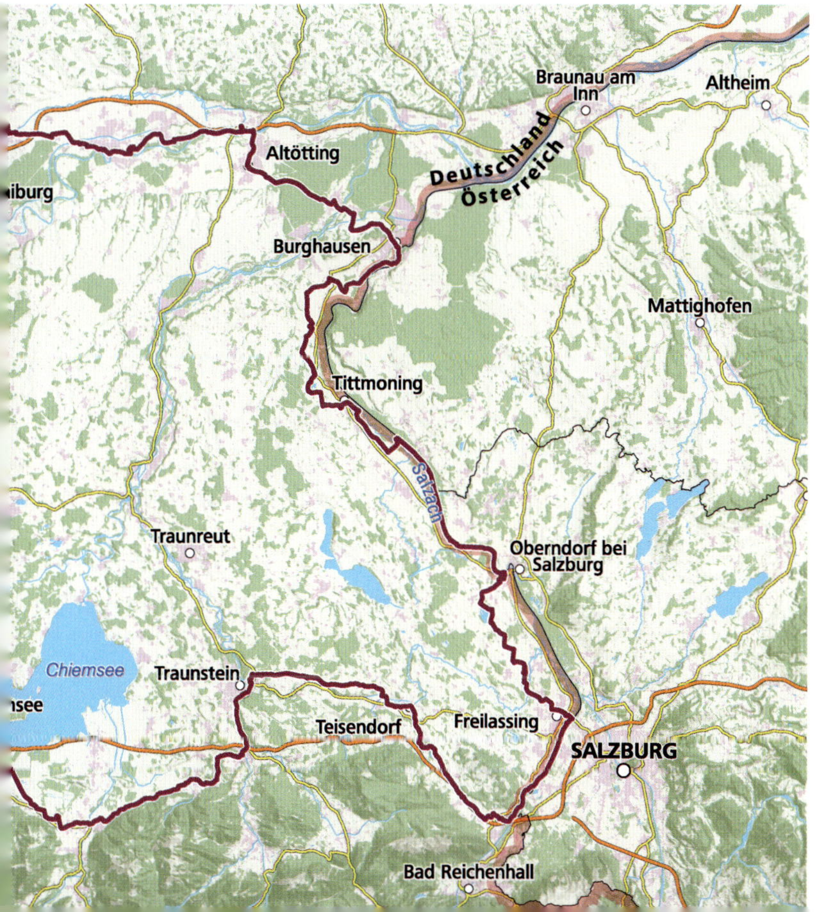

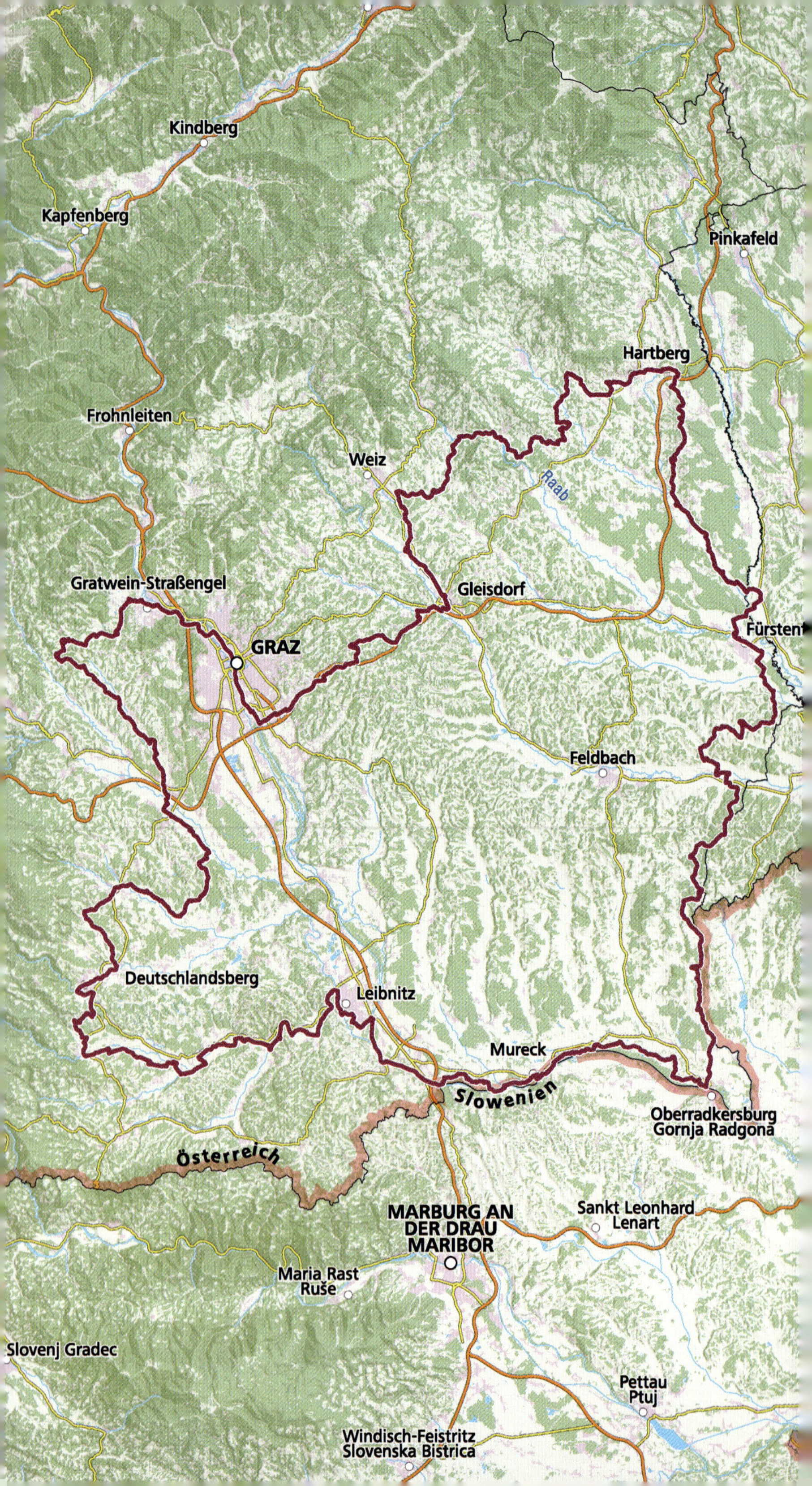

Kindberg
Kapfenberg
Pinkafeld
Hartberg
Frohnleiten
Weiz
Raab
Gratwein-Straßengel
Gleisdorf
GRAZ
Fürsten
Feldbach
Deutschlandsberg
Leibnitz
Mureck
Slowenien
Oberradkersburg
Gornja Radgona
Österreich
MARBURG AN
DER DRAU
MARIBOR
Sankt Leonhard
Lenart
Maria Rast
Ruše
Slovenj Gradec
Pettau
Ptuj
Windisch-Feistritz
Slovenska Bistrica

Weinland-Steiermark Radtour

Distanz: 403 km
Start/Ziel: beliebig (Rundweg)
Gelände: deutliche Steigungen
Besonders geeignet für: Tourenrad

№ 54

Schon vor 2.500 Jahren wurden auf dem Gebiet der heutigen Steiermark von den Kelten wildwachsende Reben genutzt. Kultiviert und verbreitet haben den Weinbau aber erst die Römer. Heute zählen die steirischen Traubenanbaugebiete zu den landschaftlich schönsten Weingegenden der Welt; im Verlauf der Weinland-Steiermark-Radtour kann man sie kennenlernen. Steirische Herzlichkeit, kulinarische Besonderheiten, Wein- und Apfelgärten, Felder und Flusslandschaften, die Naturparke Pöllauer Tal und Südsteiermark, Thermen und Wellnesshotels zwischen den historischen Städten Hartberg, Bad Radkersburg, Leibnitz, Deutschlandsberg und Graz warten auf Besucher. Ein reicher Kulturschatz mit Burgen, Schlössern und Wallfahrtskirchen kann entdeckt, historische, aber auch zeitgemäße Architektur besichtigt werden.

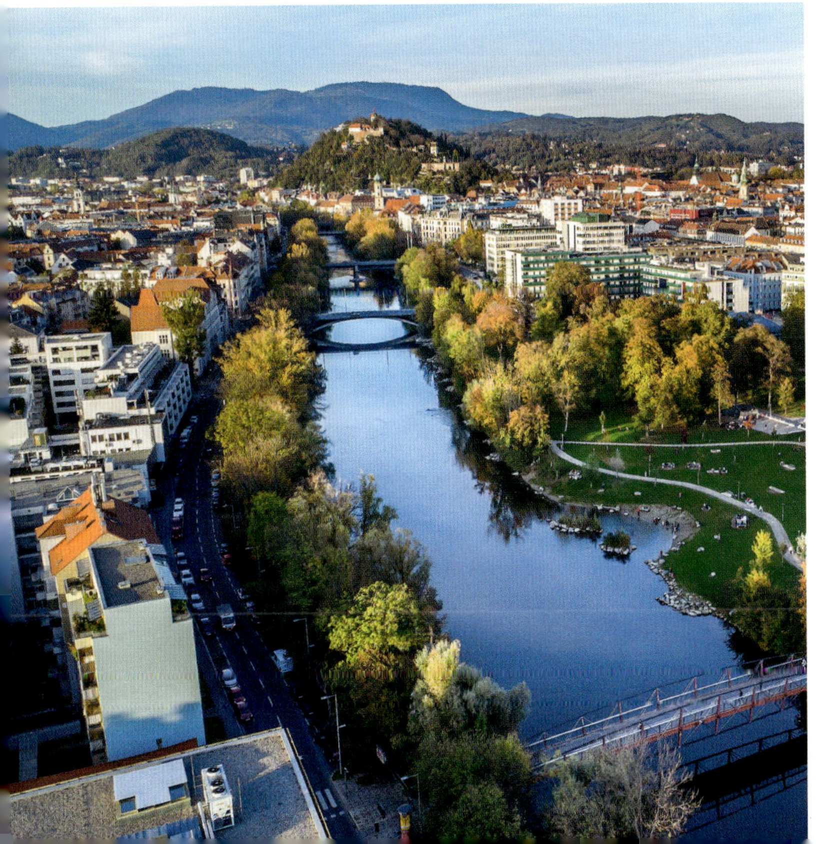

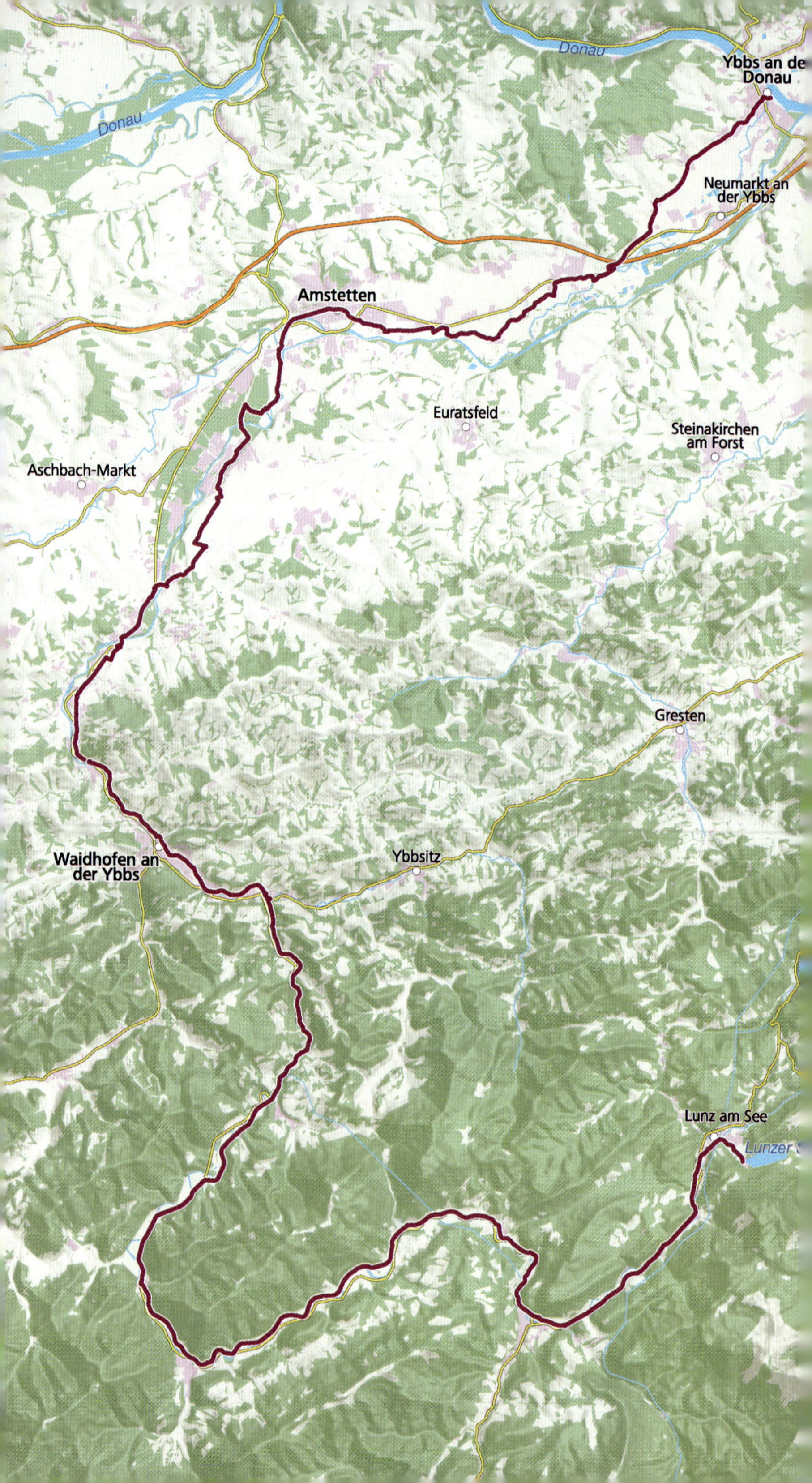

Donau
Donau
Ybbs an de
Donau
Neumarkt an
der Ybbs
Amstetten
Euratsfeld
Steinakirchen
am Forst
Aschbach-Markt
Gresten
Waidhofen an
der Ybbs
Ybbsitz
Lunz am See
Lunzer

Ybbstalradweg

Distanz: 107 km
Start/Ziel: Ybbs an der Donau/Lunz am See
Gelände: geringe Steigungen
Besonders geeignet für: Naturgenießer

№ 55

Direkt in Ybbs an der Donau abzweigend führt der Ybbstalradweg Richtung Süden. Immer der Ybbs entlang bieten sich prachtvolle Natur- und Raderlebnisse, der Radweg verbindet dabei nicht nur die Donau mit dem Lunzer See, sondern auch die milden und die wilden Seiten des Mostviertels.

Für Familien und Genießer besonders geeignet ist das Herzstück zwischen Waidhofen an der Ybbs und Lunz am See. Die Route folgt hier der Bahntrasse der einstigen Ybbstalbahn – völlig eben, weg vom Autoverkehr, aber immer ganz nahe am Fluss. Der Radweg besticht durch eine angenehme Routenführung und spektakuläre Landschaftseinblicke. Man fährt über pittoreske Rundbogenbrücken hinweg und durch einen kurzen Tunnel hindurch, durchquert eine wildromantische Schlucht, genießt an stillen Sandbänken die Sonne und das kristallklare Wasser, trifft auf historische Hammerwerke und immer wieder auf eigens gestaltete Rastplätze zum Entspannen.

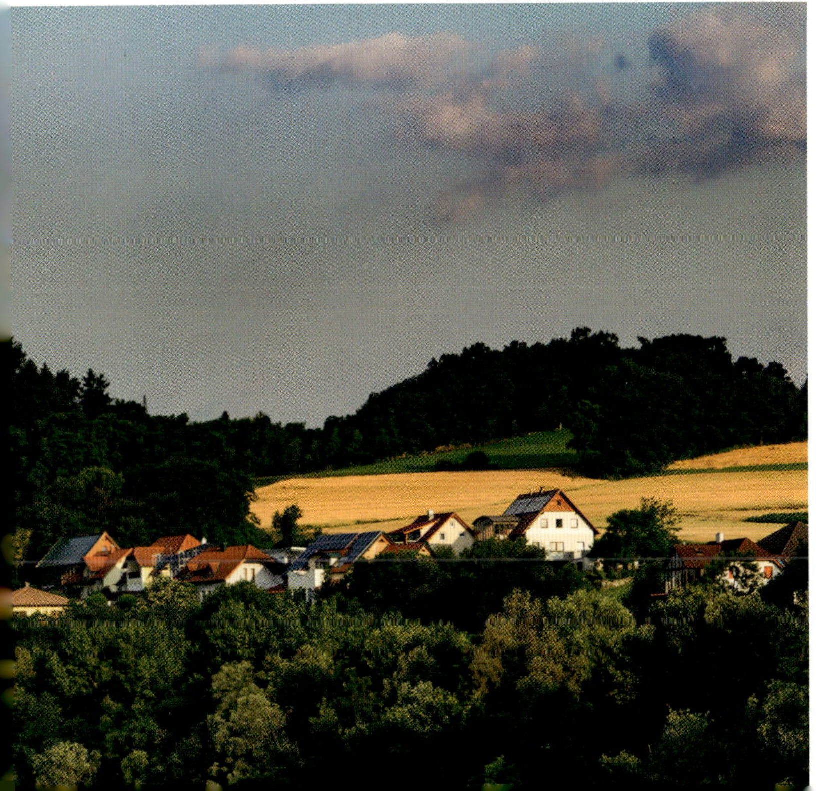

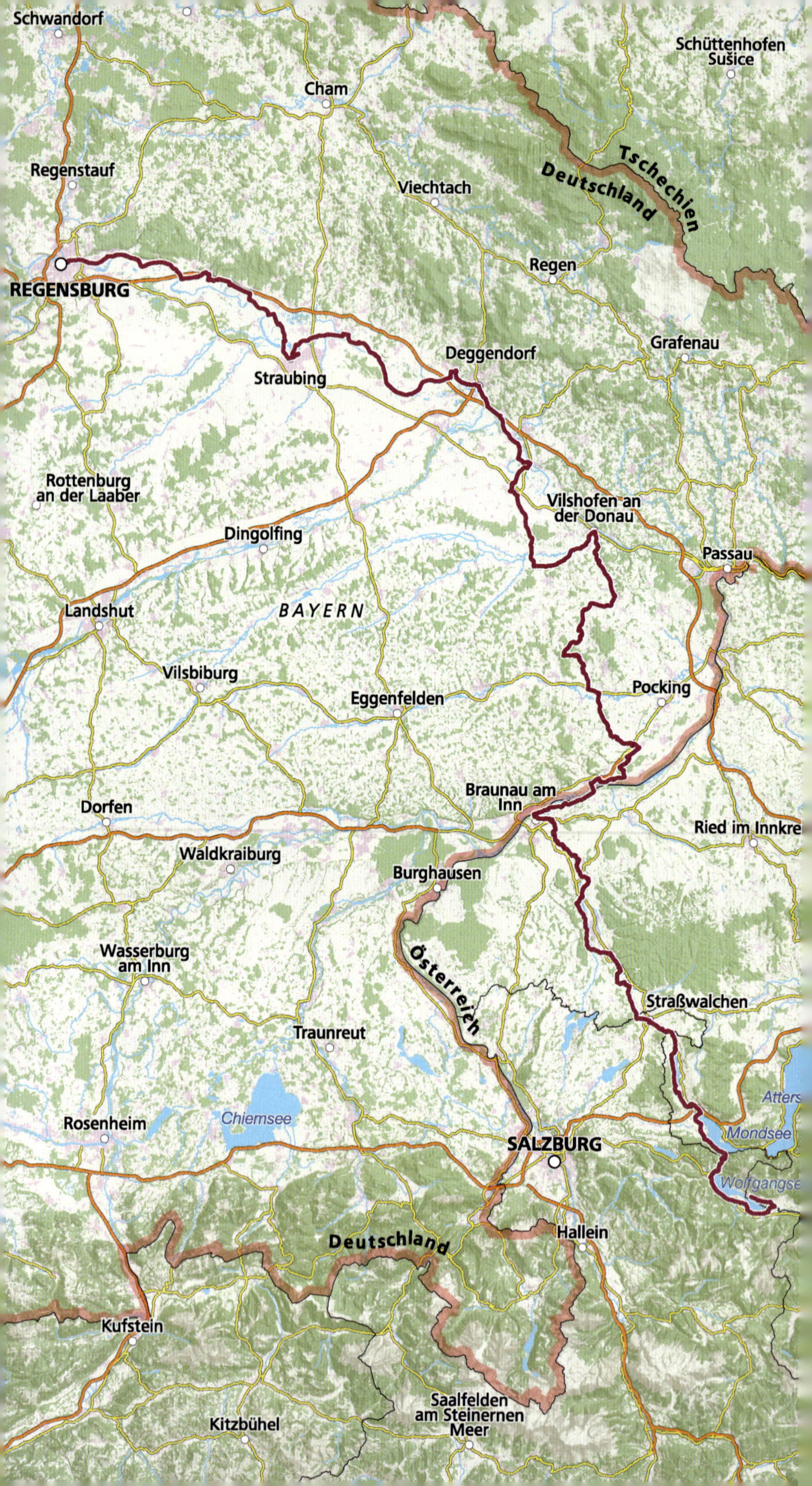

Schwandorf
Cham
Schüttenhofen Sušice
Regenstauf
Viechtach
Tschechien
Deutschland
Regen
REGENSBURG
Grafenau
Deggendorf
Straubing
Rottenburg an der Laaber
Vilshofen an der Donau
Dingolfing
Passau
Landshut
BAYERN
Vilsbiburg
Pocking
Eggenfelden
Braunau am Inn
Dorfen
Ried im Innkre
Waldkraiburg
Burghausen
Wasserburg am Inn
Österreich
Straßwalchen
Traunreut
Atters
Chiemsee
Mondsee
Rosenheim
SALZBURG
Wolfgangse
Hallein
Deutschland
Kufstein
Saalfelden am Steinernen Meer
Kitzbühel

Wolfgangweg

Distanz: 324 km
Start/Ziel: Regensburg/St. Wolfgang (Ö)
Gelände: hügelig
Besonders geeignet für: E-Bike

№ 56

Pilgern – nicht zu Fuß, sondern mit dem Rad, vielleicht sogar mit dem E-Bike. Erwandern Sie auf zwei Rädern zwischen Regensburg und dem österreichischen Wolfgangsee jene Kraftplätze, die Pilger bereits seit dem Mittelalter aufsuchen, auf den Spuren des Hl. Wolfgang, jener Bischof, der sich im Jahr 967 von Regensburg an den Wolfgangsee aufmachte.

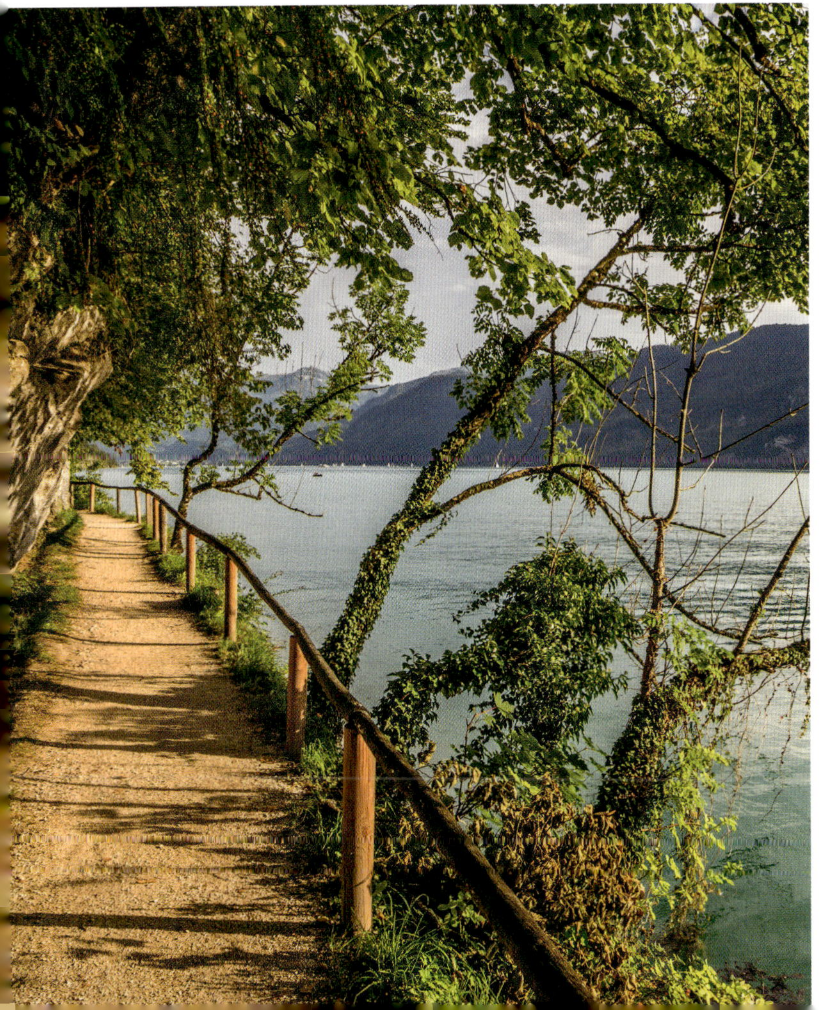

Zusätzliche Informationen

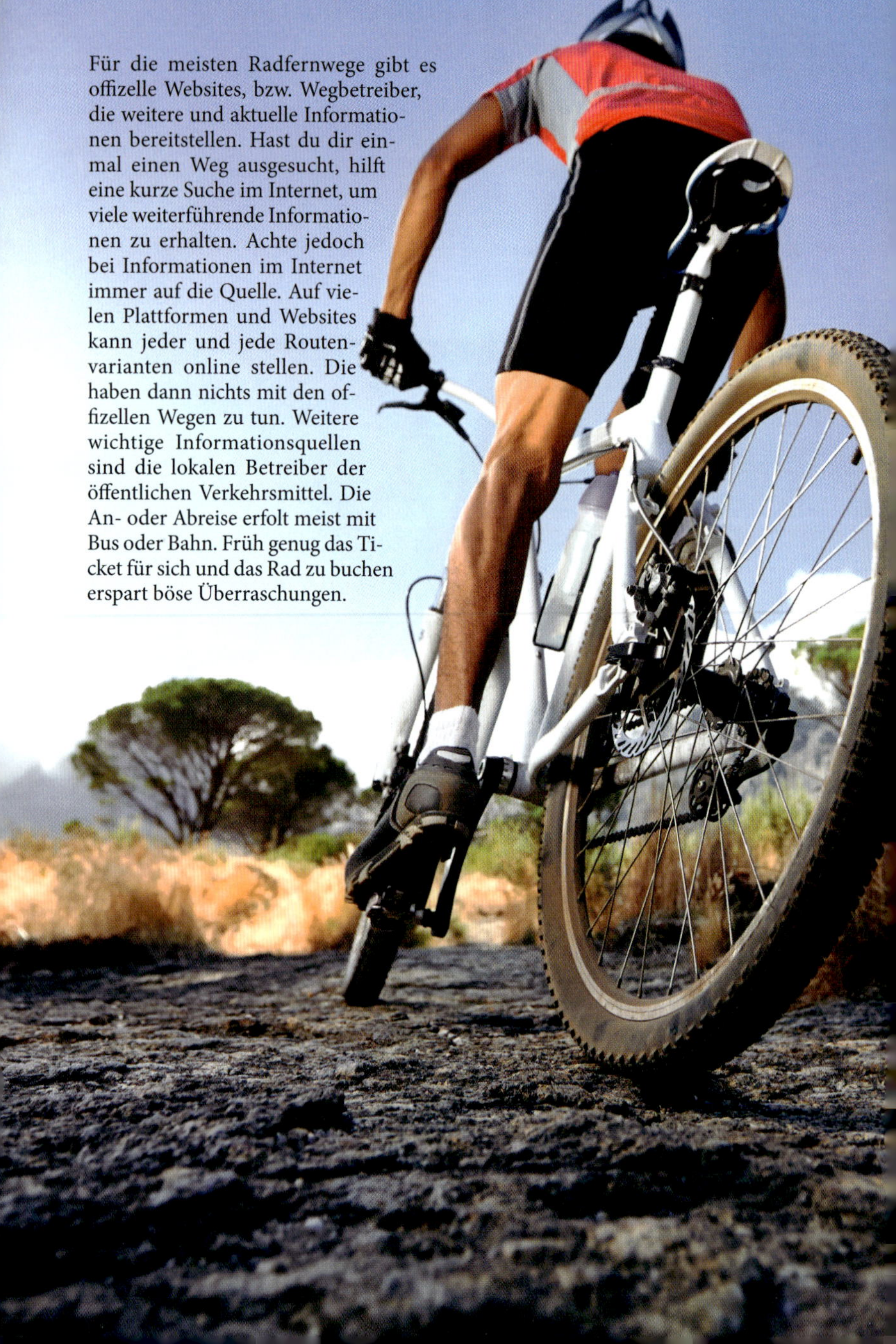

Für die meisten Radfernwege gibt es offizelle Websites, bzw. Wegbetreiber, die weitere und aktuelle Informationen bereitstellen. Hast du dir einmal einen Weg ausgesucht, hilft eine kurze Suche im Internet, um viele weiterführende Informationen zu erhalten. Achte jedoch bei Informationen im Internet immer auf die Quelle. Auf vielen Plattformen und Websites kann jeder und jede Routenvarianten online stellen. Die haben dann nichts mit den offizellen Wegen zu tun. Weitere wichtige Informationsquellen sind die lokalen Betreiber der öffentlichen Verkehrsmittel. Die An- oder Abreise erfolt meist mit Bus oder Bahn. Früh genug das Ticket für sich und das Rad zu buchen erspart böse Überraschungen.

Impressum & Bildnachweis

© KOMPASS-Karten GmbH
Karl-Kapferer-Straße 5, A-6020 Innsbruck

1. Auflage 2024 (24.01)
Verlagsnummer 6111
ISBN 978-3-99154-153-0

Konzept & Gestaltung: © KOMPASS-Karten GmbH
Texte: Julia Bihar & Thomas Kargl
Grafische Herstellung: © KOMPASS-Karten GmbH
Kartenausschnitte: © KOMPASS-Karten GmbH unter Verwendung OpenStreetMap Contributors (www.openstreetmap.org)
Titelbild: Radtour hoch über Villach ©Uwe - stock.adobe.com

Weiterer Bildnachweis:
stock.adobe.com: U2 xahara, S.8 Andreas P, S.12-13 SkyLine, S.14-15 Jan Schuler, S.17 Kateryna Muzhevska, S.18 Andrew Mayovskyy, S.20 Andreas Föll, S.23 Alois, S.24-25 Nicola Simeoni, S.24 unten elena_suvorovaS.26 S J Lievano, S.29 Arochau, S.30 Manuel Schönfeld, S.32-33 Manuel Schönfeld, S.32 unten DANLIN Media GmbHS.34 bbsferrari, S.36-37 atmosphius, S.36 unten turtles2S.39 Bernhard Elsner, S.41 xbrchx, S.42 Sina Ettmer, S.44-45 Andy Ilmberger, S.44 unten Sina EttmerS.46 ttinu, S.49 ttinu, S.50 Daniel, S.53 rudiernst, S.54 adisa, S.57 pikoso.kz, S.59 Juergen, S.60 Dmitry, S.63 janoka82, S.64 michel farrugia, S.67 concept w, S.69 fotofritz16, S.70 auergraphics, S.73 Peter Allgaier, S.75 saiko3p, S.77 Jenny Sturm, S.79 Andrea B., S.81 Philippe, S.82 Karl Allen Lugmayer, S.84 mehdi33300, S.87 ecstk22, S.88 dudlajzov, S.90 Patrick Daxenbichler, S.92 ttinu, S.95 pic3d, S.96 rudiernst, S.99 daliu, S.101 Christian Bieri, S.102 Mor65_Mauro Piccardi, S.104 bennymarty, S.106 Ewald Fröch, S.108 daliu, S.110 Michal Ludwiczak, S.113 nauke13, S.114-115 ttinu, S.114 unten igorp1976S.117 arnold_oblistil, S.119 brauma_at, S.121 photoplace, S.123 Milan, S.124-125 lorenza62, S.124 unten TaljatS.126 Bastian Linder, S.129 Vincent, S.131 Wolfgang Hauke, S.133 T Linack, S.134 Jochen Netzker, S.137 Photofex, S.139 Bob, S.141 zm photo, S.142 Daxiao Productions, S.144 Evaldas, KOMPASS-Karten GmbH: S.10-11

Alle Angaben und Tourenbeschreibungen wurden nach bestem Wissen gemäß unserer derzeitigen Informationslage gemacht. Die Radtouren wurden sehr sorgfältig ausgewählt und beschrieben, Schwierigkeiten werden im Text kurz angegeben. Es können jedoch Änderungen an Wegen und im aktuellen Naturzustand eintreten. Radfahrer und alle Kartenbenützer müssen darauf achten, dass aufgrund ständiger Veränderungen die Wegzustände bezüglich Befahrbarkeit sich nicht mit den Angaben in der Karte decken müssen.
Bei der großen Fülle des bearbeiteten Materials sind daher vereinzelte Fehler und Unstimmigkeiten nicht vermeidbar. Die Verwendung dieses Führers erfolgt ausschließlich auf eigenes Risiko und auf eigene Gefahr, somit eigenverantwortlich. Eine Haftung für etwaige Unfälle oder Schäden jeder Art wird daher nicht übernommen. Für Berichtigungen und Verbesserungsvorschläge ist die Redaktion stets dankbar:
www.kompass.de/service/kontakt

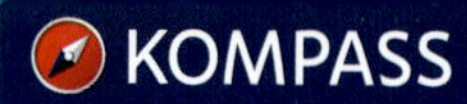

#folgedeinem**KOMPASS**

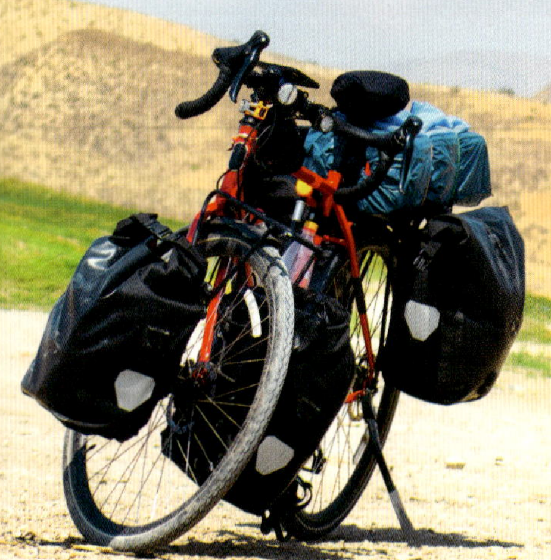

Danke, ...

dass du ein Produkt kaufst, das verantwortungsvoll und nachhaltig produziert wurde.

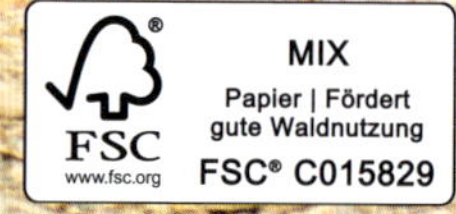